国家出版基金项目
NATIONAL PUBLICATION FOUNDATION

上海市"十三五"重点出版物出版规划项目
国家与社会治理现代化译丛

调整失败

美国人如何落后于全球经济的步伐

爱德华·奥尔登（Edward Alden） 著
陈佳妮 译

上海财经大学出版社

本书为上海市新闻出版专项资金资助项目

图书在版编目(CIP)数据

调整失败:美国人如何落后于全球经济的步伐/(美)爱德华·奥尔登(Edward Alden)著;陈佳妮译. —上海:上海财经大学出版社,2021.12
(国家与社会治理现代化译丛)
书名原文:Failure to Adjust: How Americans Got Left Behind in the Global Economy
ISBN 978-7-5642-3303-7/F·3303

Ⅰ.①调… Ⅱ.①爱…②陈… Ⅲ.①经济-研究-美国 Ⅳ.①F171.2

中国版本图书馆 CIP 数据核字(2019)第 261658 号

□ 策　　划　陈　佶
□ 责任编辑　陈　佶
□ 封面设计　张克瑶

调整失败
——美国人如何落后于全球经济的步伐

爱德华·奥尔登(Edward Alden)　著
陈佳妮　译

上海财经大学出版社出版发行
(上海市中山北一路 369 号　邮编 200083)
网　　址:http://www.sufep.com
电子邮箱:webmaster@sufep.com
全国新华书店经销
上海华业装璜印刷厂印刷装订
2021 年 12 月第 1 版　2021 年 12 月第 1 次印刷

710mm×1000mm　1/16　13.75 印张(插页:2)　247 千字
定价:72.00 元

图字:09-2019-790 号

Failure to Adjust

How Americans Got Left Behind in the Global Economy

Edward Alden

目　录

前 言

2016年6月28日，唐纳德·特朗普(Donald Trump)在参加共和党总统提名竞选时访问了一度欣欣向荣的钢铁城——宾夕法尼亚州的莫内森。很久以来都没有怀着通往白宫抱负的人想起这座小城，它位于匹兹堡南25英里，在莫农加希拉河的拐弯处。上次到访的大人物是约翰·肯尼迪(John Kennedy)总统，且是半个多世纪之前。当肯尼迪于1962年10月13日来访时，围观的人群超过2.5万人——在一个官方统计人口只有1.84万的小镇里。这是典型的竞选集会，肯尼迪在1960年当选总统时赢得了该镇75%的选票，他敦促民众在这一年的国会和州长竞选中更大力度地支持民主党。很多民众都深受近两次经济衰退、激烈的海外竞争以及钢铁厂自动化影响之苦，肯尼迪支持更多人解决教育、医疗、住房和“工作、工作、工作”的问题。站在镇中心A&P商场外的停车场高台上，肯尼迪向人群呼吁在11月的选举中支持民主党。他在敦促该镇居民投票时表示：“毫无疑问的是，想要让那些深受技术和产业变化冲击的地方有所改变，所有对于行动至关重要的措施都必须最终依赖于众议院和参议院的多数投票。”[①]七分钟后，他走下台，与一些当地钢铁工人握手，然后走到沿河下游的另一个小镇继续演说。

等到54年后特朗普到访时，莫内森的人口缩减至不到围观肯尼迪人群的三分之一，仅有7 500人。这一下滑趋势在肯尼迪总统访问前便已开始：该镇最大的雇佣企业——匹兹堡钢铁(Pittsburgh Steel)在第二次世界大战后蓬勃发展，但由于工资大幅上涨、工人频繁罢工以及来自欧洲和日本的低成本海外竞争，企业在20世纪50年代后期发展停滞。到60年代中期，进口产品占据了美国大半的钢丝

① John F. Kennedy, "Remarks at a Rally in Monessen, Pennsylvania, 13 October 1962," John F. Kennedy Presidential Library, https://www.jfklibrary.org/Asset-Viewer/Archives/JFKWHA-138-001.aspx.

市场，这一原材料可以制造从钉子到带刺铁丝栅栏等各种产品。匹兹堡钢铁开始淘汰自身的钢丝生产，并在1972年彻底停止生产这一产品。其他企业也纷纷关门。该镇第二大雇佣企业Page钢线材公司也于1972年关闭。

惠灵-匹兹堡钢铁公司——惠灵公司(Wheeling)在1968年收购匹兹堡钢铁后成立——继续维持莫内森工厂，尽管当时外国竞争更加激烈，新的环境监管规定要求给工厂花巨资进行升级。但最终的打击是80年代初期的深度衰退，里根总统的预算和税收政策使得美元上涨，给日本和欧洲的钢铁企业带来巨大的竞争优势，使得美国钢铁工人的境遇更加恶化。该公司工会做出了一系列工资条件上的让步，但在管理层要求进一步缩减时断然拒绝，并在1985年发起了带来严重影响的罢工运动，即使当时公司已经宣布破产，并尝试重组。这是最后一击。

第二年，惠灵-匹兹堡公司宣布关闭莫内森剩余业务。① 好莱坞制片方出面向莫内森失业委员会支付1万美元，补助失业钢铁工人家庭，条件是让其使用其中一个停止运行的高炉作为电影《机械战警》(*RoboCop*)的背景。②

莫内森钢铁产业的消逝也意味着依赖于工厂工人薪水的许多本地产业倒闭——保龄球馆、电影院和餐馆。到1990年该镇人口已不足1万，那些可以离开寻求更好机会的人也确实这么做了。2016年，莫内森的家庭年收入为3.5万美元，比美国平均水平低1.7万美元。2013年，仅875名学生在该镇公立学校上学；学术成就在宾夕法尼亚州的500个学区里排在第475位。该镇日报《山谷独立报》(*Valley Independent*)在持续运营113年后，于2015年12月停刊。肯尼迪曾允诺帮助受快速经济变化打击的社区，但所采取的措施几乎都没有取得成果；与许多曾经坚不可摧的美国城镇一样，莫内森也只能衰退下去。

特朗普于2016年夏来访时，没有开展大型户外公开集会演说，而是在当地的铝业工厂进行室内演讲，背后有很多压扁的易拉罐，这是一家在废弃的钢铁厂原址上建造起来的回收企业。人群很激动，但人数不多——大约200人，其中包括该企业的20多名员工。特朗普告诉与会者，宾夕法尼亚州的钢铁产业在建立这一国家时扮演了重要的角色："但我们工人的忠诚度换来的——你们比任何人都更清楚——是彻底的背叛。全球化使得那些向政客进行捐赠的金融精英十分富有……很多年来，尽管我们的就业消失，我们的社区陷入像大萧

① "Complete History Part 4 Pittsburgh Steel Company Monessen Works, Monessen Pennsylvania,"Historic Structures, http://www.historic-structures.com/pa/monessen/monessen_steel4.php.

② Cassandra Vivian, *Monessen: A Typical Steel Country Town* (Pennsylvania: Arcadia Publishing, 2002), 145.

条时期一样的失业水平，但他们关注的只是次要领域。”[①]

在关注宽泛主题且不抓政策细节的竞选中，这是特朗普迄今所做的最详尽也最明确的演讲。演讲关注的是美国贸易政策，特朗普在一开始对从政感兴趣的时候便在考虑这一话题。1987 年，特朗普当时是一位冉冉升起的纽约房地产开发商，他耗费 10 万美元，买下《纽约时报》《华盛顿邮报》和《波士顿环球报》的整页广告版面，批评美国政府继续资助日本和其他盟国的国防事务，而这些国家在与美国的贸易中获得了大额顺差。[②] 在 2000 年他的《我们该有的美国》(*The America We Deserve*)一书中，特朗普写道，他将对国家的贸易谈判承担起“个人的责任”，该书是他考虑在罗斯・佩罗(Ross Perot)改革党旗帜下参与总统竞选时所写。“我们的贸易伙伴会与我对视而坐，我向你们保证美国受到的不公平待遇会终结。”

在莫内森的演讲中，特朗普承诺采取一系列特殊措施“挽回工作”。他承诺将使美国脱离与日本和 10 个其他环太平洋国家达成的《跨太平洋伙伴关系协定》(TPP)，该协定于 2015 年 10 月由奥巴马政府签署，但并未获得国会同意。他承诺与加拿大和墨西哥重新协商《北美自由贸易协定》(NAFTA)，“为我们的工人获得更好的条件”。他承诺严格执行贸易准则，既通过世贸组织争端解决机制，也利用美国法律中的“每项工具”。他承诺：“在特朗普的总统任期内，美国工人将最终拥有一位保护他们并为他们抗争的总统。”他表示，这就是“我们如何让美国再次变得强大”。对于莫内森，特朗普所指的“强大”十分清楚——1962 年而非 2016 年的莫内森。

当 5 年前我构思这本书的时候，我从来没有想到像特朗普那样的人有一天会执掌白宫，公众对于贸易和全球化应对措施的不满是把他推上这一位置的最大动因之一。自从我在 1992 年作为一名年轻的新闻记者报道贸易谈判时，我就意识到贸易争议会越来越多。1979 年，国会同意东京回合的贸易谈判，获得了参议院 90∶4 以及众议院 395∶7 的投票，是绝对多数。经过 10 年尤其是来自日本的竞争，国会和国内许多人开始厌恶贸易。这在《北美自由贸易协定》的争论中具体表现了出来，这是首个将美国与贫困国家联系在一起的贸易协议。得克萨斯州亿万富翁罗斯・佩罗在 1992 年发起了十分成功的第三方总统竞选，反对《北美自由贸易协定》，并警告如果国会同意此协定，美国的就业将会随着“巨大的吸食之声”流

---

① “Full transcript: Donald Trump's jobs plan speech,” *Politico*, June 28, 2016, http://www.politico.com/story/2016/06/full-transcript-trump-job-plan-speech-224891.

② Michael Oreskes, “Trump Gives a Vague Hint of Candidacy,” *New York Times*, September 2, 1987, http://www.nytimes.com/1987/09/02/nyregion/trump-gives-a-vague-hint-of-candidacy.html.

向墨西哥。当时即将担任总统的民主党人比尔·克林顿与工会决裂，支持《北美自由贸易协定》，即使在本党内大多数人反对时也将该协定推向国会。从那时起，抗议之声越来越激烈和令人厌恶。我错过了著名的"西雅图之战"，这指的是 1999 年克林顿尝试发起新一轮全球贸易谈判时，反全球化暴动者与警察冲撞，但我在 2001 年于魁北克市召开的"美洲峰会"中受到催泪瓦斯袭击，在这场会议中领导人讨论将《北美自由贸易协定》扩张至西半球。我在国会目睹贸易投票越来越接近，包括 2005 年对《中美洲自由贸易协定》(CAFTA)的投票，仅两票之差获得众议院通过，仅有 15 位民主党人投支持票。我关注到奥巴马总统在 2008 年竞选时对贸易持怀疑态度，之后改变方向拥护《跨太平洋伙伴关系协定》，但他自己所在的民主党只有一小部分人支持他。

贸易在总统选举中还是没有任何决定权。我们这些报道贸易的人都知道，这一问题无关投票者——这主要是华盛顿内部人士争论的话题，跨国企业和支持者推动进一步的贸易自由化，而工会及其盟友做出让步。但特朗普将这一话题放到国家层面，并取得了胜利。尽管他在全国范围获得的选票与希拉里·克林顿相比少了 300 万张，但他获胜的主要原因是取得了铁锈地带各州的支持，民主党之前认为这是希拉里阻挡共和党的防火墙。威斯康星州从 1984 年以来就没有投过一位共和党总统候选人。宾夕法尼亚州和密歇根州自 1988 年以来也没有这么做过。再加上俄亥俄州、北卡罗来纳州和印第安纳州，特朗普赢得了国内所有依赖于制造业以及那些受进口竞争严重打击的各州的支持。21 世纪最初十年，美国丢失了 600 万份制造业工作——大约占全国工作数量的三分之一——北卡罗来纳州看到了巨大的损失，随后密歇根州、俄亥俄州和宾夕法尼亚州都看到了这一问题。它们都投票支持特朗普。①

在我开始写这本书时，我原本打算警告国内政策制定者，忽视这些国际竞争会带来更加严重的危险，告知他们制定和执行政策并进一步推进的重要性。但实际情况是我写的书讲述了为何特朗普会成为美国第 45 任总统，而且推翻了长期以来对于贸易和全球化益处的认同，尽管这项共识已经受到了严重破坏。本书副标题在特朗普竞选很久之前便已构思，即"美国人如何落后于全球经济的步伐"。事实上，这有些夸张。许多美国人，特别是与全球经济联系紧密的大型沿海城市的人，在全球化时代做得很好。若没有贸易准则网络使美国企

---

① Bureau of Economics, Staff Report, "The United States Steel Industry and Its International Rivals," Federal Trade Commission, November 1977, https://www.ftc.gov/sites/default/files/documents/reports/u.s.steel-industry-and-its-international-rivals-trends-and-factors-determining-international/197711steelindustry.pdf.

业获得全球供应链和顾客基础，那么很难想象美国会有谷歌、英特尔、苹果、微软、思科及许多其他世界一流企业。

但对于美国来说，故事是完全不同的。马克·穆罗(Mark Muro)和其同事在布鲁金斯学会所做的竞选之后的分析发现，尽管希拉里获得了不到500个镇的支持——相对于2 600个镇支持特朗普——但支持希拉里的地区占美国经济产出的三分之二。① 之前从来没有一位惜败的总统候选人有如此大比例的国内经济基础。尽管大部分"特朗普领地"是大型农村城镇，但特朗普联盟中的摇摆地区，如莫内森——这些曾经繁荣昌盛，有很多制造业工人的城镇——还在幻想着往昔的好日子。虽然贸易不是区分特朗普和希拉里领地的唯一因素，但有很大的影响力。经济学家团队大卫·奥特尔(David Autor)、戈登·汉森(Gordon Hanson)、大卫·多恩(David Dorn)认为，"贸易冲击"——特别是21世纪最初十年来自中国的进口商品的极大增长——削弱了受进口竞争冲击最严重地区的温和派政客的势力。② 伯尼·桑德斯(Bernie Sanders)在与希拉里的民主党候选人竞选中，是这种愤怒的受益者。与特朗普一样，桑德斯强烈反对《跨太平洋伙伴关系协定》和一般意义上的贸易协定。

全球化获胜者——与美国的大型成功企业一样——没有处理好公众几十年来不断积累的不满情绪。经济学家普遍认为，贸易带来了广泛的利益和集中的成本，换句话说，有赢家也有输家。赢家包括跨国企业，获得质优价廉商品的美国消费者，以及像中国等将自身融入全球供应链的发展中国家，因而使数亿人口脱贫。经济学传统观点认为，贸易中的"赢家"会补偿"输家"。在美国，这包括税收再分配、集中精力吸引投资并发展深受影响的城镇、资金充裕的再培训、给予失业员工的安置补偿、填补工资缺口的工资保险以及类似策略。③ 然而在我写书的大部分时期，赢家并没有补偿输家，而是继续大踏步向前。在2016年11月，输家做出了回击。

鉴于这本书在选举前夕出版，我花费了大量时间在全国游历，谈论发生了

---

① Mark Muro and Sifan Liu, "Another Clinton-Trump divide: High-output America vs low-output America," The Brookings Institution, November 29, 2016, https://www.brookings.edu/blog/the-avenue/2016/11/29/another-clinton-trump-divide-high-output-america-vs-low-output-america/.

② David Autor, David Dorn, Gordon Hanson, Kaveh Majlesi, "Importing Political Polarization? The Electoral Consequences of Rising Trade Exposure," The National Bureau of Economic Research (NBER working paper no. 22637), September 2016, http://www.nber.org/papers/w22637.

③ Edward Alden and Robert E. Litan, "A Winning Trade Policy for the United States," Council on Foreign Relations, September 2016, and "A New Deal for the Twenty-First Century," Council on Foreign Relations, May, 2017.

什么以及背后的原因。由于在外交关系委员会——成员包括美国商业和公共政策精英——工作的原因，我的大多数听众可以被准确描述为全球化获胜者。但今天的对话与选举之前完全不同。很多年来，主要的关切是美国是否可以通过贸易协定，如《跨太平洋伙伴关系协定》，以及与欧洲签署的《跨大西洋贸易与投资伙伴协定》，维持贸易自由化。自选举以来，谈话的重心很快转向了再培训和教育、企业家精神、投资促进和企业所得税改革，也就是如何将创造就业的投资吸引至美国，并让美国民众做好更充分的准备以胜任这些工作。关于如何帮助那些跟不上技术发展和全球化进程人群的讨论变得更为迫切。现在似乎有一个新的认识——由于特朗普的选举胜利，英国具有争议性的脱欧决定，以及英国平民主义的崛起——政治不满情绪给过去 75 年建立起来的全球商业准则体系带来了严重威胁，该体系之前对促进全球经济增长起了很大作用。如果不认真应对这些挑战，全球化带来的益处肯定会受到影响。

再回到特朗普。从表面上看，他在被国际竞争抛弃的人群中，是一位不太可能的获胜者。他出生于富有的房地产开发商家庭，他在几乎没有国际竞争的产业中获得财富，之后利用财富和媒体效应，踏上了成功的电视曝光生涯。他所委任的内阁官员都十分富有。特朗普对公共政策了解不深，他的高级白宫顾问团队——除了几个例外——都经验不足。但特朗普比前任更明白：许多美国人希望总统办公室里有位斗士；他们希望有一位努力捍卫他们利益的总统，而不是更担忧会影响盟国或强势企业的微妙情绪。

特朗普在选举后期的首个威逼行动针对开利空调(Carrier Corporation)，迫使企业放弃将位于印第安纳州的空调工厂搬至墨西哥的计划。开利工厂不是首家利用低工资优势将制造工厂搬至边境南边的美国企业，但不巧的是，一段智能手机视频正好拍到该企业经理告知印第安纳波利斯的员工，“为了维持竞争力，并在长期保护企业利益”，他们不得不放弃工作。特朗普利用该视频将开利作为企业无情和贪婪的典型案例，并在仍然是总统候选人时在推特上攻击该企业。他的副总统候选人，印第安纳州州长麦克·彭斯(Mike Pence)与州政府共同制订了一项温和的激励计划，说服开利重新考虑，并在州内保留大约 800 个工作岗位。这些行动导致了极大的政治不满情绪。保守派专栏作家乔治·威尔(George Will)哀叹道，在特朗普的美国，“政治遏制将代替经济测算，给企业决定带来影响”。前民主党财政部长拉里·萨默斯(Larry Summers)悲观地警告道：“我们已经开始走上一条改变资本主义假设基础的道路。”但国内其他人并不认同。攻击开利是特朗普参加选举以来最得民心的举措之一，60%的美国人以及87%的共和党人认为，这让他们对即将上任的总统更有好感。①

特朗普好像意识到，美国很合理地期望企业对民众和员工承担义务，而不只是对股东。这不应该是个激进的想法。哈佛商学院——该商学院是培训美国顶尖企业高管的摇篮——的迈克尔·波特(Michael Porter)认为，美国企业需要为"普通大众"承担更多责任。举例而言，这意味着在任何可能的时候，从本地供应商采购，并给员工提供更多学徒和就业培训项目。在2012年的采访中，波特——他是国内公认的在经济竞争力方面领先的思考者——表示，许多美国高管认为自己在运营全球企业，而不是美国企业。他说："在企业中，关于这是我们的国家，我们共同应对其所面临的挑战的概念已经逐步淡化。"但他警告道："这种企业观念是有问题的。确实，越来越多的企业活动是全球化的，但这不会削弱美国活力对企业自身活力的重要性。"②

有些企业开始意识到这一点。通用电气总裁杰夫·伊梅尔特(Jeff Immelt)在特朗普参加选举的6个月前发表演说，该演说颇有先见之明，他警告道："保护主义在积聚。全球化从来没有像现在这样受到过攻击。对于那些期待成功的人来说，过去的剧本不再适用。现在是时候做出改变，变得勇敢，不要惧怕批评。"他宣布，通用电气将越来越使其生产靠近终端市场——"全球足迹下的本地能力"。③ 该企业越来越关注向其投资的国家——包括美国——展示其在创造优质就业方面所带来的实际价值。再举个例子：AT&T发起了《财富》杂志所称的"美国企业历史上最宏大的再培训计划"。随着该企业从传统的转换系统转型为现代化的软件驱动系统，大规模的再培训项目随之展开，让10万多名员工提升新系统所需的数学、科学和计算机技能。该企业与大学和社区高校合作，提供由公司承担费用的面对面和线上课程，该行动也要求员工自身做出承诺，以平衡工作、家庭和学业。数万名AT&T的员工抓住了这个机会。④ 但很少有美国企业做出效仿。例如，提供在职培训的学徒项目在过去15

① Edward Alden, "Trumponomics: The way forward: Don't belittle his jawboning, wheeling and dealing—build on it," *New York Daily News*, December 10, 2016, http://www.nydailynews.com/opinion/trumponomics-article-1.2905352.

② Jan W. Rivkin and Michael E. Porter, The Strategic Context: "We should have been worried before the Great Recession," *Harvard Magazine*, September-October 2012, http://harvardmagazine.com/2012/09/the-strategic-context.

③ Edward Alden, "Jeff Immelt of GE Gives The Most Important Foreign Policy Speech of the Year," The Council on Foreign Relations, May 24, 2016, http://blogs.cfr.org/renewingamerica/2016/05/24/jeff-immelt-of-ge-gives-the-most-important-foreign-policy-speech-of-the-year/.

④ Aaron Pressman, "Can AT&T Retrain 100,000 People?" *Fortune*, http://fortune.com/att-hr-retrain-employees-jobs-best-companies/.

年里缩减了三分之一。

通过提醒美国企业对美国应承担的责任，特朗普发出了早就应该传递出的信号。但不管他在推特上拥护的人群规模有多大，总统都不可能通过一次针对一家企业而扭转整个经济。为了帮助那些将他推向白宫的投票者，制定和通过立法，并执行政策是必要的，用肯尼迪的话说，就是采取某些行动帮助那些“深受技术和产业变化打击的人群”。但这似乎是特朗普所不能实现的。他领导的共和党仍然高度怀疑任何政府政策可以帮助那些为更好就业而挣扎的人。例如，在医疗方面，国会大多数共和党人支持医改，减少企业税负，但这会增加没有医保的美国人数量，许多人不得不从事提供微薄医疗福利的工作，而不是寻求能提升新技能的再培训或创业。那些已经落后的会被甩得越来越远。他提议的第一项预算案——由管理和预算办公室（OMB）主任米克·马尔瓦尼（Mick Mulvaney）制定，马尔瓦尼是前茶党的坚定拥护者——建议大幅缩减就业培训项目，这会让三分之一的受益者离开职业培训和就业服务项目。① 其他有针对性的缩减将减少联邦对于铁锈地带、阿巴拉契亚以及密西西比河三角洲等受到重度冲击地区，以及许多有特朗普拥护者区域的经济援助，也会大幅削减给贫困家庭年轻人提供就业培训的职业项目。特朗普在竞选活动中承诺的这实际会创造新就业并提升美国竞争力——如道路、交通、海港和宽带通信方面的巨大投资——似乎已不在优先事项名单中。

另一个问题是，特朗普的贸易政策能否给创造美国人所期望的高薪工作带来帮助。我在本书第二章中——以及在书末的建议部分——提到，严格执行贸易准则对于保护美国产业免受掠夺性竞争至关重要。美国政府在 20 世纪 80 年代做了很多，例如，维护美国半导体和航空产业利益，应对来自日本、韩国（半导体）以及欧洲（航空）的政府—产业联盟的竞争。没有美国政府的积极参与——包括威胁，并有意愿施加贸易制裁——美国很有可能会损失这两大最具创新力且高薪的产业。在执政初期，特朗普已经表现出比前几任更大的意愿，更激进地使用了全套美国贸易武器。

但这造成两种危险。一是政府将尝试再次挑起一场贸易战。特朗普的商务部长威尔伯·罗斯（Wilbur Ross）发起或承诺采取一系列贸易行动，旨在帮助钢铁、铝、造船和半导体产业，并在《北美自由贸易协定》之外，呼吁重新协商《美韩自由贸易协定》，主要是因为汽车和汽车零部件产业不断增长的贸易逆

---

① Angela Hanks, “President Trump's Budget Breaks His Promise to Workers—Again,” Center for American Progress, March 17, 2017, https://www.americanprogress.org/issues/economy/news/2017/03/17/428535/president-trumps-budget-breaks-promises-workers/.

差。尽管那些面临激烈贸易竞争的产业很有可能是随机选定的，但此项清单很像里根政府与日本在20世纪80年代贸易战时期所制定的优先事项。美国当今最具竞争力的产业包括软件、通信、电子服务、娱乐和金融服务。这些产业在"服务"领域获得越来越大的贸易顺差，相比出口密集型制造业支付同等或更高的薪酬，并且雇用更多员工。[①] 这些产业都面临巨大的贸易壁垒，阻碍了能创造就业的出口增长，但好像都不在特朗普的贸易日程上。

总统决定脱离与亚洲的《跨太平洋伙伴关系协定》是其"回到未来"策略的典型例子。他简单地将此协定取消，认为像《北美自由贸易协定》和中国加入世贸组织等其他协定会促进外包和进口竞争。但如果有人花时间认真研究《跨太平洋伙伴关系协定》的话，就会发现这是一项更好的协定。其中的许多条款——扩大电子商务和数字贸易帮助亚马逊和eBay等企业、限制给国有企业补助、严格的劳工和环境标准——会给美国带来巨大益处。该协定也会进一步开放联邦快递和UPS的快递业务，并促进被特朗普忽视的其他服务产业——如会计、咨询和财富管理。此外，该协定会极大地增加农业出口机会——牛肉、猪肉、禽类、大米和奶制品——所有这些本来都可以帮助那些给特朗普投票的农民。最重要的是，通过制定亚太地区的一系列新贸易准则，该协定会促使一些国家在谈判桌上给美国提供更有利的条款。例如，关于国有企业的准则并不是用来限制越南的，而是给未来与中国的谈判更好地蓄势，让特朗普头疼的美国巨大贸易逆差中的一半来自中国。但他放弃了这项协定，都没有瞥一眼失去的是什么。

美国与欧洲帮助建立了全球贸易准则的现代体系，如果美国不遵守这些准则的话，其他国家也会效仿。这会导致真正的贸易战——国家为保护自己抵御他国的关税上涨而提升本国关税，造成了互相回击的、针锋相对的循环。贸易战会带来高额成本，并不只是在经济层面。国家的很多领域都从国际贸易中获得很大益处。例如，自《北美自由贸易协定》颁布以来，美国对墨西哥的农产品出口翻了两番，墨西哥是美国玉米、禽类、大麦和奶制品的最大消费国。墨西哥强烈建议，如果特朗普让美国脱离《北美自由贸易协定》，或对墨西哥出口产品施加歧视性关税，美国玉米种植户将首当其冲受到影响。美国主要的制造业城市——包括西雅图、波特兰和底特律——对贸易反击都不堪一击。[②] 但贸易战

---

① David Riker, "Export-Intensive Industries Pay More on Average: An Update," U. S. International Trade Commission, April 2015, https://www. usitc. gov/publications/332/ec201504a. pdf.

② Joseph Parilla and Mark Muro, "US metros most exposed to a Trump trade shock," The Brookings Institution, January 30, 2017, https://www. brookings. edu/blog/the-avenue/2017/01/27/u-s-metros-most-dependent-on-trade/.

不仅带来经济冲击,也会损害规范商业的贸易准则,破坏几十年来艰辛谈判所建立的信任。美国若对国际准则嗤之以鼻,那么其他国家受自身国家主义的政治需求驱使,会放宽限制,追求自身的狭隘利益。在 20 世纪 20 年代和 30 年代都尝试过这些做法,没有很好的结果。

最后的注释:我听到的关于此书的合理批评——与特朗普政府的贸易政策类似——很多都是事后视角的。过去十年,国际贸易增长大大放缓。与 20 世纪 70 年代和 80 年代日本带来的影响,以及 21 世纪初中国带来的压力不同,美国不太可能再次面临"贸易冲击"。唯一有足够规模带来扰乱的国家是印度,印度从来没有采纳过其他国家出口导向型的发展策略。但特朗普对白宫的不满并不仅仅是贸易,而是经济的动乱剥夺了很多稳定的高薪工作。即使贸易放缓,更大的扰乱还会到来。很有可能在未来十年,呼吁声很高的无人驾驶汽车会对货车运输产业带来最大的影响,企业肯定会抓住这一机会让无人驾驶汽车 24 小时运输,而不用支付加班工资给驾驶员。包括快递驾驶员在内,美国有超过 300 万名卡车司机;对于美国的一大半州来说,"卡车司机"是最普遍的职业。[①] 仅仅看大型货车,美国有大约 200 万名司机,中位数年薪为 4.2 万美元,或时薪 20 美元。与 21 世纪最初十年消失的制造业工作一样,很难找到这些工作的替代就业。零售业也同样脆弱。杂货店已经开始安装自助结账机器。2017 年,亚马逊在西雅图启动了首个"无须结账"系统,顾客选择产品后即可走出商店,之后其亚马逊账户上会扣款。目前,大约有 500 万美国人在零售业工作。

如果贸易增长持续放缓,本书探讨的问题肯定会变得更为严峻。在快速变化的经济中,不管是由贸易或技术驱动,还是因为调整挑战,一个国家如何帮助民众在经济动荡期发展将依然是美国面临的最具压力的问题。如果调整失败持续,未来会有更高层面的政治波动。

---

① "Map: The Most Common Job in Every State," National Public Radio, February 5, 2015, http://www.npr.org/sections/money/2015/02/05/382664837/map-the-most-common-job-in-every-state.

致　谢

本书是多年来梳理全球贸易和投资增长，以及其对民众影响的产物。最初酝酿此书时，我还在加州大学伯克利分校的教室里，我很有幸地从维诺德·K. 阿加瓦（Vinod K. Aggarwal）以及已故的厄恩斯特·B. 哈斯（Ernst B. Haas）等著名学者那儿了解了国际机构。之后我作为一名新闻记者报道国际贸易谈判和争端时，对此依然有所接触。我十分幸运在《美国贸易内幕》（*Inside U. S. Trade*）报社寻得一份工作，接受编辑尤塔·亨尼格（Jutta Hennig）的指导——她是华盛顿贸易方面著名的女记者——因而接触了在过去50年里一些重大的国际经济事件。这包括美国与加拿大和墨西哥协商《北美自由贸易协定》，奠定世贸组织的乌拉圭回合的结束，以及美日在汽车及零部件贸易方面的激烈斗争。之后作为《金融时报》驻华盛顿的一名记者，我报道了中国加入世贸组织，布什政府对于钢铁进口施加有争议的关税，以及命运多舛的多哈回合的启动，在该回合下开展全球贸易谈判。

我由于沉浸于贸易谈判的世界，反而使我本人有些左右为难。我自己的政治立场主要倾向于民主党，然而多年来越来越少的民主党人支持我信奉的贸易自由化行动（现在依然这样），但这对美国总体而言还是件好事情。美国之前就参与国际经济可以带来利益达成普遍共识，但如今两党中许多投票者都认为美国融入全球经济弊大于利。我想通过此书解释这个国家如何陷入了这一僵局，揭示政府、企业和工人一路上所犯的一些错误，并表明美国如何在未来做得更好。

外交关系委员会是执行这一项目最适合的场所。多年来，我主持外交关系委员会定期圆桌会议和研讨会，讨论美国在国际经济竞争中面临的挑战，我很荣幸从优秀学者和政策制定者那儿学到很多，如罗布·阿特金森（Rob Atkinson)、弗雷德·伯格斯滕(Fred Bergsten)、罗伯特·布雷克(Robert Blecker)、安龙·布里克曼(Aaron Brickman)、乔·格农(Joe Gagnon)、道格·霍兹一依金(Doug Holtz-Eakin)、丹·依肯森(Dan Ikenson)、布拉德·延森(Brad Jensen)、乔纳森·卡尔莫(Jonathan Kallmer)、克莱·洛厄里(Clay Lowery)、加里·皮萨诺(Gary Pisano)、丹·普莱斯(Dan Price)、史剑道(Derek Scissors)、史蒂芬·谢斯(Stephen Shays)、威利·史(Willy Shih)、夏恩克·辛根(Shanker Singham)以及安德鲁·斯特恩(Andrew Stern)。

外交关系委员会主席理查德·哈斯(Richard Haass)以及研究主任詹姆斯·M. 林塞(James M. Lindsay)在整个研究和写作过程中都很有耐心并给予了大力支持。我要特别感谢编辑部主任帕特丽夏·多夫(Patricia Dorff)带领的出版团队。

本书也从我的前研究助理罗布·马克西姆(Rob Maxim)处获得了巨大的支持,受益良多,他承担了每一章里细节方面的工作。珍妮·麦克马瑞(Jane McMurrey)和谢尔顿·菲奇(Shelton Fitch)也做出了非常有价值的额外研究工作,外交关系委员会“重振美国”出版物系列的前副主任瑞贝卡·斯特劳斯(Rebecca Strauss)也是如此。瑞贝卡的研究对于本书第六章促进美国竞争力的行动十分有帮助。我也要感谢几位同样做出贡献的外交关系委员会的实习生,包括塞巴斯蒂安·贝克曼(Sebastian Beckman)、弗里茨·克劳森(Fritz Claessens)、瓦列里亚·德尼索瓦(Valeriya Denisova)、迈克尔·吴(Michael Ng)和萨哈纳·库马尔(Sahana Kumar)。

本书手稿得到了我的外交关系委员会研究团队同仁的仔细审阅及宝贵的反馈意见,该研究团队包括外交关系委员会成员及其他愿意分享专业知识和经验的人:埃里克·比尔(Eric Biel)、奈尔逊·坎宁安(Nelson Cunningham)、戴斯勒(I. M. Destler)、埃德·格雷瑟(Ed Gresser)、珍妮弗·希尔曼(Jennifer Hillman)、加里·霍力克(Gary Horlick)、凯文·尼勒(Kevin Nealer)、杰森·马尔扎克(Jason Marczak)、丹·奥弗莱厄蒂(Dan O'Flaherty)、布鲁斯·斯托克斯(Bruce Stokes)、约翰·维罗诺(John Veroneau)、欧文·威廉姆森(Irving Williamson)和约翰·约克尔森(John Yochelson)。威廉·赖因施(William Reinsch)和托马斯·奥尔登(Thomas Alden)也阅读了全书并给出了反馈意见。我的几位外交关系委员会同事也就单独几个章节给出了意见,让我受益颇多,他们是:珍妮弗·哈里斯(Jennifer Harris)、麦尔斯·卡勒(Miles Kahler)、罗布·卡恩(Rob Kahn)、麦克·莱维(Michael Levi)、塞巴斯蒂安·马拉比(Sebastian Mallaby)、布拉德·塞泽尔(Brad Setser)、本·斯蒂尔(Benn Steill)和托马斯·波利其(Thomas Bollyky)。我也在圆桌会议谈论我的研究的过程中,得到了来自洛杉矶、凤凰城和圣地亚哥外交关系委员会全国成员的建议,我还想感谢外交关系委员会国家和外延项目主管艾瑞那·法斯基亚诺斯(Irina Faskianos)安排了这些会议。如果有任何错误和遗漏,当然都是我自身的问题。

本书也受我曾担任外交关系委员会2011年美国贸易和投资政策独立工作小组联合项目主管的影响,该小组主席是安德鲁·卡尔德(Andrew Card)及托马斯·达施勒(Thomas Daschle)。与我一起共同担任主管的马修·斯劳特(Matthew Slaughter)现在是达特茅斯塔克商学院院长,他在构思和撰写那份小组报告中扮演了重要角色,并且深刻地影响了我对于这些问题的思考,特别是关于国际投资对劳动力市场的影响。

我还要感谢我的助手安德鲁·怀利(Andrew Wylie)以及罗曼和利特尔菲尔德出版集团公司(Rowman & Littlefield)团队,包括乔恩·赛斯克(Jon Sisk)、克里斯托弗·阿特(Christopher Utter)及劳拉·瑞特(Laura Reiter)。

此项工作获得了伯纳德和艾琳·施瓦茨基金会(the Bernard and Irene Schwartz Foundation)的大力资助,我也想特别感谢伯纳德这么多年对我在美国经济竞争力研究和外交关系委员会"重振美国"活动中的支持。

第一章

世界最伟大的自给自足制的终结

我出生于人类历史上最繁荣的自给自足制时代。维基百科，替代韦氏词典，成为我们寻求定义的出处："自给自足"这一说法源于希腊语 αυ τά ρκεια，意指自身生产满足自身需求。"若一个经济体在没有外部援助或国际贸易情况下能自己维持或继续相关行为，即存在自给自足制。"在此词条下引用了最近的几则案例，包括 20 世纪 70 和 80 年代恩维尔·霍查(Enver Hoxha)领导下的阿尔巴尼亚，1962 年至 1988 年奈温(Ne Win)领导下的缅甸，以及一直到现在的朝鲜。我出生时代的自给自足制和维基列举的案例有所不同，它使人民富足且变得更加富有。在当代另一类伟大的自给自足制中——苏联——大多数人处于贫穷状态，且经济发展机会很少。与之相反，在我出生时代的自给自足制中，大部分的中产阶级购房、开车、度假以及为退休储蓄，并且一小部分幸运且有抱负的群体成为富人。

与维基中的案例不同，美国并不是因为理想、信念采取了自给自足制，它的领导者的确一度坚信应与世界开展贸易并鼓励这一行为。采取该制度只是因为当时美国没有从其他地方购买大量物品的特定需求，而且它有众多的本国顾客购买其生产的产品。1961 年 4 月——正好是我出生月份——所发布的《商业现状调查》(Survey of Current Business)仅简单提及进出口情况，该调查重点讲述了国内消费者对本国生产的制成品，如钢、汽车、纺织品、电视机、收音机和真空吸尘器的需求情况。在那年的最初两个月，钢铁日均产量达到 151 000 短吨——足以建造两座金门大桥——其中只有 6 000 吨出口。在那两个月生产的汽车和零部件价值接近于 60 亿美元，其中只有不到 2 亿美元或产量的 3%出口。那时几乎不进口小汽车和卡车。此前一年的国民生产总值刚超过 5 000 亿美元，进出口总额低于 500 亿美元，即只有整体经济规模的 10%不到。

经济学家们可能会提出反对意见，认为贸易额与GDP(国内生产总值)之比接近于10%，并不是完全意义上的自给自足。这种观点肯定是正确的。但这种情况下已十分接近自给自足了。贸易额与GDP比是一个经济体贸易开放程度的标准衡量方式。中国在那个时期将自给自足制作为国策，当时该比例为5%。同样采取自给自足制的苏联贸易额占GDP的4%。那一时期，美国是所有富裕国家中贸易额占比最低的。如法国贸易额与GDP比大于25%，加拿大大于35%，英国41%。[①] 小国对贸易的依赖性更强。对于20世纪60年代初期的美国，国外市场微乎其微。所有重大的经济问题——就业、收入、通胀和利润——都依赖于本国情况。对外经济政策主要用于外交和防卫，鼓励贸易被视为促进海外联盟和盟国经济的手段。

自给自足制名声不好的原因在于，极权政治领导人将之用于加强对社会的控制。杜绝海外货物同时也可以帮助独裁者抵制不需要的外来思想及影响。但如果一个大国有相对比较开放的市场和自由的政治体系，高度的自给自足制不是坏事。此类市场在内部仍然有高度竞争性，并且有一定规模可以促成规模经济，这样有助于提升生产率——成本更小、产出更多，这是一个国家财富增长的方式。国际贸易可以让小国也能利用规模优势，但这是以巨大成本为代价的。单个国家内部的竞争容许国家进行内部调整，这在跨境竞争中是不可能的。比如历史上，美国北方各州比南方工业化更加发达，对劳动力的需求更大，这导致了庞大的内部移民潮。通过将工作机会更少的更贫穷地区的人重新安置到劳动力需求更旺盛的富裕地区，国家整体生活水平得到了提高。20世纪60年代末，移民潮向相反方向发生了转变，工作从工资更高的北方转向工资更低但发展更快的南方各州。与之相反，如今的欧洲又面临着经济动荡，部分原因在于尽管欧洲开放贸易并采用通用货币，但因为语言和技能障碍，劳动力流动仍然有限。在一年中，只有0.2%的欧洲人移民到其他国家，而每年有3%的美国人移居到另一个州。[②] 希腊和西班牙多年来一直饱受高失业率的困扰，尽管有一部分人移民到北方，但完全不足以弥补两国疲软的国内经济。

因为产业与劳动力具有同等的流动性——尽管重要的是，并不比之更甚——这样的流动使得美国内部的工资水平趋于一致。正如人们可以迁移获

---

① Anthanasios Vamvakidis, "How Robust Is the Growth-Openness Connection? Historical Evidence," *Journal of Economic Growth* 7 (2002): 57—80, http://www.cerethzch/resec/teaching/seminar_aussenwirtschaft_wt_04_05/vamvakidis_JEG.pdf.

② "On the Move," *Economist*, January 13, 2014, http://www.economist.com/blogs/free exchange/2014/01/european-labour-mobility.

得更高工资，企业也可以转移至低劳动成本的区域，比如，包括制衣和制鞋类的劳动密集型产业在 20 世纪 50 和 60 年代已经转向南方各州。1959～1970 年间，北方在纺织和制衣行业丢失了 20 多万个工作，而南方在同样的行业增加了接近 25 万个工作。[①] 尽管这些并非高薪工作，但对于生活成本远低于大城市的小城镇来说已是体面的收入了。与劳动力迁移一样，单一国家内的资本流动可以抚平经济方面的调整。在竞争性市场中不免丢失工作的人群普遍可以找到其他工作，尽管这意味着要迁移到另一处。工资水平也在稳步上涨。1947～1973 年间，每小时平均收入上涨了 75%，这是十分可观的涨幅。生产力增长也十分强劲，这表明一个高度竞争的内部市场可以同时促进效率和创新。[②]

然而到 1979 年秋季我上大学时，促进自给自足制的条件很大程度上消失了。1970～1980 年，国际贸易在美国经济中的占比翻了一番，达到了 20%。1982 年，美国一位著名经济分析师写道："就业增长、物价稳定和经济安全……很大程度上依赖于国外事件，以及国内经济发展政策与国外的互动情况。"往前推 15 年或 20 年，该论断是荒诞可笑的。[③] 有两件大事发生了变化。首先，在第二次世界大战后复苏中挣扎的其他大型工业国家又一次成为核心工业品，如钢和汽车的生产国。举个例子，美国钢材进口从 20 世纪 60 年代中期开始快速上涨，到 70 年代末，钢材进口量占消费量的 20%，然而钢材出口规模仍然很小。[④] 汽车进口也有类似情况。1955 年，进口汽车占所有登记汽车不到 1%，然而到 1978 年，这一数字上升到了大约 20%。[⑤] 更简单的商品，如纺织品、衣服、收音

---

① Anne O. Krueger, "Protectionist Pressures, Imports, and Employment in the United States," National Bureau of Economic Research, March 1980, http://www.nber.org/papers/w0461.pdf.

② "Employment, Wage, and Benefits," US Department of Labor, http://www.dol.gov/oasam/programs/history/herman/reports/futurework/report/chapter2/#chart2-1.

③ C. Fred Bergsten, "The United States and the World Economy," *Annals of the American Academy of Political and Social Science* 460 (March 1982): 11-20, http://www.jstor.org/stable/1044592?seq=2.

④ Bureau of Economics, Staff Report, "The United States Steel Industry and Its International Rivals," Federal Trade Commission, November 1977, https://www.ftc.gov/sites/default/files/documents/reports/u.s.steel-industry-and-its-international-rivals-trends-and-factors-determining-international/197711steelindustry.pdf.

⑤ "International Competition: Trade Flows and Industry Structure," in Automobile Panel, Committee on Technology and International and Trade Issues of the Office of the Foreign Secretary, National Academy of Engineering, and the Commission on Engineering and Tech-nical Systems, National Research Council, *The Competitive Status of the U.S. Auto Industry: A Study of the Influences of Technology in Determining International Industrial Competitive Advantage* (Washington, DC: National Academies Press, 1982), http://www.nap.edu/openbook.php?record_id=291&page=52.

机、电视，也有类似的故事：进口量从60年代初期接近于零，到70年代末占显著的市场份额。

其次，企业开始跨境移动。1960年，美国海外直接投资总额低于340亿美元，占GDP6%左右，在接下去的20年一直稳步增长，于1980年达到2 160亿美元。到2005年，美国海外投资占年度GDP之比超过20%。

与早期从美国北方往南方迁移不同，当企业转移到其他国家时，员工无法跟随。当所有美国人受益于越来越多进口来的低成本和高质量消费品时，丢失工作的人群因为进口商品带来的竞争而更难找到一份同等工资水平的新工作。实际工资停止增长，甚至对于很多人，尤其是构成制造业主要劳动力的男性来讲，开始下降。工作和工资带来的影响本可能是相互一致的。朝全球经济的不断融入和某些事件同时发生，如两次经济萧条和一次减缓整体增速的能源成本上涨。但一个经济体从充分就业，并与世界上其他地方很少有经济联系，转为更加波动并融入世界，这种情况不可避免地会引起公开辩论，人们讨论这种不断融入的行为是否是好事。20世纪70年代后期，美国一个大型汽车制造商克莱斯勒在破产边缘摇摇欲坠，必须接受政府救助从而避免引起数十万人失业的倒塌局面。其他主要产业面临着进口商品带来的激烈竞争。加利福尼亚州州长警告称，这些是“迹象，表明我们产业繁荣的基础——实现我们国家自由政治的经济持续增长模式——正在严重腐化”。[①]

这一辩论经常被视为“自由贸易”和“保护主义”的支持者之间的斗争，但这有些误导。20世纪60年代接近于自给自足的美国并不是一个“保护主义”国家；根据那个时代的标准，美国是世界上较为开放的经济体之一。当时只是竞争对手很少。随着竞争加剧，历届总统和国会继续支持开放贸易，即便一些受困的企业要求并偶尔受到政府保护以抵制进口商品。然而真正的问题是如何最好地适应新的经济竞争。对于一个相对封闭的经济体，国家“竞争”概念是毫无意义的。如果一个国家的货物和服务供过于求，竞争与个体和企业有关，但与整个国家无关。和其他年轻人一样，我上大学时学习了一项技能(新闻学)，可以帮助我在这一领域与其他年轻人竞争就业机会。我的雇佣单位(多为报刊)与其他报纸杂志以及电视和电台竞争，以获得市场份额和广告收入，从而支付薪水并获得收益。然而关于这个国家在新闻领域是否有“竞争力”的问题是没有意义的，因为基本上不存在海外竞争。如果一份报纸破产，只要我的技能对于雇主

---

① “Jerry Brown on the ‘Reindustrialization of America,’” *Washington Post*, January 14, 1980, http://search.proquest.com/news/docview/147148532/1375113D4C761DEE5DD/6? accountid=37722.

来说仍有吸引力，我总是可以去另一家，或是扩大范围进入电台或电视。如果我的技能不再具有吸引力，那是我个人竞争力的问题，而不是我的国家的问题。

在我上大学之前的20年，这一点对于经济的每个行业都是适用的；但到70年代末，情况并非如此。对于那些通过炼钢、缝衣服、组装电视机谋生的人来讲，竞争的本质发生了深刻的变化。如果一家本土汽车企业取代另一家获得了市场份额，这对于制造汽车的工人来说影响很小；被一家企业裁掉的员工很有可能被另一家雇用。但如果竞争者在另一个国家，那么影响并非是良性的。考虑到某些国家严格的移民限制，更别提普遍无法克服的文化和语言障碍，下岗的汽车工人无法简单振作精神搬迁到雇用汽车工人的另一个国家。经济学家冷漠讲出的"调整成本"比一个封闭的国家的要高得多。

技术在理论上具有同样的破坏性——随着互联网损害很多报纸的广告模式，我所选择的职业受到了很大程度的干扰。如果企业购置机器，因而需要更少的人力，或新技术淘汰了某些工作，那些工人则很难找到与之前一样工种的工作。但如果企业将利润在国内重新投资，则会创造其他种类的工作，这至少可以作为部分补偿。技术也会提升仍处于这些产业的工人的生产力，进而增加他们的收益。当这些收益用于支付消费品和服务时，就会创造额外的国内就业。然而在一个更加国际化的市场上，这一循环就没有如此良性。如果企业收益投资于其他国家，或工人的额外收益主要用于进口商品，抑或来自海外低薪工人的竞争压低了工资，因技术而丢失的工作不太可能被这个国家其他地方创造的工作抵消。近期经济研究表明，进口带来的竞争和技术对美国劳动力的影响完全不同，尽管技术和贸易都有干扰性，进口带来的竞争对劳动力市场有更大影响。因为电脑失去工作的人很有可能找到新工作，但那些因为进口商品而丢失工作的人却不太容易做到。[①]

几十年来，美国不断融入世界经济，随之而来的这些挑战一直是高度分化的辩论焦点。美国很多经济领域曾经以高于其他工作的工资水平雇用上千万人，但其中越来越多面临着进口带来的竞争。这种竞争不仅关乎贸易，而且涉及投资。企业由于可以随意跨境移动，对劳动力有更大的影响力；资本在寻求投资机会时可以更加自由地流动，但劳动力却不行。与上一代人更为自给自足时代的企业影响力相比，如今的企业享有更大的权力。最后，这种破坏性的规模也让很多国家的机构遭到质疑。教育、科学、大学和政府本身都被评判，很大

---

① David H. Autor, David Dorn, and Gordon H. Hanson, "Untangling Trad and Technology: Evidence from Local Labor Markets," National Bureau of Economic Research, Working Paper No. 19838, April 2013, http://www.nber.org/papers/w18938.

程度上，评判依据是是否增强或削弱了国家的国际竞争地位。如何最好地适应国际经济的竞争压力这一问题已从无关紧要变成辩论中心，这一关乎美国现状和前景的辩论如今仍在热烈进行。

调整失败：来自竞争的挑战

在我人生的大部分时间，美国一直在如何应对全球经济的竞争压力方面面临分歧。作为一名记者，1993 年我报道了《北美自由贸易协定》的谈判，以及在国会批准后的争论情况。1995 年我在日内瓦的酒店度过了许多不眠之夜，报道促进世贸组织创建的多次会谈。2001 年我目睹了促使国会同意中国加入世贸组织的艰难辩论。同一年，我在魁北克市召开的"美洲峰会"中受到催泪瓦斯袭击，在这场会议中，领导人讨论将《北美自由贸易协定》扩张至西半球，而那些被锁在旧城墙之外的人士表示抗议。如今，看待这些问题的观点变得更加分化，民主党和共和党中的一些领导人呼吁停止推进贸易自由化，甚至对发展中大国，如中国、墨西哥的进口商品征收保护主义关税。巴拉克·奥巴马总统尝试说服国会——特别是他自己所在的民主党内的摇摆人士——支持与日本和其他 10 国的《跨太平洋伙伴关系协定》。关于这方面的辩论也同样令人沮丧。贸易协定支持者承诺会有更多的工作，出口将带来更高的工资，以及产生大量消费者，而反对者警告称，贸易将驱走工作，拉低工资，并增加不公平性。

美国人不能很快做出决定支持哪一方。当民调者询问美国在过去 20 年融入世界经济"是好事(因为有助于为美国商品开放全新市场并创造更多工作)还是坏事(因为美国企业和员工不得不屈服于不公平竞争和廉价劳动力)"时，美国民众对这两方面的支持各占一半。其他关于贸易的民调问题有着相似的复杂结果。[①] 悲观者在 2008 年金融危机后的深度衰退中找到了一些根据，乐观者随着之后经济复苏而看好，但对贸易的支持度没有明确的上升或下降趋势。这好像在说美国人希望民调者换一个问题。正确的问题不是贸易对美国是好是坏，更好的问题是美国是否能利用国际贸易带来的新机遇来提升美国人的生活水平，同时降低由于进口竞争或外包造成的成本。因为美国在这两方面都做得很糟糕，贸易仍然是极富争议的话题。

到底有多糟糕？1983 年，不断增加的日本进口汽车和电子产品引起了人们

① "International Trade/Global Economy," PollingReport. com, http://www. pollingreport. com/trade. htm.

对美国全球竞争力深深的悲观情绪。时任总统罗纳德·里根(Ronald Reagan)委派美国一家非常成功的技术公司惠普(Hewlett-Packard)的总裁约翰·杨(John Young)率领一个国家委员会来调查这一问题。该委员会对“竞争”给出的定义如今仍然是个标准定义。杨的团队写道:“竞争是指在自由和公平市场条件下,一个国家生产的产品和服务在多大程度上能通过国际市场测试,同时能维持或扩大本国人民的真实收入。”换言之,在竞争性经济体中,企业在全球市场表现很好,同时本国人民也应获益于上涨的工资和下降的真实价格。根据这一定义,正如迈克尔·波特(Michael Porter)和他的哈佛商学院同事所说,美国经济只完成了一半工作。波特是美国竞争力方面最具权威的人士,也是杨率领的委员会一员,他认为:“美国的领先企业在不断壮大,但美国公民并未共享到这些企业创造的繁荣。”[①]

尽管美国企业利润在 2016 年上半年有所下滑,但几年来一直位于或接近于历史高位。苹果、谷歌、亚马逊和脸书等企业超过世界前一百强企业的一半,美国企业在过去 5 年占据优势。但对于美国民众来说,情况就更加喜忧参半了。即便很多消费品价格下降,但美国家庭的真实收入(考虑物价下降因素)中位数在过去 40 年基本没有变化。自 1970 年以来,中间的五分之一家庭——对中产阶级较好的定义——按通胀调整后的真实收入从 48 000 美元(按 2014 年美元价值)上涨至 53 000 美元,涨幅仅 13%。[②] 这个微小的涨幅主要源于更长的工作时间,很大程度上是因为有更多的女性加入劳动力,双职工家庭更为普遍(尽管一定程度上被更多的单亲家庭抵消)。甚至在 2008 年金融危机爆发并且收入削减之前,三十多岁男性的实际收入明显低于他们父辈的收入。[③] 工资唯一强势上涨的时期为 20 世纪 90 年代后期,但转瞬即逝。过去 10 年尽管经济从金融危机中慢慢恢复,但家庭收入中位数已下降至 80 年代后期水平。

近年来,尽管经济整体增速愈加放缓,但相比其他发达国家,美国的增速仍然更为强劲,总的来说,美国还是少数最富有国家之一。但与总体经济表现更

---

① Jan W. Rivkin, Karen G. Mills, and Michael E. Porter, with contributions from Michael I. Norton and Mitchell B. Weiss, “The Challenge of Shared Prosperity: Findings of Harvard Business School's 2015 Survey on U. S. Competitiveness,” Harvard Business School, September 2015, http://www.hbs.edu/competitiveness/Documents/challenge-of-shared-prosperity.pdf.

② “Historical Income Tables: Households,” US Census Bureau, http://www.census.gov/hhes/www/income/data/historical/household. See also Carmen DeNavas-Walt and Bernadette D. Proctor, “Income and Poverty in the United States: 2014,” *Current Population Reports*, US Census, September 2015. http://www.census.gov/content/dam/Census/library/publications/2015/demo/p60-252.pdf.

③ Molly Selvin, “Study: Men's Earnings Shrink,” *Los Angeles Times*, May 26, 2007, http://articles.latimes.com/2007/may/26/business/fi-men26.

弱国家的人们相比，美国工人及家庭却落在后面。2000～2014 年，加拿大和英国的收入中位数上涨了大约 20%，爱尔兰和荷兰紧随其后。美国收入中位数仅上涨了 0.3%。哈佛经济学家劳伦斯·卡茨（Lawrence Katz）在《纽约时报》（*New York Times*）上表示："认为美国人的收入中位数比世界上其他地方的中产阶级高很多的论断已经不再正确。在 1960 年，我们比任何其他地方的人都富有得多；1980 年，我们相较之下更为富有；在 20 世纪 90 年代依然如此。"[①]但他认为，今天美国的优势已荡然无存。自 20 世纪 80 年代中期以来，美国收入差距相比其他主要发达国家更大，现在的收入差距水平超过了除智利、墨西哥、土耳其外的任何经合组织（OECD）国家。[②] 而且美国贫困人群比例增幅超过除以色列外的任何经合组织国家。[③] 斯坦福大学近期的一项研究表明，在对民众分配财富方面，美国被远远甩在了大型发达经济体之后。尽管以上很大一部分内容是对收入差距拉大和美国社会保障体系缺陷的反思，但即便在经济流动性和适龄人员就业率方面，美国也是接近末位。[④]

众所周知，在经济学中分清因与果是很难的，当然也有人积极试着解释这种不确定性。在过去 40 年中，收入中位数停滞以及美国不断融入世界经济的巧合绝不意味着其中一个现象导致了另一个现象。经济中许多其他事情也没有任何确定性。但可以明确的是，承诺和现状之间存在鸿沟。美国连续几任总统——包括持怀疑态度的奥巴马总统——告知美国人，贸易和投资自由化将为大多数人带来巨大的经济利益。但这并没有发生。由于国际竞争，许多商品价格的确下降了，但平均而言，美国家庭仅将略超过 3%的年度预算用于服装、鞋和亚麻制品，这一比例在 70 年代早期超过 7%。其他家用商品的真实成本也在下降，可以获得的商品也确实更为多样。[⑤] 但这些利益都被国际竞争带来的压

---

① David Leonhardt and Kevin Quealy, "The American Middle Class Is No Longer the World's Richest," *New York Times*, April 22, 2014.

② "United States: Tackling High Inequalities, Creating Opportunities for All," OECD, June 2014, http://www.oecd.org/unitedstates/Tackling-high-inequalities.pdf.

③ Brian Keeley, "Income Inequality: The Gap between Rich and Poor," December 15, 2015, OECD Insights, http://www.oecd-ilibrary.org/docserver/download/0115391e.pdf? expires=1453488804&id=id&accname=guest&checksum=2EF4A6746AEC6278258 60E7300708125.

④ Stanford Center on Poverty and Inequality, *State of the Union: The Poverty and Inequality Report* 2016, special issues of *Pathways* (2016), http://inequality.stanford.edu/sites/default/files/Pathways-SOTU-2016.pdf.

⑤ Edward Gresser, "American Families Have Cut Their Bills for Food and Home Goods by 40 Percent since the 1970s," *Progressive Economy*, http://www.progressive-economy.org/trade_facts/american-families-have-cut-their-bills-for-food-home-goods-by-40-percent-since-the-1970s.

力抵消了，因为国际竞争拉低了工资并减少了薪水更高的中产阶级的工作数量。美国商务部指出，出口产业的工作比纯国内产业的工作平均多支付大约20%的薪水。但这些工作的数量并未增加。

美国没能将它的竞争力变为地域上的商业优势，也没能帮助大多数民众培养在更为竞争的世界中的技能，这造成了巨大代价。哈佛商学院教授加里·皮萨诺和威利·史表示："一个地方的竞争力主要与在那儿工作和生活的人群息息相关，因为他们与投资者不同，不容易重新调配（人力）资源。"他们认为，国家内部和跨国竞争优势的转变对于繁荣有重大影响。他们指出，印度海得拉巴和班加罗尔软件工程的扩张，产生了更多成为工程师和经理人的中产阶级，并使得这两个城市成为印度最适宜居住的城市。与之相反，当美国密歇根和中西部州在汽车制造方面变得不再有如此大的吸引力时，"失业率飙升、房价下跌、建筑破败不堪、公共服务变糟，生活对许多人来说变得愈加艰难"。[①] 哈佛社会学家罗伯特·帕特南（Robert Putnam）在他一本激进的书《我们的孩子：处于危机中的美国梦》（*Our Kids：The American Dream in Crisis*）中讲述了他的家乡俄亥俄州克林顿港的故事。该市的制造业岗位在所有工作中的占比从1965年的55%下降至1995年的25%，直至2012年仅为16%。收入从20世纪70年代时略高于国家平均水平降至2012年的25%。离婚率、非婚生子以及儿童贫困都陡然上升。[②]

在过去半个世纪，如何应对更具竞争性的全球经济一直是美国政治领导人面对的重大挑战之一。尽管有很多针对全球化的批评家，但问题不在于全球化本身；的确，考虑到技术进步及世界上更贫穷国家的期许，日益增长的全球贸易和投资不可避免且具有吸引力。美国在制定全球商务规则方面扮演领导角色，这是过去50年伟大成就之一。问题在于对全球化的国内政治反应，应对措施在很多方面是非常不负责任的。任何一个政府的核心任务是提供工具帮助人们在经济变化时调整并成功，但过去50年真实的情况却是政府未能促成这样的调整。美国的政治领导者被传统习惯所累，即国家接近于自给自足的状态，并且在仅有的几样交易货物方面有高度竞争力，因而政府没有多少作为来帮助美国人进行调整。政府没有认真思考贸易增长和更为自由的投资流动带来的竞争性的影响——尝试使利润最大化和成本最小化，反而是让大多数美国人自

---

① Gary P. Pisano and Willy Shih, *Producing Prosperity: Why America Needs a Manufacturing Renaissance* (Boston: Harvard Business Review Press, 2012).

② Robert D. Putnam, *Our Kids: The American Dream in Crisis* (New York: Simon & Schuster, 2015).

己管好自己。一部分人在更具竞争性的全球经济中得到发展，但是还有很多却做不到。

彼得森备忘录

1971 年 2 月，美国面临着全球化时代首次大规模经济危机。战后布雷顿森林经济体系瓦解，该体系是根据 1944 年主要盟国协议签署地——新罕布什尔州度假小镇名字命名的。为了终止大萧条后导致货币贬值的“以邻为壑”政策，该协议将主要货币价值与美元挂钩，美元可以按照 35 美元一盎司的价格与黄金完全兑换。这种稳定性，加上美国大力资助重建战后的欧洲和亚洲的前瞻性，促进了后续几年的贸易和投资繁荣。但到 20 世纪 60 年代末，对于美国来说，这一体系变得越发无法维持。越战支出，美国跨国企业扩大海外投资，以及不断增长的货币投机，导致了长期的收支赤字。与美元挂钩意味着海外持有者可以随时将美元按固定价格兑换成黄金，消耗美国的黄金储备。由于日本和德国生产率提升，但货币价值没有调整，其中一个结果是美元价值愈加被高估，因而美国公司在与按折价货币出售产品的对手竞争时受到伤害。保罗·沃尔克(Paul Volcker)曾担任理查德·尼克松(Richard Nixon)总统时期美国财政部负责国际货币事务的副秘书长，他带领下的货币政策工作小组在美国可能反复出现危机的两年前就发出了警告。除非德国、日本等国让本国货币相对于美元升值，否则这些危机可能会促使华盛顿结束黄金可自由兑换的机制。①

由于经济压力持续增大，尼克松总统让其新委任的白宫里负责国际经济的顾问准备一份“变化中的世界经济回顾与分析”，为美国对外经济政策设定未来方向。这份题为“处在变化中的世界经济中的美国”(The United States in a Changing World Economy)的 133 页备忘录旨在说服总统，美国正处于经济更新换代的时期，因此需要在发展方向上有重大变化以确保未来的繁荣。这一备忘录之后受到总统好评，并帮助总统在 1971 年 8 月 15 日决定停止黄金兑换，施加暂时性进口关税，并开始推进货币浮动——这些步骤导致了布雷顿森林体系的瓦解。这一备忘录在这一年的下半年发表时，被媒体大加称赞，也让作者小有名气，他在之后便走上了报酬丰厚的华尔街从业生涯(并在支持许多研究机构方面扮演显著的角色，包括我所工作的外交关系委员会)。但备忘录很大

---

① 详见 Daniel J. Sargent, *A Superpower Transformed: The Remaking of American Foreign Policy in the 1970s* (Oxford: Oxford University Press, 2014)。

程度上忽略了对美国面临的竞争性挑战的警告，而且提出的问题没有得到妥善解决。确实，备忘录的大部分内容在今天看来还是可以这么写，只要稍微修改几个地方就够了。

作者名为彼得·乔治·彼得森(Perter George Peterson)，是一名44岁的企业高管，于1971年1月19日被尼克松总统任命为第一任国际经济事务总统助理。彼得森出生于内布拉斯加州科尔尼市，父母均是希腊移民。他父亲在年轻时移民到美国后改掉了希腊原名彼得罗保罗斯(Petropoulos)。彼得森以优异成绩从高中毕业后，被麻省理工学院录取，之后于1947年毕业于西北大学，最后获得芝加哥大学工商管理硕士(MBA)学位。他随后在芝加哥麦肯-埃里克森(McCann-Erickson)公司做广告工作，在贝尔-豪威尔(Bell&Howell)公司担任第三把手，该公司是当时美国最大的专业和消费者电影摄像机制造商之一。仅3年后，在38岁时，他便担任董事会主席和总裁。尽管尼克松总统想把他推上"这代人中最伟大的首席执行官(CEO)"的位置，但彼得森之后对于这段时期表现的评价仅为一般。他帮助公司降低成本，引入更受欢迎的新型消费者产品，并维持了公司的市场份额，但他承认没能够认识到数字摄像机和录音机的前景。这一前景很快到来，并颠覆了消费者视频产业。不到10年，该产业即被日韩企业，如索尼、三星和松下取代，而贝尔-豪威尔则在一众盈利微薄的企业中谋求生存。[①]

时任行政管理和预算局长，同时也是彼得森在芝加哥大学期间的老朋友乔治·舒尔茨(George Shultz)将彼得森引荐给了尼克松总统。作为总统助理，彼得森担任新创建的内阁级别的白宫国际经济政策委员会(CIEP)负责人。与20年后比尔·克林顿总统创立的国际经济委员会不同，这个委员会负责确保经济利益在外交政策制定过程中有更大发言权。尼克松及其国家安全顾问亨利·基辛格(Henry Kissinger)都在忙于越战以及重启中美外交关系的秘密谈判，因而对国际经济不太感兴趣。尼克松告知彼得森："基辛格对经济学一窍不通。更糟糕的是，他都不知道他一无所知。"[②]基辛格的一名高级助理之后也总结道，基辛格在经济问题上的成绩是"惨淡的"，"在大多数问题上是完全弃权的"，在他勉强可以参与的时候，"也经常搞砸"。[③]

---

① Peter G. Peterson, *The Education of an American Dreamer: How a Son of Greek Immigrants Learned His Way from a Nebraska Diner to Washington, Wall Street, and Beyond* (New York: Twelve, 2009).

② Peterson, *The Education of an American Dreamer*.

③ C. Fred Bergsten, *Towards a New International Economic Order: Selected Papers of C. Fred Bergsten*, 1971—1974 (Lexington, MA: Lexington Books, 1975), 499.

彼得森备忘录旨在让经济问题不再被忽视。在很长一段时间，他一直告诫总统，美国人一直毫无顾虑地相信“美国的国际竞争力优势是人生中不可改变的事实”。1971 年，美国仍然占世界总产值的三分之一，但彼得森指出，美国占据显著经济主导地位的时期已经结束。他写道：“过去 25 年的关键事实是信念——包括我们和其他国家——认为美国不管在规模还是竞争力方面，在国际经济中都起主导作用。我们在构建治理国际贸易收支的实践、制度、规则时，都去契合这一事实。美国以及整个世界都反应迟缓，没有意识到基本的结构和竞争变化正悄然发生。”

在当时，很少有美国领导人愿意听到这样的信息——令人惊讶的是，甚至今天他们都不想听到。美国竞争力的主导优势有助于总统更好地驾驭对外和对内政策。这意味着贸易谈判可以注重于支持盟国或加强潜在盟国的力量，而不是实现美国经济最大的优势。这意味着财政部官员不需要特别关注美元价值，尽管美元被高估给外国竞争者提供了价格优势，但他们仍假设美国企业可以繁荣发展。这意味着美国企业税收政策可以进一步鼓励企业投资于海外而不是本土。这也意味着美国政府角色仅限于制定国际竞争规则，并假设更自由的贸易和开放的竞争将主要有利于美国企业和员工。政府不再需要作战略性思考，探讨如何帮助经济中的某一或其他行业来应对外部竞争。政府不用再考虑调整的问题——如果美国企业和员工一直是全球经济竞争的赢家，那还用担心如何帮助失败者吗？

彼得森备忘录尝试颠覆这些假设。首先，他表示，美国下降的竞争地位意味着其他国家必须承担起全球增长的重担，对进口商品开放市场并合理维持货币价值。其次，他主张政府需要开发商业区域优势，使用税收政策和其他工具鼓励投资和出口。再次，他认为尽管开放贸易有更多赢家，但也会有失败者，因此需要有政策帮助员工再培训并找到新工作。最后，他提议美国需要有雄心壮志并持续努力，通过教育、投资和新的科学研究加强自身竞争力。

美国竞争地位走弱的首要原因——之后被称为“其他地方的崛起”——占据了备忘录的主要篇幅。在当时，彼得森主要担心的是日本，并对欧洲有所顾虑，如果故事放在 21 世纪初讲的话，那就是中国了。在过去的 20 年里，日本经济依赖于出口的壮大，以每年 10%的速度提升，这是“世界上经济发展最为惊人的速度”，并且是美国增速的两倍。早在学者傅高义（Ezra Vogel）和查默斯·约翰逊（Chalmers Johnson）向大众解释“日本奇迹”的 10 年前，彼得森就已经抓住了本质特征。他指出，日本经济在强有力的官僚制度指导下，“有意识地去实现长期目标”。国际贸易本身不是终点，而是促进国内生产和就业的工具。与美国不同，日本的官僚政策不是“私营企业仲裁人”，而是促进经济目标的实现。这种关系使得日本拥有世界上最大的炼钢厂，占主导地位的造船业，以及包括电脑，石化、铝业、航空等在内的未来目标。日本也将其模式输送给东亚欠发达国家，这使得彼得森预见“东亚经济圈”将崛起成为美国的竞争对手。在欧洲，欧洲经济共同体的创建——美国给予支持，并将之视为与苏联发展抗衡的壁垒——使得美国企业处于竞争劣势。欧洲贸易优惠政策意味着相比在欧洲经济区以内，企业在区域以外生产面临更高关税，这样就鼓励美国企业直接在欧洲投资而不是从美国出口。此外，欧洲于 1967 年采用了增值税，一项给予出口商品抵扣、抬高进口商品价格的生产税，进一步打击了尝试向欧洲市场出口商品的美国企业。[①]

彼得森并没有对欧洲或日本的成就感到惋惜。美国外交政策也旨在实现同样的目标。他也没有预见到美国会被任何一个竞争对手从经济上超越，之后有人提到日本和中国。真正让他担忧的是对美国人经济状况的影响。他写道，那些国家没能正视新的经济实力，对此美国是失望的。与对美国进口商品敞开大门相反，“很多美国人感觉，从美国政策中大量获益的那些国家越来越关注于地区或本国内部，这往往是限制性的或歧视性的，抑或两者都有”。那些国家“几年来给予生产商和出口商一系列援助来抵抗外部压力”，并在贸易谈判中更加坚持自己的利益。适度行为尚可被美国容忍，但如果走向极端，他警告“任何发达的世界权力中心如果过度关注内部，则对于外部是挑衅的，而且最终会自我毁灭”。彼得森建议美国采取更加强硬的姿态，提升并保卫本国经济利益。有观点认为“我们的竞争优势很大，可以随时做出临时性让步，从而与我们的国际伙伴维持灵活友好的关系，并促进更加繁荣的世界市场”，他对此表示反对。与之相反，他预言新的时代“很有可能是国家间激烈竞争的时代”。为了应对这些新的现实，“不仅政策还有外交方式都需要发生变化。在与贸易伙伴会见时，我们的国际谈判立场应该对新的国家利益更加清晰和坚定。这样在合作伙伴眼里，我们是更加可预知的。我相信我们必须摈弃任何‘马歇尔计划心理’和相对没有限制的慷慨行为……这不仅是个选择的问题，而且是必须要做的事”。

彼得森也担忧美国企业的海外投资及对美国经济和劳动力的影响。到 1971 年，美国企业附属机构的海外销售额已经是美国出口额的两倍。学者们才刚刚开始探索新的跨国商业模式的重要性。大多数人认为，通过降低物价、传

---

① Robert A. Pastor, *Congress and the Politics of U.S. Foreign Economic Policy*, 1929—1976 (Berkeley: University of California Press, 1980).

播技术和工业知识,企业会给美国及其他国家带来巨大利益。但工会担忧,企业能在世界任何地方投资的能力不利于世界上最高薪的工人,即在美国的工人。到20世纪60年代,一直支持自由贸易的劳动力迁移随着美国贸易顺差情况变坏而发生了逆转。劳动力立场的转变不是因为周期性经济因素。1961年工会支持更自由的贸易,当时失业率接近7%。1969年,工会敦促国会阻止进口,但失业率只降到了3.5%。主要原因是工会看到了不断增长的海外投资给本国工人带来了根本性的威胁。作为劳工庇护机构的美国劳工联合会和产业组织大会警告,新的全球生产模式会伤害美国工人。"一家基于美国的跨国企业可以在广泛分散的工厂,如在韩国、中国台湾和美国,生产零部件,然后在墨西哥边境的工厂组装成品,之后以美国物价在美国出售——可能还是美国品牌。"①所涉及的企业——如IBM和施乐(Xerox)等家喻户晓的名字,以及化工、石油和矿产企业——做出激烈反驳,并用自己的研究表明,海外扩张实际上促进了本国的经济和就业。随着保护主义压力上升,在林登·约翰逊(Lyndon Johnson)总统支持下,美国贸易应急委员会于1967年成立,这是一家跨国企业的游说机构。该机构坚称:"美国跨国企业不出口工作,比其他企业在创造工作方面表现更好。"彼得森对于工会的论断持怀疑态度,但承认"关于这些企业对美国就业、贸易和收支平衡的连锁反应,以及对于其他国家经济的影响,美国民众知之甚少"。他拒绝给跨国企业下任何确定的结论,仅表示:"跨国企业如此大的体量需要我们重新审视。"

对于受到进口和海外贸易伤害的美国民众,他提出一个慷慨的"调整援助"计划,在这方面他就没有那么讳莫如深了。他表示,尽管贸易一般来说有利于大多数美国人,但有一部分行业和产业会因为更激烈的进口商品竞争而出局,伤害工人和整个团体。他告知总统:"通过促进国际竞争力,一项以美国实力为基础的计划不可能与那些产业,特别是工人群体的命运无关,那些企业和群体没有满足真正的竞争性世界经济的需要。如果自由贸易政策声称符合整个国家利益,之后却让特定产业、工人和团体付出代价,这是不合理的。"国会于1962年着手处理这一问题,创建了作为约翰·肯尼迪总统《贸易扩张法案》一部分的首个"贸易调整援助"计划,这对于获得劳工对这一法案的支持十分重要。工会

① AFL-CIO, "An American Trade Union View on International Trade and Investment," February 21, 1971, in *Multinational Corporations: A Compendium of Papers Submitted to the Subcommittee on International Trade of the Committee on Finance in the United States Senate*, ed. US Senate, Committee on Finance, Subcommittee on International Trade (Washington, DC: US Government Printing Office, 1973), 71.

之后感到被花言巧语蒙骗，法案要求工人证实他们被进口竞争伤害，而该竞争明显是美国贸易让步的结果。从 1962 年至 1969 年，尽管有 25 份请愿书提交至劳工部，但没有一个美国人通过这一项目受到援助。[①] 彼得森敦促实施更加宏伟的调整援助计划，“促进国外竞争带来的经济社会变化”。这需要临时性的收入补贴和工人的再就业培训，甚至需要给予受影响的团体更广泛的联邦援助。部分产业可能需要临时性保护以免受进口影响，或其他贸易限制来帮助其调整，而不是纵容大规模失业局面的发生。另外需要大力推动出口，来弥补由于进口造成的失业。他呼吁落实一项“被工会接纳”项目，并说服工会，如果需要为新职业再培训，“工人们会享受到真正的好处”。

尽管崛起的欧洲和日本需要更多进口，跨国企业需要被密切关注，但彼得森告诉尼克松，美国经济挑战的主要来源是内部。他写道，国际竞争新时期的繁荣“主要依赖于我们自身的努力而不是其他国家的行动”。美国必须齐心协力“增强竞争力和提高生产率，并与其他国家相比扩大比较优势。方法是关注我们做得最好的地方。这会提升我们的国际竞争力”。对工厂、设备和公共设施加大投资可以提高生产率。研发方面也需要更高的重视度，包括政府在明确和培育有前景的科技上扮演更为积极的角色。另外，美国民众在新兴产业和服务所需技能方面应受到更好的教育和培训，即要有“根本性的再定位”来确保美国劳动力已经为即将到来的竞争激烈的全球经济做好准备。

尼克松对备忘录很满意。彼得森将他的成果以彩色幻灯片的形式展现给了内阁，总统也让他将报告分享给商界、工会、媒体和国会领导人。最后他登上了《商业周刊》(*Business Week*)封面，并被《纽约时报》称为“经济领域的基辛格”。该报告于 1971 年公开发表，销售了一万多份。[②] 但更好地理解其影响的管理层内部人士远没有被他的论断说服。彼得森是尼克松主政白宫时期的首要人物，主张更强势的对外经济政策。一名国家安全委员会高级官员告知《国家杂志》(*National Journal*)：“大多数人的观点是，你不能仅仅为了改进与另一个政府的关系而放弃重要的经济利益。”他表示，“我们愿意在经济利益方面更为强势”，但长期以来，“我们竭尽全力”来符合欧洲和日本的经济利益。然而，美国国务院看到了备忘录中国家主义的方面，因而担心激进的论调会损害与亲密盟国间的政治关系。那些对报告的发表感到畏惧的人怂恿国会通过保护主

① Howard Rosen, “Trade Adjustment Assistance: The More We Change, the More It Stays the Same,” in *C. Fred Bergsten and the World Economy*, ed. Michael Mussa (Washington, DC: Peterson Institute for International Economics, 2006), 81.

② Peterson, *The Education of an American Dreamer*.

义立法来抵制进口。一名国务院高级官员表示，人们对彼得森提出的“实质性问题有着截然不同的看法”，而且彼得森对美国外交政策的影响缺乏了解。[①] 年轻的经济学家弗雷德·伯格斯滕（Fred Bergsten）是基辛格的国际经济事务顾问，他向上级提出了警告：虽然美国贸易及其他对外经济政策长期以来服务于更广泛的外交政策目标，但“现在有不断增大的压力在改变这种关系”。伯格斯滕向基辛格写道：“一定程度的再平衡是有道理的，但有些人极端地声称，外交政策应该成为对外经济政策的辅佐，用政治和军事力量来追求经济目标。彼得森本人认为，这方面的趋势不可避免。国会对此确实有广泛的支持。”他敦促基辛格对此加以抵制，并明确告知彼得森，“在政治利益特别重要的领域，你是不会看到经济问题主宰外交政策的”。[②]

彼得森本人没能完整关注到此次辩论的进展。他到华盛顿一年后，因为白宫有一些总统亲信的助手警惕地控制着所有主要的政治事务，尼克松将他调出白宫，“提拔为”商务部长。尼克松于 1972 年再次当选总统后，被“水门事件”分散了注意力，彼得森没有再被任命为商务部长，并拒绝了新设立的总部位于布鲁塞尔的驻欧洲大使职位。5 年后，吉米·卡特（Jimmy Carter）总统废除了白宫国际经济政策委员会。直到 1993 年比尔·克林顿总统创建国家经济委员会才再次有了类似的机构，承诺最终采取协调一致的方式，应对美国的竞争挑战。

没有吸取的教训

彼得森给尼克松的备忘录敦促总统在更广泛的背景下关注贸易。尽管他极力支持自由贸易和更好的国际贸易准则，但他不认为仅凭不断增长的贸易本身就可以使美国民众自然而然地受益。他觉得只有在美国保持警惕，确保新准则被执行，以及美国企业和工人有公平竞争平台的情况下，才会受益。只有在美国投资于未来，如促进基础设施建设、教育年轻人，以及在科技突破领先的情况下，才会受益。联邦政府需要调整税收政策并采取其他措施，促进出口和吸引更多投资，并确保美国民众在不断扩大的全球蛋糕中获得应得的部分。这需

① Dom Bonafede, “Peterson Unit Helps Shape Tough International Economic Policy,” *National Journal* 3, no. 46 (November 13, 1971): 2238—48.

② “Memorandum from C. Fred Bergsten of the National Security Council Staff to the President’s Special Assistant for National Security Affairs (Kissinger),” Washington, DC, April 21, 1971, in *Foreign Relations of the United States*, 1969—1976, Vol. 3: *Foreign Economic Policy*; *International Monetary Policy*, 1969—1972, ed. Bruce F. Duncombe (Washington, DC: United States Government Printing Office, 2001), document 64.

要一个崛起策略来应对这一竞争。简言之,美国在实施国际贸易和金融政策的同时,还需要一项竞争性政策。

竞争性的概念是难以捉摸的。确实,很多经济学家坚称,是公司而非国家在经济上竞争。他们很正确地指出,国际贸易和投资不是零和游戏,一个功能完善的全球经济可以让所有人过得更好。在过去 20 年中,全球贸易的确在世界范围内帮助人们脱离贫困,脱贫人数比人类历史上任何时期都要多。但如果说国际经济竞争不是“输赢”的关系,并不意味着完全没有竞争。即便在过去半个世纪,世界大部分地区开放贸易和投资,国家之间为得到更大的份额——如投资、出口和创造的工作——而激烈竞争。有时它们使用的是扭曲贸易的工具,如补贴或货币操纵,抑或抵制进口的制度。事实上,这些是“以邻为壑”政策,在市场分配不了的情况下增加一个国家全球贸易和投资份额。如果不加以限制,这些行为不仅会伤害其他国家,也会滋生出不平衡的经济体,过度依赖于投资和出口,对采取扭曲措施的国家本身也是有害的。但竞争也可以作为国家增加筹码的激励机制——投资于教育、世界一流的基础设施建设、先进的研发。它可以强迫国家仔细思考税收、货币和财政政策的竞争性影响。尽管贸易和投资自由化很有必要,但只是第一步,即设立国际经济竞争秩序。更为重要的是政府下一步该怎么做,如何确保在新秩序创建的更具竞争性的世界中,企业和公民都可以发展壮大。

几十年来,在设定全球范围内开放贸易和投资规则方面,美国一直是卓有成效的领导者。从第二次世界大战结束至 20 世纪 90 年代中期,美国引领了连续几轮的全球贸易自由化谈判,并在 1995 年因世贸组织的成立而达到顶峰。在贸易自由化有所停滞时,美国主导完成了《跨太平洋伙伴关系协定》谈判以及与欧盟的《跨大西洋贸易与投资伙伴协定》谈判。前一协定采取开放态度,之后允许韩国、印度尼西亚、菲律宾,最后还可能包括中国等国家加入。尽管世贸组织陷入僵局,但美国通过其他方式促进自由化,包括与一些有意向的国家开展服务谈判,与中国商讨投资协定。

但美国在很多地方做得远远不够,如制定贸易准则,鼓励公共和私营部门投资,以及支持本国劳动力在利益上获得更多份额等方面。在贸易和全球投资方面,竞争者通过操纵货币、补贴企业或抵制进口获得竞争优势,而美国往往关注其他方面。在国内,将美国产品输往国外市场的道路、桥梁和海港日益破败;如今,美国的基础设施建设质量在国际上只排第 16 位,甚至落后于西班牙和葡萄牙。[1] 55～64 岁间的美国人受教育程度在世界上首屈一指，但 25～34 岁的受教育程度下滑至世界排名第 13 位。[2] 美国在出口方面是落后者，相比欧洲和大多数发展中国家，并更进一步让位于中国等新竞争对手。在帮助本国民众发现国际竞争力短板方面，美国所做的远不如其他任何竞争者，这些民众因为廉价的进口商品失去工作，或是他们的工厂搬迁至墨西哥或中国。举例而言，尽管雇主抱怨劳动力缺乏技能，很难找到有相应能力的员工，但美国在工人培训方面的花费远低于其他任何发达国家。

讽刺的是，在过去 50 年中，美国应对国际经济的方式一直是“建立规则即意味着成功”。换言之，美国始终认为，如果贸易和投资准则放开，那么单凭竞争就可以提升美国人生活水平。但很少有国家是这么做的。日、韩及其他亚洲国家补贴企业或通过一些制度保护市场，从而在国际竞争中取得优势。德国培育竞争性的制造业，给劳动力提供培训，并在世界范围内大力促进出口。丹麦和北欧国家在提升员工技能和教育计划方面十分慷慨，来帮助他们步入新的职业生涯。对于某些美国人——受过教育、有抱负和人脉——缺乏支持没有太大关系。在更开放的国际经济中，受过高等教育的美国人非常成功，创建了一些世界上最具创新力和活力的企业并为其配备员工。美国拥有世界一流的大学，因而仍然吸引着最优秀和最有雄心壮志的人才移民到美国，这在世界上占据最大份额。但大部分美国人尚未准备好应对所面临的竞争。他们像与对手水平相差悬殊的拳击手，不断被击倒，退回到角落里，然后他们被告知只能回到拳击场，接着被重拳击打，希望最终能成为更好的拳击手。更加合理的做法应该是，把他们拉到拳击场外进行一年的训练，之后再返回赛场。

彼得森警告称，不能应对新竞争挑战的后果是严重的。他写道，随着资本更加自由流动以及运输成本降低，调整的压力“与早期相比来得更快、更艰巨。更快的变化使得调整政策面临不可忽视的问题”。他警告称，调整失败会“造成非正常失业和机会浪费”。即便近年来就业增长强劲，但如今的美国就业人数比自 20 世纪 70 年代中期以来的任何时期都要少，工资增长依然疲软。为了让更多美国人在高度竞争的全球经济中得到发展，政府需要意识到他们处于竞争中。彼得森曾经希望华盛顿起带头作用。大多数时候，政府没有这么做，但还好已有迹象表明，州政府和地方政府正在认识到并应对至少一部分挑战。有华盛顿的支持，各级政府有可能制定长期以来缺失的竞争性策略。

---

① 详见 Edward Alden and Rebecca Strauss, *How America Stacks Up*: *Economic Competitiveness and U.S. Policy* (New York: Council on Foreign Relations, February 2016)。

② Alden and Strauss, *How America Stacks Up*.

面对竞争挑战

2015年初，瑞典著名汽车制造商沃尔沃（Volvo，现在由一名中国亿万富翁所有）宣布在南加州查尔斯顿外建造第一家北美工厂。这家价值5亿美元的工厂预计于2018年正式运营，雇用大约2 000人。同一时期，德国宝马汽车（BMW）宣布在南卡罗来纳州的扩张计划，并在斯帕坦堡市附近建造宝马在世界上最大的生产基地。南卡罗来纳州州政府在上海、东京和慕尼黑设立了永久驻外办公室。在过去10年中，出口占该州总产值的份额翻了一番，而且在外资企业工作的员工比例比其他所有州都要高。[①] 梅赛德斯（Mercedes）制造商戴姆勒（Daimler）在亚拉巴马州有其最大的越野车生产基地。田纳西州于2014年吸引到了韩国轮胎制造商韩泰轮胎（Hankook Tire），该公司预计将投资8亿美元，创造大约2 000个工作岗位。田纳西州查塔努加市已是德国大众汽车（Volkswagen）所在地，大众做出这一选择是基于该州给出的一系列激励机制，包括制定符合工厂需要的新就业培训计划。几十年来，由于来自亚洲的竞争，美国全球投资份额一直在缩小。但在很多州和城市的率领下，美国正在给予反击。

从圣地亚哥和洛杉矶等大城市，到波特兰和哥伦布等中型城市，已有二三十个美国城市制定了自己的策略，以促进出口、吸引投资以及在贸易行业获得更多就业。做得最成功的是进一步发展已经在世界领先的领域，如明尼阿波利斯圣保罗都会区的医疗设备，威奇托市的飞机和零配件，以及圣地亚哥的生命科学。因为芯片制造商英特尔的缘故，波特兰一直是出口的枢纽，如今发起了一项清洁技术出口的新倡议，并且让贸易代表团推进其围绕耐克（Nike）建立的运动和户外产业。作为运动鞋制造企业，耐克以外包给越南等低工资国家而成为典型，最近宣布基于新的制造技术，如用3D打印给运动鞋鞋底制造带来革命，将在美国创造10 000个新工作岗位。

有一些振奋人心的迹象表明，至少有一些美国政治领导人终于醒悟，在美国自身努力创造的竞争性世界经济中发展，需要什么样的必要条件。有一部分反应来自华盛顿。当半导体产业面临严峻竞争时，联邦政府自20世纪80年代后期以来首次认真促进美国发达制造业发展。奥巴马政府在美国历史上首次加强真正的国家力量，来吸引外国投资。在要求其他国家遵循经协商同意的贸

① Bob Davis and Valerie Bauerlein, "South Carolina GOP Voters Feel the Benefits of Free Trade—But Also the Scars," *Wall Street Journal*, February 17, 2016.

易准则方面，美国也更加激进。但在大多数时候，华盛顿仍然被关于政府合理角色的基础性辩论所困扰，妨碍了有效应对措施的实施。一些不具争议的政策——如不断增加汽油税收，用于支付道路、桥梁和铁路建设——曾一度无法实施。即使其他国家努力在国际市场上促进出口，美国国会却将美国进出口银行关闭了6个月，帮助美国企业在发展中国家出售商品并拒绝对该银行董事会任命，限制该银行发放任何新的大额贷款。即使其他国家尝试教育民众为未来的工作做好准备，但美国公共教育陷入了是由国家还是地方控制的长期争论。在竞争的世界中，这种思想理念的争论是美国负担不起的奢侈品。

真正的进展不在华盛顿——那里还在怀疑政府是否应该积极促进经济竞争力——而是在各州和大型城市。越来越多的地方政府率先制定竞争策略，所基于的前提是地方繁荣在很大程度上依赖于国际经济竞争。几乎每个州——从最大的得克萨斯州和加利福尼亚州，到田纳西州和内华达州等较小的州——都正在积极争取能创造就业的投资、促进出口，并尝试为未来就业增长打下更坚实的基础。很多时候，这只是与其他州之间的竞争，给美国整体经济带来的利益少之又少，仅仅是将商业从一个州搬到另一个州而已。政府给予少量成本较高的减税优惠和激励机制，但往往到最后发现远远无法实现承诺的利益。尽管栽了一些大跟头，但越来越多的州走向世界，寻求投资和市场，特别是创造高薪工作的发达制造业，这给本地经济带来一系列额外的好处。最成功的州和地区提升竞争力的方式，不只是甚至不是通过低税收和补贴降低企业成本，而是投资于将产品推向市场的基础设施，鼓励大学研究与市场对接，以及与企业合作确保有所需的受过培训的劳动力。

华盛顿应该紧紧跟上。在过去的半个世纪，联邦政府将其角色仅仅视为制度的倡导者，允许大型企业在全球投资和让商品自由流动。成功的贸易协定——在主要由美国设定的条款下——是对大多数进口商品取消配额和进口关税，并给企业在世界任何地方的投资给予前所未有的保护。但联邦政府几乎没有帮助过美国在投资和出口市场份额方面的实际竞争。华盛顿需要紧跟各州和城市的步伐，作为后盾帮助在国际竞争行业开展建立、吸引和保留商业，因为这些行业提供了我们的经济中许多最好的工作。现在的时机正合适——美国的创新领先，能源价格下降，相比欧洲和日本有充满竞争力的劳动力成本，美国正在成为世界上最具投资吸引力的地方之一。

然而，联邦政府需要进一步努力，与其他国家协商制定并严格执行国际经济竞争方面更好的准则。过去的贸易和投资协定让货物和资本在世界范围内更加自由地流动，提升了生产率和效率，但这些准则往往使得大型企业引起国家间的冲突。这些企业处于优势地位，可以要求政府提供补贴、减税或符合条件的低薪劳动力，作为投资前提。尽管投资竞争激烈，美国仍必须引领国际力量，遏制无拘束的竞争带来的破坏性影响。新准则的制定应该为全球商业设定更高标准，劝阻企业争先恐后地去往低税区域，并创造更公平的全球经济竞争条件。这些准则在执行时需要具备长期以来所缺乏的魄力。美国需要再次努力协商和执行准则，这将为很多而不是很少人带来全球经济的益处。

政治领导人经常告诫美国民众，全球经济已无法控制，美国没有选择只能屈服于市场有创造力的破坏性。彼得森在致尼克松的备忘录中，断然反驳了这一观点。他认为，美国必须“正视重要——甚至严苛的——任务，即在日益竞争的世界中提升生产率和竞争力，在设计一项新的综合性计划方面把握主动性，该计划是基于美国实力，并鼓励一个对未来有所考虑的竞争性的世界贸易体系”。简言之，他写道，美国必须“有意识地塑造我们的未来，而不是将我们放任不管”。这个挑战现如今同样存在。

第二章

应对竞争
——贸易政策的局限性

1995年5月16日,美方贸易代表(USTR)米基·坎特(Mickey Kantor)走出位于十七大道的温德大楼办公室,进入白宫会议室,宣布美国将对日本进口汽车施加59亿美元的惩罚性关税,这是美国或任何其他政府考虑过的最大规模的单项贸易反击。他表示可能会施加100%的惩罚性关税,作为日本拒绝向美国制造的汽车开放大门的反击。一夜之间,一辆35 000美元的雷克萨斯对美国购买者的价格变成了70 000美元。反击的目标涵盖13家快速发展的日本高端汽车品牌,包括日产旗下的英菲尼迪、本田旗下的讴歌以及马自达和三菱。这简直是对日本最重要企业的直接威胁,这一举措会重创日本高端汽车在世界上最大市场的销售。报纸社论将这一行政行为称为"欺凌",并警告这将使世界贸易体系不稳定,并削弱美国与日本的安全联盟。[①]

美国企业面对日本劲敌时一家家地衰落,日本在相互竞争的产品上知道如何做到物美价廉,此次威胁是25年来斗争的顶峰。在20世纪五六十年代引入并主导黑白和彩色电视机销售的美国企业——真力时(Zenith)及RCA,在七八十年代被日本竞争对手,如松下、三洋、索尼、东芝和日立击败。[②] 美国钢铁巨

---

① "Mickey Kantor's Riverboat Gamble," *Chicago Tribune*, May 19, 1995; "Lexis and Hubris: Car Tariffs Are Infinitely Dumb," *San Jose Mercury News*, May 19, 1995.

② Martin Kenney, "The Shifting Value Chain: The Television Industry in North America";也可详见"The Decline of the US TV Industry: Manufacturing," Princeton University, http:// www. princeton. edu/~ota/disk2/1990/9007/900709. PDF.

头，如伯利恒钢铁(Bethlehem Steel)及美国钢铁(US Steel)缩小规模，因为国际上供过于求而裁员数十万工人。这些企业没有投资于新技术，外加工资、医疗和养老金上涨，因而利润率降低。50 年代时钢铁进口只占美国市场的 5%，到 80 年代时几乎占了四分之一。就在 1995 年米基·坎特威胁要对日本进口汽车施加关税时，伯利恒——曾为金门大桥提供大多数钢铁材料，并且是美国最大的造船企业——关闭了宾夕法尼亚州以其名字命名的小镇中的工厂，使得来自有五个足球场大的高炉的生锈废铁沿着里海河(Lehigh River)被丢弃，并一直到城市中心。甚至在半导体等快速发展的新产业——此项技术在美国首先发明并商业化——日本到 80 年代中期已夺去了整个美国市场的半壁江山。1987 年，因为日本半导体进口产品的不公平贸易行为，共和党总统罗纳德·里根对其施加 100%的关税——当时这项每年 3 亿美元的惩罚是自大萧条以来美国最大规模的贸易反击，这一举措让其党内自由贸易支持者十分错愕。[1]

对民主党来说，日本是更让人头疼的问题。比尔·克林顿于 1993 年 1 月入主白宫，在美国政府如何应对国际贸易中日益飘摇的地位方面，尝试掩盖党内较大的隔阂。克林顿是忠诚的国际主义者，决心让国会同意与加拿大和墨西哥签署《北美自由贸易协定》，这一协定在共和党总统乔治·布什(George H. W. Bush)时期正式完成。1993 年 2 月，克林顿在华盛顿的美利坚大学首次发表了关于贸易的重要演讲，他坚持认为美国必须"参与竞争，而非后退"，"开放和竞争性的市场会使我们国家更加富足"。[2] 他自己的党派高度关注工业化的东北部和西北部，对他表示强烈反对；众议院民主党党团中的多数人在这一年的下半年投票反对这一协定。该协定的最终通过归功于共和党的强力支持。为了安抚内部批评人士，克林顿承诺做更多来帮助面临进口竞争的美国制造业工人及其他人。他要求墨西哥接受《北美自由贸易协定》的附属协议，支持更好的劳动力和环境标准，这项努力提升了墨西哥企业成本，降低了对于美国工人的竞争压力。他承诺在贸易谈判中采取更加强硬的路线，特别是迫使日本对美国出口商品开放市场，从而使得新增的出口销量可帮助抵消进口给某些行业带来的损失。在签署《北美自由贸易协定》时，克林顿表示："我们不能阻止世界发生改变，也不能废除无处不在的国际经济竞争。我们只能好好利用，给我们自身带来益处。现在我们必须意识到，让一个发达国家更加富足的唯一方式是出

---

① Douglas A. Irwin, "Trade Policies and the Semiconductor Industry," in *The Political Economy of American Trade Policy*, ed. Anne O. Krueger (Chicago: University of Chicago Press, 1994).

② 在以下文章中被引用：Jeffrey A. Frankel and Peter R. Orszag, *American Economic Policy in the 1990s* (Cambridge, MA: MIT Press, 2002), 284.

口，只需要为所生产的产品和服务找到新顾客。”①

日本人是显而易见的顾客。到 20 世纪 90 年代中期，日本已成为世界第二大经济体，在美国出售了数百万辆汽车。1995 年美国最畅销车型包括丰田中型车凯美瑞以及本田雅阁，而丰田卡罗拉将继续成为美国历史上的畅销车。尽管美国的汽车制造量超过其他任何国家，但基本不在日本出售。到 90 年代中期，外资（大多数为日资企业）在美国销售的汽车占美国市场三分之一的份额，而非日资汽车制造商只占据了不到 5%的日本市场。尽管美国有大型精密的零部件网络来支持“三大”美国汽车制造商——福特、通用和克莱斯勒，但美国没有向日本出售很多，在日本出售的汽车零部件中不到 3%来自外资企业。在此前一年，日本对美国有 370 亿美元汽车及零部件贸易顺差，几乎占了美国与日本贸易赤字的 60%。②

促使日本对美国汽车和零部件开放市场，对克林顿政府有象征性的重要意义。坎特在宣布关税威胁时表示：“我们的市场对日本产品是开放的。他们的市场必须也对我们的产品开放。这是最基本的公平问题。”通过支持《北美自由贸易协定》，克林顿总统拒绝了保护主义的解决方案。与 80 年代大部分时期里根总统的做法不同，克林顿不是限制日本在美国销售汽车，的确，他的政府同意规定所谓的自愿出口限制不合法，这也是促成 1995 年世贸组织成立的全球贸易谈判的一部分。为了安抚党内批评人士，克林顿必须兑现承诺以作为回报，即给予美国企业更多的出口机会，并使出口支持本国高薪的工作。民主党总统一方面要做的是将旗帜坚实地插在自由贸易的土壤上，另一方面是在其他国家不遵守相同准则时仍然坚守。

米基·坎特是一名律师，在供职于菲利普·莫里斯（Philip Morris）烟草公司时磨炼了技能。但即便对他来说，日本也是很难对付的谈判对手。日本对美国在贸易方面的欺凌和威胁愈加恼羞成怒，认为核心问题是美国自身没有去应对新的竞争，因而决心加以抵制。坎特的对手，时任日本贸易部长及之后出任首相的桥本龙太郎（Ryutaro Hashimoto）将与坎特的交锋比作日本剑术。在这一体育项目中，两名选手穿着黑武士般的衣服，拿竹剑决斗，桥本龙太郎是剑术黑带六段。剑术技巧在于躲避和转移击打，同时也要发起进攻，日本人擅长利用美国的优势来反击对方谈判者。日本否认保护主义方面的指控，指出他们对于大多数进口商品的关税实际上低于美国和欧洲。当美国抱怨非正式壁垒

---

① William J. Clinton, “Remarks on the Signing of NAFTA,” Miller Center, December 8, 1993, http://millercenter.org/president/speeches/speech-3927.

② “Kantor Letter to Ruggiero on Autos,” *Inside U.S. Trade*, May 12, 1995.

时——如许多日本汽车经销商不愿意销售外国汽车——日本政府会发布文件敦促经销商提供美国汽车；如果没有任何改变，日本会暗示有辨别能力的买家，让他们对质量较差的美国汽车不感兴趣。面对挫败，克林顿政府要求日本对外国进口商品达到规定数额——美国在日本市场中可以保证的份额——丰田就此责难美国，认为美国支持“受管理的贸易”而非自由市场。两名谈判专家并没有掩饰对彼此的厌恶。经过一轮特别艰难的回合后，桥本龙太郎告诉全是新闻记者的观众：“与米基·坎特谈判比我醉酒后回家见妻子还忐忑。”坎特并不逃避交锋，而是给予回击：“我想听一听你妻子是怎么说的。”①

谈话于 1995 年 5 月 12 日中断。4 天后，坎特威胁采取大规模反击。他表示：“我们意识到今天的声明意味着强有力的行动。一个开放的和另一个封闭的汽车市场的鸿沟已存在 35 年。这种不平衡有利于日本制造商，却牺牲了美国工人和企业的利益。这种局面必须终止。”②

请其他国家帮忙

美国政府更倾向的经济竞争应对措施是让他国提供帮助，但与日本的危机标志着这一方式的失败。在 1971 年致理查德·尼克松总统的备忘录中，彼得森呼吁“在近几十年中取得最显著经济进步的国家应承担更多责任”。当时，这意味着日本、德国等享受贸易顺差增长的国家需要从美国和其他国家购买一些产品，减少自己销售的产品。彼得森敦促总统迫切要求这些盟国建立体系，使得“经济强国平等分担维持经济秩序的责任”。

第二次世界大战后，美国是世界经济的引擎，但到 20 世纪 60 年代后期，美国很明显开始缺乏动力。它大规模开放的市场成为某种全球公共物品。通过从亚洲和欧洲吸纳制造品，美国让这些地区比原本发展得更快。作为冷战策略的一部分，这种慷慨也说得通；拥有更强大繁荣的盟国可以更好地抵制对苏联这边的簇拥。美联储前主席保罗·沃尔克说道：“尽管对美国有直接的成本，预算的或其他，但人们从来没有对利益的平衡有太多质疑，不管是世界秩序方面

---

① 出自作者于 1995 年 5 月 3～5 日在英属哥伦比亚省惠斯勒市举行的四方(美国、日本、加拿大、欧盟)贸易部长会后的记者招待会上的录音；也可见 David Holley, “Trade Minister Emerges as Japan's New-Style Politico: Asia: The Nation's Point Man in the U. S. Auto Talks, Ryutaro Hashimoto, Stands Out like a Samurai Warrior,” *Los Angeles Times*, June 9, 1995.

② “Japan to Charge U. S. in WTO with Violation of MFN, Bound Tariffs,” *Inside U. S. Trade*, May 17, 1995, http://insidetrade.com/inside-us-trade/japan-charge-us-wto-violation-mfn-bound-tariffs.

或是美国本身。”[1]但当美国从贸易顺差变为逆差后，这一角色就没有那么站得住脚了。在 50 和 60 年代尚可的行为，到 70 年代时就造成了很大的负担——以高薪雇用数百万员工的行业的工作和产量都在减少。彼得森要求其他国家进一步向美国产品开放市场，提升本国货币价值，降低进口商品价格，鼓励消费者增加消费而不是储蓄。尽管美国需要在本国做很多事情来确保其在世界市场上的竞争力，但如果那些市场是关闭的或者通过低估货币扭曲了价格，那么竞争永远不可能是公平的。

彼得森认为，美国必须说服其他国家分担调整的重担。久而久之，不可避免的是，美国会使劳动密集型产业流向比美国工资水平低的国家。美国将生产数量更少的衣服、鞋子和家具，也必须在汽车、飞机、电脑等精密产品方面与其他国家共享市场。但如果外国市场对这些产品和其他美国出口商品——比如医疗设备或电脑软件，又比如好莱坞电影——开放市场，它们的顾客会更多去购买而非储蓄，那么出口的增长至少可以使美国的转型游刃有余。在一定程度上由于出口上涨刺激而更快发展的美国经济将给那些在传统制造业失业的工人新的机会，并给年轻美国人提供新的职业选择。

在致尼克松的备忘录中，彼得森最关切的问题是如何让其他国家帮助美国度过他所担忧的痛苦转型期，以面向更为竞争的全球经济。他认为，1971 年经济危机的原因是美国政府和贸易竞争对手没有意识到新的现实。世界仍然相信美国是唯一的经济超级大国——更糟糕的是，美国人也对此深信不疑。双方都需要警醒。对美国而言，这意味着要关注完善教育，增加商业和公共投资，给员工再培训，以及支持能加强美国经济竞争力的高端研发。对其他快速发展的国家而言，这意味着认识到它们自身的成功，并同意付出更多以支持全球经济增长。

宽泛而言，其他国家可以用两种方式提供帮助。首先是通过贸易。对世界上其他国家来说，美国一直是相对容易出售产品的地方。如果其他国家效仿美国，取消进口限制，采取更明确的非歧视制度，减少给出口商的政府补贴，并鼓励消费者扩大消费，就很有可能会降低美国贸易赤字，有助于美国工人进行调整。其次，也是下一章的主题，允许甚至鼓励它们的货币相对于美元升值。在其他条件相同的情况下，疲软的货币在竞争性国际市场中是优势；强势货币如同在向海外顾客销售时支付高额销售税，而你的竞争对手在你本土市场销售时

---

① Paul A. Volcker and Toyoo Gyohten, *Changing Fortunes: The World's Money and the Threat to American Leadership* (New York: Times Books, 1992), 11.

得到退税。这些方法当然不会消除美国面临的不断增大的竞争压力，但肯定可以大幅缓解这一压力。

彼得森完全不是保护主义者，但确实在贸易价值方面持有传统经济学家的看法。贸易的目的是让消费者“获得海外商品和服务，这些在本土无法获得或更加昂贵”。出口仅仅是支付进口商品的手段。他坚信“比较优势”这一经典概念。“如果所有国家生产最高效的产品，那么在国际层面，劳动力专业化分工将使世界财富最大化。”保护没有竞争力的产业是毫无意义的行为，剥夺了顾客受益于更低价格的权利。此外，他也承认，美国在贸易保护方面的记录并非无可挑剔，他指出：“美国贸易限制行为的条目也是冗长并在增多的。”在他制定备忘录时期，国会在考虑自大萧条以来最长的保护主义措施清单，包括对钢材、纺织品、鞋袜和奶制品进口施加限额的法案。[①] 他警告称：“根据这些提案的指示走下去，只会导致美国经济在长期越来越缺乏竞争力和生产力。这是针对失败的药方，同样也承认了失败。”

相反，彼得森提出了一项有雄心且外向型的议程，即“对当今国际体系以及我们自身经济中的缺陷采取攻势”。他敦促尼克松致力于创建“全新、开放和公平的世界贸易体系”，在该体系下“近几十年中取得最显著经济进步的国家应承担更多责任”。换言之，美国贸易政策的目标应该不仅是撰写新贸易准则，还要给世界经济带来更大的平衡，并确保美国对进口商品的开放与新的出口机会相匹配。贸易关系新体系必须促进“一个更开放、外向、多边、繁荣，并愈加对称平衡的世界——普遍接受的准则和行为模式体系将确保每个国家的持续繁荣”。

贸易两难境地

在彼得森备忘录发表之后的 40 年中，美国花了很大力气建立能普遍接受的全球贸易准则体系。但在彼得森担忧的可能对美国人带来经济伤害的行为方面，美国并没有付出多少努力让其他国家做出改变。他的备忘录记录了在过去半个世纪中困扰美国贸易的两难境地。一方面，作为世界最大的经济体，美国承担了让国际贸易体系运作的重担，并推行一系列国际商贸共享准则使国家避免自行其道，这种缺乏统一标准的做法在 20 世纪 30 年代带来了灾难性后果。另一方面，如果这些准则不能让大部分美国人受益，公众对贸易开放的支

---

① Robert A. Pastor, *Congress and the Politics of U.S. Foreign Economic Policy*, 1929—1976 (Berkely: University of California Press, 1980), 125.

持就会逐渐消退，有可能回到新准则一直防范的保护主义政策。关于贸易给美国人带来的利益和成本的辩论到如今观点仍然高度分化，和亚洲、欧洲此前的贸易协议以及拟定的交易可能会导致几乎三分之二的美国贸易在自由贸易协定下进行，这方面所产生的影响整个国家褒贬不一。不管是否准确，太多的美国人将自己视为日益竞争的世界中的失败者，并将自己的损失归咎于贸易协定。在2016年总统选举中，在现代历史上是第一次，没有一位主要候选人在竞选时支持进一步的贸易自由化。

贸易两难境地的核心是"调整成本"问题。通过开放贸易，所有国家都会有胜利者和失败者，某些产业可以竞争过世界其他国家，而另外一些产业却不行。在选出哪些国家在哪些行业表现较好时，尽管有潜在的比较优势，如自然资源和有技能的劳动力，但最后的结果绝不是预先注定的。所有的国家都通过不同的政府行为，试着确保有更多的获胜产业、更少的失败产业。这就如同政治学家罗伯特·基欧汉(Robert Keohane)所写的一样："对外经济政策关注的中心问题是，哪些国家将承担调整的主要成本……每个国家都希望将不需要的成本转嫁于他人，而不是施加给本国人。"[①]那些很大程度上将发展依赖于出口的国家——日本、德国、近几年的中国及很多其他新兴经济体——很自然地想保留出口优势，为本国民众提供更多的工作和更高的收入，为企业带来更多利润，并为政府创造更坚实的税收基础。正如同商务部前副部长杰弗里·嘉顿(Jeffrey Garten)所写的，这些国家保持"对国际竞争力全身心的关注"。[②] 它们在不同程度上保护本土市场、引导资源进行投资而非消费、培训员工以满足出口导向型企业的需求、管控货币以及补贴企业，目标是获得国内外市场更大的份额。

但美国的算法长期以来要复杂得多。第二次世界大战后，一项慷慨的非对称贸易政策——美国向世界的开放程度大于世界向美国的开放程度——有经济和战略的双重意义。即使在20世纪60年代末期美国的竞争主导力衰退，对于美国政策制定者来说，战略目标仍然超过经济目标。彼得森从美国国务院和其他负责外交事务官员处获得的观点表明，即便在更为竞争的国际环境中，对外政策和安全利益仍然完胜经济利益。1985年，美国首个双边自由贸易协议与以色列签署并非巧合，以色列是美国在中东最重要的安全盟友，但2016年只占美国贸易总量的1%左右。美国贸易政策仍然被很多因素左右，而不是考虑给

---

① Robert O. Keohane, "American Policy and the Trade-Growth Struggle," *International Security* 3, no. 2 (fall 1978).

② Jeffrey E. Garten, "Japan and Germany: American Concerns," *Foreign Affairs* (winter 1989—1990).

美国人带来的经济回报。允许中国加入世贸组织的很大一部分原因是出于战略考虑,从而激励社会主义体制也能维护而非质疑世界经济秩序。美国官员将《跨太平洋伙伴关系协定》视为维护美国在该地区影响力的工具,与愈加强势的中国抗衡。与欧洲的自由贸易谈判的部分意图是加强与西方的盟友关系,以抵制俄罗斯总统弗拉基米尔·普京(Vladimir Putin)分裂西方的举动。有时美国的经济和安全利益完美重合,这也让美国官员更容易制定优先策略,如在贸易战中,美国政府支持最多的两个产业是航空和半导体并非巧合。因为这两个产业有很高的商业应用价值,而且对制造尖端武器十分重要。但与大多数贸易伙伴狭隘地关注经济优势的政策不同,美国贸易政策长期以来有多项目标——巩固军事联盟、发展盟国经济、鼓励发展中国家的对外投资、扩充国际法律准则,并且在一切顺利的基础上,加强美国经济的竞争力。

即便纯粹在经济方面,美国也面临着是关注双赢还是坚持本国利益的困境。正如基欧汉及约瑟夫·奈(Joseph Nye)所观察到的一样,贸易的挑战是如何在所有尝试"为自身利益操纵体系"的国家中"产生双赢的合作模式"。[①] 为了狭隘的本国利益进行太多的操控会使贸易体系分崩离析,因为这些国家会认为单打独斗对自己更好;但如果操控太少的话,国内对于开放贸易体系的支持力度会减弱。

创造公平竞争平台

对美国而言,应对贸易两难困境的措施是拥护更详尽的国际贸易准则,希望这些准则能够维持国际合作,让其他国家共同参与,并给美国民众带来更多的经济利益。这是"公平竞争平台"的理念,在美国贸易政策讨论中普遍被提及的一个比喻。奥巴马总统在 2012 年国情咨文演说中,从成百上千个类似说法中选取了这一个并说道:"我们的工人是世界上产出最高的,如果有公平竞争的平台,我向你们保证:美国永远都会获胜。"这一论断表示,如果国际贸易准则制定时是"公平的",那么美国多半会处于领先地位。只要其他国家也同意这些准则,那么国际竞争带来的任何成果都将更加正当合理。

在过去的半个世纪,创造这样的贸易准则一直是美国贸易政策的议题。在共和党和民主党总统的历届政府中,美国在为促进贸易自由化做出长远努力方

---

① Robert O. Keohane and Joseph S. Nye Jr., "Power and Interdependence Revisited," *International Organization* 41, no. 4 (autumn 1987), http://www.jstor.org/stable/2706764.

面起着引领作用。《关贸总协定》(GATT)的肯尼迪回合于1967年完成,发达国家关税水平下降大约35%。1979年完成的东京回合使发达国家关税再降低35%,并包括了旨在取消政府补贴,向国外供应商开放政府采购的准则。1993年完成的乌拉圭回合更加野心勃勃,进一步降低了发达国家和发展中国家的关税,取消食品进口的配额(尽管食品配额经常被高关税取代)。全球创建了具有解决贸易争端约束力的世贸组织,部分开放了银行、保险和电信等服务业贸易,淘汰了纺织品和服装配额,创建了保护药品专利、电影和电脑软件等知识产权的新准则。世界上几乎每个国家都是世贸组织成员。美国也在推进地区和双边协议。1989年和1994年分别与加拿大和墨西哥签订的协议创建了继欧盟后世界上第二大自贸区,并在金融服务、汽车和纺织品领域创建了新的贸易准则。美国与韩国、新加坡、澳大利亚和中美洲的其他自贸协定将《北美自由贸易协定》中的准则拓展到了其他国家。

不管如何衡量,美国在贸易方面都是重视的。冷战期间与西欧和东亚的贸易促使这些区域实现重建,这与铁幕之后的经济停滞和政治镇压形成鲜明的对比。贸易是很多发展中国家繁荣的引擎;参与国际经济成为穷国变富的唯一方式。[①] 世界银行经济学家布兰科·米兰诺维奇(Branko Milanovic)表示,过去20年里,贫困国家与发达国家收入差距自工业革命以来首次缩小,这在很大程度上归功于贸易的增长。[②] 自第二次世界大战以来,贸易增长快于人类历史上任何其他可比较的时期,尽管近几年有显著放缓。虽然增长的主要动力是拉近世界距离的技术革新,如航空旅行、集装箱运输和互联网,但贸易政策也做出了很大贡献。在20世纪30年代灾难性的"以邻为壑"贸易政策下,国家试图通过抵制进口促进本国经济,但却适得其反。过去50年中,协商一致的准则防止经济在大衰退时期回到这一政策。确实,没有一个"全球治理"的领域——不是气候变化、海洋、货币政策或维和——像国际贸易一样让国家间如此紧密合作。

贸易给美国民众带来前所未有的大量消费品,许多产品价格逐年稳步下降,比如,玩具和服装的实际成本仅仅是几十年前的三分之一。20世纪80年代中期,服装花费占个人消费的5.5%,30年后仅为3%。[③] 现在购买一台32英寸高清彩色电视(以前被视为大尺寸)的价格是20年前电视价格的十分之一,质

---

① Martin Wolf, *Why Globalization Works* (New Haven, CT: Yale University Press, 2005).

② Branko Milanovic, "Global Income Inequality by the Numbers: In History and Now," World Bank, http://elibrary.worldbank.org/doi/pdf/10.1596/1813-9450-6259.

③ Floyd Norris, "Era of Cheap Apparel May Be Ending for US," *New York Times*, January 17, 2014, http://www.nytimes.com/2014/01/18/business/era-of-cheap-apparel-may-be-ending-for-us.html.

量还比以前好得多。尽管有时进口商品的竞争带来了干扰，但这也迫使美国企业提高生产率和质量，从而不被淘汰。任何一个在70年代开过车，如福特平托(Ford Pinto)和美国汽车公司(AMC)Pacer车型的人都知道，美国造汽车为应对国外竞争质量显著提高。

虽然有这么多成功案例，但美国贸易政策在促进更平衡的贸易成果方面做得很少。彼得森认为，平衡的贸易对于美国成功适应全球经济十分重要。的确，有一个案例表明美国主导的贸易协议使得这一问题更加糟糕。美国与日本的货物贸易在20世纪60年代初达到平衡，在1965年陷入逆差，并自此一蹶不振。到80年代中期，美国与日本每年的贸易逆差超过500亿美元，即使在90年代日本经济疲软后，逆差仍然不断上涨。如今每年的逆差额达到大约700亿美元。与中国台湾、韩国等亚洲其他规模较小的经济腾飞区域的贸易也呈现出类似模式，美国与这些国家和地区的贸易逆差持续扩大。自2012年实施双边贸易协定以来，美国和韩国的贸易逆差几乎翻了一番，而该协定本应该让韩国向美国产品和服务进一步开放市场。与德国的贸易也是如此，从20世纪60年代中期开始，美国从顺差转为逆差，到2015年逆差额为750亿美元左右。在1994年《北美自由贸易协定》签署时，美国与墨西哥贸易是平衡的，但之后陷入逆差，即便许多墨西哥出口产品的很大一部分材料由美国制造。与中国的故事如出一辙。过去20年里，中国比历史上任何国家都付出更大的努力让人民脱贫，使上千万人离开边缘化的农村去工厂工作。美国与中国的贸易在90年代初基本平衡，但在中国加入世贸组织后，美国贸易逆差到2010年左右超过2 500亿美元，到2015年超过了3 500亿美元——这是历史上任意两国间最大的双边贸易失衡。

比这些让人惊讶的数据更需要关注的是相关产业，许多国家从中获得成功。日本在纺织和制鞋等高就业率行业更具有竞争力，之后主导了汽车和电子消费品产业，并在美国企业反弹前，成为世界最大的半导体生产商。德国在卡车、汽车、制药、机床和发电站等支柱产业长期以来有较大的顺差。中国的出口在20世纪90年代和21世纪初大幅增长，而且并不仅仅局限于玩具和服装等廉价消费品。中国大陆与台湾地区及亚洲邻邦韩国一样，成为智能手机、太阳能板、LED灯、液晶屏、充电电池等产品的全球供应中心。这些尖端、资本密集型、高技能的产业本应是美国等富足、受教育水平高的国家所享有的比较优势。[①] 这些技术中的大部

① Gary P. Pisano and Willy C. Shih, *Producing Prosperity: Why America Needs a Manufacturing Renaissance* (Boston: Harvard Business Review Press, 2012).

分确实是在美国发明的。一直到2001年,美国在高端技术产品,如航空、生物科技、信息技术方面都有很大的贸易顺差,但从2002年起变成了越来越大的贸易逆差,如今已远远超过1 000亿美元,其中主要的原因是中国在信息技术产业中日益提升的主导作用。[①] 美国高端技术贸易占出口总额的比重远远低于法国、德国等欧洲大型经济体。

由于美国未能维护更加平衡的贸易关系,这些及其他国际竞争性产业中的工人付出了沉重代价。经济学家们对如何衡量贸易给就业和工资水平带来的国内影响各持己见,这方面的讨论被自由贸易支持者和反对者进一步扭曲。比如,美国商务部使用经验法则,根据每10亿美元出口在美国创造6 000个工作岗位的数据推论出,2014年出口支持了1 170万个工作岗位。[②] 这些工作的薪水比不出口的美国企业的薪资水平高大约20%。这当然是好消息。但同样运用经验法则可以推论出,如果贸易是平衡的而不是有5 000亿美元逆差,那么2014年可以在美国增加300万个高薪工作岗位。另外,《北美自由贸易协定》反对者声称,美国与墨西哥扩大的贸易逆差使美国损失了70万份工作,这证明了各项贸易协定给美国工人造成伤害。[③] 但这种算法假设如果没有《北美自由贸易协定》,从墨西哥进口的产品本来都是由美国制造的。相反,更有可能的是这些产品原本是从亚洲或其他地区进口的。

经济分析关注到了美国正面临最激烈的进口商品竞争,并表明,1999～2011年间中国进口商品大幅增长,使美国在这十多年间损失了100万～250万份工作,在此期间,美国制造业总共减少了600万份工作。[④] 仅这一项数据不能说明中美贸易关系中的任何问题。同期,美国对中国的出口也在上涨,是美国对其他地方出口增速的两倍。中国进口商品的激增也在美国创造了新的工作,如码头工人、卡车司机、铁路工人和零售商,显然可以弥补一部分制造业中丢失的工作。尽管对如何平衡得失尚未达成共识,但最近研究表明,贸易竞争对美

---

① National Science Board, "Chapter 6: Industry, Technology, and the Global Marketplace: Trade and Other Globalization Indicators," in *Science and Engineering Indicators* 2014, National Science Foundation, http://www.nsf.gov/statistics/seind14/index.cfm/chapter-6#s3.

② "U.S. Exports Support a Record 11.7 Million Jobs in 2014," US Department of Commerce, March 4, 2015, https://www.commerce.gov/news/press-releases/2015/03/us-exports-support-record-117-million-jobs-2014.

③ Robert E. Scott, "Heading South: U.S.-Mexico Trade and Job Displacement after NAFTA," Economic Policy Institute, May 3, 2011, http://epi.3cdn.net/fdade52b876e04793b_7fm6ivz2y.pdf.

④ David H. Autor, David Dorn, and Gordon H. Hanson, "The China Syndrome: Local Labor Market Effects of Import Competition in the United States," *American Economic Review* 103, no. 6 (2013): 2121-68.

国工作数量的负面影响程度至少是适度的。[①] 哈佛大学的罗伯特·劳伦斯(Robert Lawrence)教授长期以来认为,工作数量减少更应归咎于技术而非贸易。他估计中国进口商品竞争很有可能造成美国制造业在2000～2007年间每年损失10万份工作,尽管他指出,这仅占这段时间制造业工作总损失量的20%。[②] 诺贝尔经济学奖得主迈克尔·斯宾塞(Michael Spence)和桑戴尔·赫施瓦约(Sandile Hlatshwayo)在外交关系委员会的一项研究表明,1990～2008年间美国新创造的大约2 700万份工作均来自没有面临国际竞争的产业,特别是行政和医疗。[③]

评估贸易对美国民众工资水平的影响就更为困难了。几十年来,尽管有一些改善的迹象,但大多数美国人的工资水平一直停滞不前。在2008～2010年经济衰退期,工作数量的减少主要集中于面临国际竞争的高薪产业(建筑业除外),衰退期工作数量的增加主要发生在不直接面对国际竞争的低薪产业,如家庭护理和餐饮业。[④] 即便在经济恢复期,增加了600万份工作,但整体薪资增长依旧疲软。[⑤] 但工资水平走势是与进口竞争相关,还是与其他因素,如技术、工会及高管的高薪相关,目前还有争议。其他开放贸易的国家,如墨西哥、韩国、中国和越南,额外增加了数亿名员工,让美国工人和他们竞争很可能会压低美国工资水平。很多经济学家总结认为,这确实是目前所发生的情况,但其他人坚持认为,贸易只占美国经济总量的很小一部分,不是工资滞涨的主要原因。[⑥] 但有一个结论是毋庸置疑的,在第五章中会再次提及:因为进口竞争丢失工作

① Edward Alden, "Behind the New View of Globalization," *Economix* (blog), *New York Times*, August 29, 2012, http://economix.blogs.nytimes.com/2012/08/29/changing-views-of-globalizations-impact.

② Robert Z. Lawrence, "Adjustment Challenges for US Workers," in *Bridging the Pacific: Toward Free Trade and Investment between China and the United States*, ed. C. Fred Bergsten et al. (Washington, DC: Peterson Institute for International Economics, 2014).

③ A. Michael Spence and Sandile Hlatshwayo, "The Evolving Structure of the American Economy and the Employment Challenge," Council on Foreign Relations, working paper, March 2011, http://www.cfr.org/industrial-policy/evolving-structure-american-economy-employment-challenge/p24366.

④ "The Low-Wage Recovery: Industry, Employment and Wages Four Years into the Recovery," National Employment Law Project, data brief, April 2014, http://www.nelp.org/content/uploads/2015/03/Low-Wage-Recovery-Industry-Employment-Wages-2014-Report.pdf.

⑤ Elise Gould and Alyssa Davis, "Sluggish Wage Growth over the Last Year Is Not Due to the Mix of Jobs Being Created," Economic Policy Institute, April 24, 2015, http://www.epi.org/blog/sluggish-wage-growth-over-the-last-year-is-not-due-to-the-mix-of-jobs-being-created.

⑥ 详见 Lawrence Edwards and Robert Z. Lawrence, *Rising Tide: Is Growth in Emerging Economies Good for the United States?* (Washington, DC: Peterson Institute for International Economics, February 2013).

的工人，特别是在高薪制造业，将遭受持续整个工作生涯的巨大收入损失。[①]

美国对这些竞争压力的反应应该是加倍努力来协商更好的准则，希望这些趋势会逆转。奥巴马总统承诺，在《跨太平洋伙伴关系协定》"黄金标准"的指引下，下一代贸易协定最终会给美国带来长期的出口增长。他告知《华尔街日报》(*Wall Street Journal*)："我们有世界上最优秀的工人、最具创新力的企业、最好的产品和最高产的农业。我们要确保没有被一系列不公平贸易准则羁绊。"[②]尽管奥巴马总统承认贸易伤害了部分美国人，特别是制造业，但他强调："这不再是我们逃避贸易协定的理由，而是我们签署贸易协定，并加以巩固的理由。"

尽管贸易协定能有效去除公开的贸易壁垒，如限额和关税，但政府往往会通过多种巧妙方式促进贸易、抵制进口，贸易协定很难阻止这些行为。随着公开的贸易壁垒被废除，隐蔽的壁垒在企业做出贸易投资决定时扮演着愈加重要的角色。世贸组织以及不断扩大的双边和地区贸易协定并没有在很大程度上废除监管制度、政府补贴和非正式指令的庞大网络。夏恩克·辛根(Shanker Singham)是美国贸易和反垄断方面的律师，他将这些行为称为"反竞争的市场扭曲"——政府给予受照顾的企业和产业与对手相比具有的虚假竞争优势，包括准入限制、监管制度、本地要求、通信入网限制、低于市场利率的政府贷款、能源土地补贴以及一系列政府可以帮助选定产业获得竞争优势的其他方式。传统贸易准则通常无法解决这一问题。辛根表示："很多监管方式在世贸组织框架下普遍获得许可，即便其影响是阻碍新的竞争对手。"[③]《跨太平洋伙伴关系协定》等近期美国贸易协定试着解决一部分市场扭曲的问题，并开始削弱这些非正式贸易壁垒。美国已与其他国家尝试通过双边谈判解决这些问题，但进展步履维艰。

日本：为何美国在贸易上节节失利

让米基·坎特苦恼的日本是搞砸美国贸易政策很好的例子。如今，随着日

---

① 详见 Susan M. Collins, ed., *Imports, Exports and the American Worker* (Washington, DC: Brookings Institution, 1998).

② "WSJ Interview Transcript: President Obama on TPP, China, Japan, Pope Francis, Cuba," *Wall Street Journal*, April 27, 2015, http://blogs.wsj.com/washwire/2015/04/27/wsj-interview-transcript-president-obama-on-tpp-china-japan-pope-francis-cuba.

③ Shanker A. Singham, "Freeing the Global Market: How to Boost the Economy by Curbing Regulatory Distortions," Council on Foreign Relations, http://www.cfr.org/world/freeing-global-market-boost-economy-curbing-regulatory-distortions/p29123.

本几年来增长疲软，我们很容易忘记日本贸易竞争给美国经济以及美国国家心态带来的影响。在 20 世纪 80 年代初期，对美国商业领袖的一项调查发现“在过去 20 年，相比任何其他经济社会事件，日本给美国产业带来的挑战让领导人最为担忧”。[①] “大多数人对成功的前景有微妙的失败情绪——其中很多人都是并将是美国应对日本的主要力量。”20 年后，日本内部很多问题暴露出来。日本巧妙的闭关经济以及企业领导人和政府官僚之间的舒适关系带来了很成功的模式，但把经济缓慢变坏的情况隐藏了起来。国内竞争受到阻碍，外资受排斥，移民规模小阻碍了创新，大型建筑项目争相开展使政府进一步受困，相关企业投资失败造成银行严重坏账。日本因为对出口过于依赖而容易受世界其他地方经济波动的影响。除了个别季度比较强劲，过去二十多年日本经济增长乏力，生活水平降至经合组织国家平均水平以下。日本即便经济规模在缩小，但仍有一些世界上最具竞争力的企业，包括丰田、本田等汽车公司，医学影像公司富士胶片（Fujifilm），以及世界第二大钢铁企业新日铁（Nippon Steel）。日本与美国的贸易仍然有相当大的顺差。

日本建立起用投资和出口拉动经济增长的模式，大多数亚洲成功经济体随之效仿。日本在一开始因为政府的税收激励有较高的国民储蓄率——日本民众现在仍将可支配收入的五分之一储蓄起来，储蓄率是美国的四倍——这也提供了大量投资资本。日本企业在很大程度上比美国竞争对手更注重长期投资，包括收入和市场份额增长，并接受更低的利润率。这可以让日本企业比美国企业产品的出售价格更低，给股东带来更多回报。[②] 日本管理实践在很多方面，至少在出口导向型行业是革命性的。整个商学院的课程被重新设置，以尝试理解“丰田之路”及其他灵活的制造方式，这些方式与美国的大规模生产相比，更利于生产高质量产品，满足变化的顾客需求。日本的产业成功也十分依赖于学者所称的“发展型国家”——政府将在国际市场中的竞争成功视为重中之重。日本使用国家力量，与私营企业密切合作，将其经济从生产劳动密集型产品，如服装和鞋，转型为注重更发达的产业，如钢铁、汽车、电视和电脑。[③] 查默斯·约翰逊在他的经典研究《通产省与日本的奇迹》（*MITI and the Japanese Miracle*）

---

① “Meeting Japan’s Challenge: The Need for Leadership,” A Study Conducted for Motorola by Yankelovich, Shelly, and White Inc., 1982.

② Edson W. Spencer, “Japan: Stimulus or Scapegoat,” *Foreign Affairs* 62, no. 1 (fall 1983), https://www.foreignaffairs.com/articles/asia/1983-09-01/japan-stimulus-or-scapegoat.

③ John Zysman and Stephen S. Cohen, “Double or Nothing: Open Trade and Competitive Industry,” *Foreign Affairs* 61, no. 5 (summer 1983), https://www.foreignaffairs.com/articles/1983-06-01/double-or-nothing-open-trade-and-competitive-industry.

一书中写道，日本政府的主要关切是“通过完善国内产业结构来提升国家的国际竞争力”。在本国，这意味着使日本企业尽可能与外部竞争隔绝，这样可以收取更高价格，获取更大利润，转而用于提升其出口竞争力。

根据美国的标准，这是不符合游戏规则的。在《关贸总协定》签订仅仅5年后，日本即加入并签署了所有协议；日本正式的进口壁垒，如关税和配额，与美国相比在同一水平或更低。但日本使用了多种微妙工具——没有一项是《关贸总协定》准则中明确禁止的——以确保美国企业在日本基本不会有大规模发展。这包括限制外资设立子公司，采用不透明的监管制度使得在日本出售外国商品很难获得政府许可，建立日本企业间的亲密关系，让其在内部经营业务而不是找外国竞争者，并且施加文化压力，让消费者远离外国商品。即便这是实际情况，但美国政府很难证明美国企业无法在日本出售更多产品的原因全部或很大程度上，要归咎于这些非正式壁垒。日本一直可以用某些理由反驳，如美国生产的产品质量不行或没有努力尝试在日本销售。比如，20世纪80年代美国制造的汽车的瑕疵率是日本竞争对手的两倍，美国企业花了更长时间将新设计引入市场。[①] 1995年前，美国三大汽车制造商中，没有一家生产专门针对日本市场的小型右手驾驶汽车。[②]

美国贸易谈判专家克莱德·普雷斯托维茨(Clyde Prestowitz)在他1988年的一本书《日美逆转》(*Trading Places*)中给出了简单但强有力的阐释。他举例谈到美国两大铝合金棒球棒生产商罗林斯(Rawlings)和伊斯顿(Easton)多年来如何尝试在日本销售球棒，但没有成功。青年棒球产业在日本有很大的市场，日本有300多个本地球队，在除美国以外的国家中有最大的参与度。1967年，日本球队作为首支非美国球队赢得少年棒球联盟世界大赛冠军，至今已获得八届冠军。铝是所有制造业产品中最稀缺的资源之一，美国电力成本降低意味着美国制造的球棒更加廉价。日本对于国外球棒进口没有配额，关税非常低，人们顺理成章地认为美国企业会获得成功，但首先这些企业出售球棒需要获得日本政府的批准。在20世纪80年代初，罗林斯和伊斯顿向美国领事馆寻求援助。任何企业向日本少年棒球联盟出售球棒需要获得联盟批准盖章，实际是需要日本教育部许可。因为外国企业从未获得这一盖章，因而国外球棒从未

① Michael L. Dertouzos, Richard K. Lester, and Robert M. Solow, *Made in America: Regaining the Productive Edge* (New York: Harper Perennial, 1989).

② Donald W. Katzner and Mikhail J. Nikomarvo, "Exercises in Futility: Post-War Automobile Trade Negotiations between Japan and the United States," University of Massachusetts Economic Working Paper Series, 2005, https://www.umass.edu/economics/publications/2005-16.pdf.

能在日本出售。作为《关贸总协定》东京回合(因该轮全球谈判于 1973 年在日本启动而得名,并不是因为谈判焦点是日本)谈判的成果,美国说服日本向有资格的国外企业授予盖章许可。但当罗林斯和伊斯顿寻求许可时,却被断然拒绝了。它们被告知,日本棒球是一项特殊运动(球队使用更软的橡胶球),只有日本制造的球棒才符合要求。不管怎样,已经有 10 家日本企业在等待获批——一个很好的例子阐释了夏恩克·辛根的观点:限制性的制度伤害了新的国内竞争者和国外企业。此后 3 年美国一直向日本施压,让其履行《关贸总协定》承诺。曾经当一名会讲日语的美国官员尝试推进这件事时,一名日本体育用品代表直率地告知他,"那些国际贸易协议是一回事,在日本做生意是另一回事"。即使日本在美方压力下最终放松了限制,但美国制造的球棒在日本销量非常少。2012 年,罗林斯启动新一轮敦促行动,以扩大其在日本依然很低的销量。①

在试图打开日本市场方面,美国并非孤军奋战。尽管欧洲企业生产出了更小型的高端汽车,并在日本小有成就,但欧洲的抱怨在很多方面是类似的。1983 年,欧共体在《关贸总协定》的一场争端解决会议上发起了猛烈挑战,指责"由于一系列因素,特别是与其他发达国家相比,日本经济进口水平低,尤其是制造业产品,因而与日本《关贸总协定》后续谈判的成果没有实现"。根据世贸组织成立前的准则,双方必须同意推进这一进程,但日本进行了阻止。②

由于缺乏《关贸总协定》及之后世贸组织的补救措施,解决这一问题只能靠次优方案。在世贸组织成立之前,华盛顿定期要求日本"自愿"限制向美国出口汽车、钢铁或电视,世贸组织是禁止这些行为的。世贸组织成立前的贸易准则允许美国对日本进口产品威胁施加单边关税和配额,也进一步支持了上述要求。双方开展了漫长的谈判。为促进美国在日本的销售,吉米·卡特总统成立了美日双边贸易促进委员会来解决日本限制美国出口的行为。乔治·布什总统推进双边谈话,旨在通过改革监管程序或开放分销网络来促进在日本的销售,即所谓的《美日结构性障碍协议》。其他总统支持的特定产业的谈判,通过消除标准、测试、许可限制等监管壁垒促进了特定产品的出口。里根总统时期的市场导向型特定产业谈判针对的是电子产品、医疗设备、制药和通信产业。

---

① Lisa Brown, "Rawlings Accelerates Foreign Sales Push," *St. Louis Post-Dispatch*, April 10, 2014, http://www.stltoday.com/business/local/rawlings-accelerates-foreign-sales-push/article_9967aabf-b597-5154-b646-3df8d45420cf.html.

② Ernst-Ulrich Petersmann, *The GATT/WTO Dispute Settlement System: International Law, International Organizations and Dispute Settlement*. Nijhoff Law Specials (Boston: Kluwer Law International, 1997), 164.

克林顿总统的"框架"谈判关注汽车及零部件、通信和保险。但所有这些都没有成功促进美国的销售，比如美国仍然抱怨很难进入日本巨大的保险市场，而过去几年美国对日本的通信设备出口每年都在下降。①

在汽车行业，米基·坎特在20世纪90年代中期对日本汽车业的公然威胁没有多大效果。在他威胁对日本高端汽车进口提高关税后，日本立刻寻求世贸组织的庇护，世贸组织于1995年1月1日成立，即美日贸易摊牌的前几个月。新的世贸组织准则明确禁止这种单边贸易制裁，日本抱怨，如果这些制裁继续进行，肯定会得到世贸组织争端解决会议的支持。克林顿政府也开始有些顾虑，担心负面的市场反应会损害美国经济，害怕持续的局势升级可能失控，甚至破坏美日安全事务合作。② 1995年6月，坎特与其对手——日本贸易部长桥本龙太郎，在日内瓦进行彻夜谈判，落实了一系列"自愿承诺"，即日本承诺美国制造的汽车和零部件进口可以在没有特定限额的基础上增长。③

20年后，日本马路上的汽车只有6%是非日本生产的，远低于其他任何发达国家。1995年，在日本出售的汽车中美国仅占1.4%，而如今降到只有微不足道的0.3%。④ 仅在汽车及零部件领域，美国与日本的贸易逆差就超过500亿美元。福特汽车于1974年开始进入日本市场，于2016年初黯然退出，表示"无法看到获得销售增长和持续盈利的合理方式"。⑤ 打开日本汽车市场再次成为《跨太平洋伙伴关系协定》下美国的优先事项之一⑥，但长期以来批评人士仍持怀疑态度。桑德尔·莱文(Sander Levin)是一名民主党国会议员，30多年来都

① 详见"2015 National Trade Estimate Report on Foreign Trade Barriers," Office of the United States Trade Representative, https://ustr.gov/sites/default/files/2015%20NTE%20 Combined.pdf; National Trade and US Foreign and Commercial Service, "Doing Business in Japan: 2014 Country Commercial Guide for U.S. Companies," iberglobal, http://www.iberglobal.com/files/2015/japan_ccg.pdf。

② 详见 Edward Alden, "Anatomy of a Compromise," *Newsweek Japan*, June 6, 1994。

③ David E. Sanger, "A Deal on Auto Trade: The Agreement; U.S. Settles Trade Dispute, Averting Billions in Tariffs on Japanese Luxury Autos," *New York Times*, June 29, 1995, http://www.nytimes.com/1995/06/29/us/deal-auto-trade-agreement-us-settles-trade-dispute-averting-billions-tariffs.html.

④ "Free Trade Is Good for Everyone: Making the Trans-Pacific Partnership a Win-Win-Win for All Member Countries," Japan Automobile Manufacturers Association, March 2013, http://www.jama-english.jp/publications/tpp_pr_feb2012.pdf.

⑤ "Ford to End Japan Operations by End of 2016, Citing Lack of Profitability," *Inside U.S. Trade*, January 25, 2106.

⑥ Samuel Benka and Bill Krist, "The Auto Industry Has a Lot at Stake in TPP and TTIP," Washington International Trade Association, March 28, 2014, http://americastradepolicy.com/the-auto-industry-has-a-lot-at-stake-in-tpp-and-ttip/#.U_-NHbHQp8E.

代表底特律的一个郊区，他表示："日本汽车市场是发达国家中最封闭的，此前开放其汽车市场的协议都失败了。"①

日本与美国经济竞争并没有让日本找到更好的经济模式；事实上，日本经济扭曲的本质——高度依赖出口、限制进口、外国投资和移民——加速了该国无法避免的长期经济衰退。如果 20 世纪 70 和 80 年代，日本更多地向外国投资和进口商品开放市场，关注国外需求，那么日本本可以发展得更好。但平衡贸易关系的缺失限制了国外制造的产品和服务出口到曾经是世界第二大消费市场的机会，而该市场经过 20 年缓慢发展后仍然在世界上位列第三。无法打开日本市场也削弱了美国国内对开放贸易的支持，人们质疑美国贸易政策是否真的会创造出长期承诺的"公平竞争平台"。如今两党内公共和政治领袖的怀疑态度为成功执行《跨太平洋伙伴关系协定》设置了巨大障碍，而在所有签署的协议中，该协定最有助于促进美日贸易关系。美国长期以来未能打开日本市场也让公众更加怀疑更平衡的经济关系是否还有可能。作为前美国贸易副代表，艾伦·沃尔夫（Alan Wolff）表示："在对付日本非常完美的重商主义时，美国政策在很大程度上是不合格的。从日本的角度来看，一切都是自然的安排，属于默认协议的一部分——跨太平洋的单向货物流动是美国在东方有一个忠实的外国政治盟友所付出的代价。"

与中国的贸易关系

没有让日本对更多的进口商品开放市场，是美国很难摆脱的先例。20 世纪 90 年代初期，爱德华·林肯（Edward Lincoln）是美国驻日大使沃尔特·蒙代尔（Walter Mondale）的经济顾问，他认为日本抵挡住美国压力正好鼓励了其他亚洲经济体效仿。他写道："如果美国政府的目标是更开放的全球市场，那么让日本政府维持壁垒则是错误的信号。"②

确实，与其他国家和地区的贸易重复着大致相同的故事，如对韩国、中国台湾、马来西亚及其他更小的亚洲国家和地区，美国有着长期贸易逆差，并在缩小差距方面收效甚微。一直到 80 年代末，美国从中国的少量进口与美国的少量

---

① Rep. Sander Levin, "An Open Letter to Progressives: TPP Is Not Yet 'The Most Progressive Trade Agreement in History,'" *Huffington Post*, May 11, 2015, http://www.huffingtonpost.com/rep-sander-/an-open-letter-to-progres_b_7257776.html.

② Edward J. Lincoln, *Troubled Times: U.S.-Japan Trade Relations in the* 1990*s* (Washington, DC: Brookings Institution Press, 1999), 207.

出口基本持平。到 1995 年中国首次提出加入世贸组织时，美国对中国的双边贸易逆差为 300 亿美元，仅次于日本。在 90 年代，中国经济以每年大约 10％的速度增长，给美国带来的贸易挑战显然与日本差不多。事实上，这一挑战远比日本更加严峻。

与大多数美国战后贸易政策一样，2001 年同意中国加入世贸组织的决定更多是出于地缘政治的考虑而不是经济因素，中国是拥有十多亿人口的正在崛起的大国。自从 80 年代放松计划经济体制，允许发展市场经济，中国每年以两位数的速度增长。通过将中国纳入世贸组织，可以让中国融入全球经济秩序。克林顿总统时期的财长拉里·萨默斯（Larry Summers）在 2000 年时告知国会："现实是，从亚述（Assyria）和斯巴达（Sparta）以来，如果崛起的经济强国觉得没有安全感，感觉被排除在全球经济之外，那会是全球冲突的来源。"[①]乔治·布什政府时期的首任贸易代表罗伯特·佐利克（Robert Zoellick）表示，将中国纳入世贸组织的核心目标是可以让中国在国际层面成为"负责任的利益攸关方"。[②]

政府高层官员一再向国会和广大民众保证，中国遵循世贸组织准则对美国经济而言是恩惠，有助于与中国贸易的平衡。克林顿政府第二任贸易代表沙琳·巴尔舍夫斯基（Charlene Barshefsky）认为，这一交易中"中国会提供广泛的、综合的优惠"。[③] 她表示，为了加入世贸组织，中国需要做出一系列调整，如降低关税、废除配额以及取消一些制度；从美国方面而言，则需承诺"正常贸易关系"，让中国进口商品获得与其他进口商品同样的待遇。美中贸易全国委员会（US-China Business Council）是在华美资企业联合会，其会长甚至预测"在这一协议下，让中国对美国产品和服务开放市场是我们可以迈出的最大一步，以解决 10 年来我们所面临的与中国不断上升的贸易逆差问题"。[④]

此前的贸易政策中很少有偏差如此大的预测。美国对华出口确实上涨强劲，但跟前所未有的进口激增相比则微不足道。与中国的贸易逆差在中国加入

---

① Testimony of Treasury Secretary Lawrence Summers, US House of Representatives, Committee on Banking and Financial Services, Hearing on Permanent Normal Trade Relations for China (PNTR), May 11, 2000.

② Robert B. Zoellick, "Whither China: From Membership to Responsibility?," remarks to National Committee on US-China Relations, New York City, September 21, 2005.

③ Testimony of US Trade Representative Charlene Barshefsky, US Senate, Committee on Banking, Hearing on the China WTO Agreement and Financial Services, May 9, 2000.

④ "U. S. -China Business Council Welcomes Administration Move on Permanent Normal Trade Relations with China," PR Newswire, January 10, 2000, http://www.prnewswire.com/news-releases/us-china-business-council-welcomes-administration-moves-on-permanent-nor mal-trade-relations-with-china-72012377.html.

世贸组织前一年是 830 亿美元，现在每年超过 3 500 亿美元。而且大多数进口产品不是比较优势所预测的低工资、低技能产品。与之相反，美国贸易逆差中最大一部分产品种类在高技术产业，如通信设备、电脑、智能手机和太阳能板。一大半的中国出口产品集中在高科技产业，服装和鞋等劳动密集型产业只占 15%。[①] 因为中国高技术产品出口中有相当一部分包含其他国家生产的零部件，然后在中国组装成品，所以贸易数据有一定程度的误导性。但中国在大部分行业努力尝试提升自主创新能力，并逐渐用中国制造的产品替代进口零部件。尽管中国加入世贸组织确实给美国制造的出口产品创造了新的市场，但更大的影响是外国企业将中国视为非常具有吸引力的目的地，将其作为平台出口至美国和其他国家。2015 年，尽管中国经济增长放缓，但吸引了历史最高的 1 260 亿美元外国直接投资，外资企业（大多数是与中国合作伙伴设立合资企业）占了中国出口总额的一半左右。[②] 世贸组织协议进一步鼓励中国政府追求快速的出口增长，美国已经向中国承诺"永久正常的贸易关系"，因而不能突然关闭市场。世贸组织新准则要求国家通过日内瓦公正法庭解决贸易争端，禁止美国采取此前对日本有一定作用的单边威胁行为。

挑战最为突出的行业莫过于汽车及零部件了，现在中国是该行业在世界上最大的市场。当美国国会争论是否同意中国加入世贸组织时，美方贸易代表巴尔舍夫斯基预测这会给美国制造的汽车和零部件出口带来意想不到的收获。她表示，新准则会确保中国经销商直接进口美国汽车，汽车工厂也会购买美国制造的零部件。确实，中国市场远没有像日本那样限制美国汽车出口，中国政府也鼓励外商投资其汽车和零部件行业。然而结果是一样的——美国在一个重要行业中的贸易逆差数额巨大且不断增长。在实践中，中国灵活满足了许多世贸组织的要求，从而实现建立具有国际竞争力的汽车行业这一明确目标。

美国汽车在中国的销量特别是从 2009 年起快速上涨，但也有大量中国制造的零部件出口回到美国。进口汽车的销售主要在高端领域，德国和日本企业比美国企业有更广泛的产品选择。即便如此，中国对美国汽车而言仍是发展最快的出口市场，到 2014 年，中国是美国第二大汽车出口市场，出口量超过 30 万

---

① Ernest H. Preeg, "The U. S. Trade Deficit in Manufactures and the Chinese Surplus Continued to Surge in 2012," MAPI Policy Analysis, February 13, 2013, https://www.mapi.net/research/publications/chinese-surplus-continued-surge.

② Wayne M. Morrison, "China's Economic Rise: History, Trends, Challenges, and Implications for the United States," Congressional Research Service, June 14, 2015, http://fas.org/sgp/crs/row/RL33534.pdf.

辆，价值大约 100 亿美元。[1] 但同年美国进口了价值超过 180 亿美元的中国制造的零部件，与之形成对比的是，美国制造的零部件向中国的出口额仅为 22 亿美元。[2] 中国零部件产业还是高度分散的，然而，中国仍建立起了具有高度竞争力的产业。

执行准则

当美国政府的承诺被关注并坚持时，贸易执行是有效的，但很少是这种情况。有两个产业脱颖而出成为例外：半导体和航空。这两个产业是极少数情况，让美国国防和商业利益紧密重合，因而美国政府不得不采取行动。半导体在美国首先开发用于军事；现在不仅是电脑、智能手机和其他信息技术产业的基础部分，也越来越多地运用于每个可想到的消费者产品，从汽车到冰箱。美国芯片企业占全球总销量的一大半份额。英特尔是世界上最大的半导体企业，美国企业在世界前十强中占据 5 个席位。英特尔 85%的收入来自海外，但其全球员工的一半来自美国，超过 10 万人。波音（Boeing）是世界上最大的商用飞机制造商，在起步时仅为军事用途制造飞机，直到 20 世纪 50 年代才扩展至商业领域。波音现在是美国最大的出口企业，依然是世界上第二大的国防企业。

如果当初美国面对愈加激烈的国际竞争可以转换角度，那么情况就会大相径庭。虽然美国企业发明集成电路并使其商业化，但在 80 年代，美国几乎丢失了半导体产业，那个年代的大部分时期美国在本土市场的份额仅为 30%，而其他的都由日本控制。美国以基于西雅图的波音公司所主导的航空业受到了前所未有的威胁，80 年代，欧洲空中客车（Airbus）联盟带来了类似的挑战。到 21 世纪初，空客已超越波音成为世界上最大的商用飞机制造商。与 80 年代其他许多面对进口竞争的产业不同，半导体与航空业没落的风险引起了美国政府的警觉。基于美国政府和产业间紧密合作的竞争力战略卓有成效，给这两个产业带来转机，但这仅是个案。

尽管纺织、鞋业、钢铁、电视机都时不时获得美国政府某种形式的贸易保护，但美国政府的目标更多的是抑制美国产业的衰退，而不是保持强有力的竞争地位，但芯片和飞机都被视为未来产业。半导体几乎是其他每一个发达制造业的基石。80 年代初，当美国企业开始被日本竞争对手夺走市场份额时，2 名

---

① "Trends in U. S. Vehicle Exports," US Department of Commerce, International Trade Administration, August 2015, http://www.trade.gov/td/otm/assets/auto/ExportPaper2015.pdf.

② "Trends in U. S. Vehicle Exports".

分析家写道："在可预见的未来，所有发达经济体相对经济实力将在一定程度上依赖于将半导体技术开发和应用于产品设计和生产的能力，因此在一个产业中领导力的丢失意味着在许多发达技术产业中丧失国际竞争力，而这些技术产业在第二次世界大战后一直是美国优势的基础。"[①]半导体对美国军事也至关重要，国防部对带来重要突破的研究工作给予高额补贴。1958 年德州仪器公司(Texas Instruments)和仙童(Fairchild)半导体在实验室开发出了集成电路，之后半导体最大的购买者是美国政府。仙童的首要顾客是美国空军，即民兵二型核弹道导弹指挥系统；德州仪器主要服务美国国家航空航天局(NASA)和阿波罗飞船电脑指挥系统。[②] 美国商用飞机产业同样在很大程度上受益于国防部支持。波音起初承接了军事项目，在第二次世界大战期间是最重要的轰炸机制造商，包括波音 B-17 空中堡垒和 B-29 超级堡垒。在冷战大部分时期，波音 B-52 是美国核震慑力量的核心，现在仍然服役。波音基于远程轰炸机设计了第一批远距离商用飞机，现在仍然是国防部最大的合约商之一。

半导体

半导体对于日本的重要性同样不言而喻，政府也培育了本国产业以追赶美国。在 20 世纪 60 年代，日本政府使用了所有的工具——投资限制、准入要求、高关税和配额——以抵制美国的竞争。外国企业进入美国市场的唯一方法是通过合资企业，在其中持有少数股权，并必须与日方合作伙伴分享技术。经过美国政府用 10 年施加压力，直到 1971 年，德州仪器才成为第一家在日本建立全资子公司的美国芯片企业。尽管这些进口壁垒依然存在，但到 70 年代初美国半导体远比日方竞争者的产品物美价廉，因而日本大型电子企业别无选择只能进口，并用于从电脑到计算器等方方面面。在 1971 年，美国在日本的市场份额达到 35%。[③]

日本对此的反应是两面开弓，既发展本土产业，也消除美方竞争。夏普(Sharp)是购买美国芯片量最大的日企之一，用于生产计算器，该公司总裁被日本媒体指责为"浪费日本宝贵外币的叛徒"。日本拥有实权的通产省(国际贸易与产业部)专把这家公司挑出来，吊销其进口美国制造芯片的牌照。同时，日本

---

① John Zysman and Laura Tyson, eds. , *American Industry in International Competition: Government Policies and Corporate Strategies* (Ithaca, NY: Cornell University Press, 1983), 143.

② Zysman and Tyson, *American Industry in International Competition*, 155.

③ Kenneth Flamm, *Mismanaged Trade: Strategic Policy and the Semiconductor Industry* (Washington, DC: Brookings Institution, 1996).

政府启动、补贴并促进了一个企业间大型研发项目，目的显然是超越美国。[①] 通产省的一份蓝图文件详细阐释道："拥有自身技术会帮助维护并提升日本产业的国际优越性，并形成长期经济社会发展的基础。"[②]即使日本降低关税、取消配额和其他正式进口壁垒，美国对日本的销售仍开始下降。

尽管日本不能在最发达的产品上直接竞争，但政府支持的研究计划和巨额资本投资让日本的企业掌握了存储器芯片，在这方面，控制价格和质量是竞争力的关键。半导体制造会消耗大量资本，要求很大程度上是规模经济，在初步投资后，制造额外芯片所增加的成本是很小的。同时，它的生产周期很短，因此需要比预计的需求提前几个月甚至几年进行巨额投资。结果是一个盛衰循环，有利于那些经受得住下行期的企业。日本企业和银行间的密切关系意味着资金成本较低，并且可以在有需求但不可避免的下行期继续投资，这让日本在任何需求恢复的时期都可以获得市场份额。到 20 世纪 70 年代末，日本生产商占据了美国 40%的 16K 动态随机存储器（DRAM）芯片市场，史蒂夫·乔布斯（Steve Jobs）和史蒂夫·沃兹尼亚克（Steve Wozniak）用这种芯片生产突破性的第二代苹果电脑。日本在开发 64K 芯片上打败了美国竞争对手，到 1981 年控制了美国 70%的市场份额。[③] 动态随机存储器只占美国半导体市场五分之一不到，但对新兴电脑产业至关重要。与美国对进口商品的开放相反，日本市场对于美国仍处于世界领先地位的产品很大程度上是关闭的。尽管欧洲所有使用的芯片中有一大半来自英特尔和摩托罗拉（Motorola）等美国企业，但这些企业在日本的市场份额从未超过 12%。

多年来，尽管有美国政府一定的支持，美国打回日本市场的努力仍没有效果。美日间的长年谈判没有带来显著的变化。最终在 1984 年，美国企业认为无法在日本销售会损害本土产业，因而请求里根政府采取更强硬的行动。[④] 此前对电视机、钢铁、汽车以及几乎其他所有行业增加的竞争，美国政府都采取不温不火的应对方式，但这次却完全不一样，对于丢失半导体产业的担忧一下子刺激了华盛顿。在产业陷入下行周期的 1985 年夏季，芯片价格暴跌也是进一步的催化剂。美国企业起诉了两起反倾销案件，一个针对 64K 动态随机存储

---

① Clair Brown and Craig Linden, *Chips and Change: How Crisis Reshapes the Semiconductor Industry* (Cambridge, MA: MIT Press, 2009).

② Zysman and Tyson, *American Industry in International Competition*, 145.

③ John Kunkel, *America's Trade Policy towards Japan: Demanding Results* (London: Routledge, 2003), 83.

④ Kunkel, *America's Trade Policy towards Japan*, 91.

器，另一个针对可擦写存储器芯片。此外，由于害怕日本也即将主导下一代256K芯片，里跟政府一反常态，“自发发起”针对日本企业的反倾销诉讼（通常来讲，案件由私营企业发起，政府只是被动受理）。

同时面对三个可能导致大额进口关税的贸易行为，1986年，日本与里根政府达成了一项前所未有的双边协议，首次设定了外国企业在日本销售的市场份额目标。这一市场份额具体如何实现的方式写在了秘密的补充协议上，表述方式很模糊：“日本政府意识到美国产业的预期”，即外国在日本销售将“略超过20%”。[①] 在协议签署后，日本否认接受任何达到这一目标的政府承诺。里根政府对于日本的缓慢举动心灰意冷，因而在1987年对从日本进口的价值3亿美元的电脑、彩电和机床施加100%的关税。这是美国在战后首次直接对日本进行贸易制裁。贸易史学家道格拉斯·欧文（Douglas Irwin）将之称为“战后美国贸易政策最为戏剧性的事件之一”。[②]

市场份额协议得到一系列其他措施的支持，这些加在一起可能是战后美国政府对主要贸易产业最大限度的干预行为。在这些制裁后，日本同意对很多芯片设定最低价格，但日本政府也给其企业施加压力，减少投资并限制生产，从而确保价格保持高位。[③] 美国政府效仿日本，放宽反垄断法鼓励企业间研究合作，使得14家芯片企业建立新的研究合作组织，即美国半导体制造技术联盟（Sematech），促进芯片制造技术；即使在1996年政府停止资金支持后，该联盟仍在持续运行。[④] 英特尔作为一个特殊的成功案例，逐步主导用于运行新一代快速电脑的微处理器市场，并成为首家开发出独特公众品牌的芯片制造商；到20世纪90年代末，它占据了微处理器市场惊人的份额，达到82%。日本人本身——一部分原因是与美国的协议给他们强加了高昂的价格——越发被效仿日本策略的韩国竞争者，如三星和海力士（Hynix）挤出存储器市场。

对于贸易纯粹主义者来说，在所有美国强制开放外国市场的做法中，美日半导体贸易协议是比较粗鲁的。这种做法带来了意想不到的后果。美国电脑公司和其他使用半导体企业为1986年协议后的价格上涨叫苦不迭。尽管该协议提到了在日本增加“外国”而不仅仅是美国的销售，但欧盟向GATT抱怨，认为欧洲企业被排挤而受到伤害，随之与日本单独签署了一份协议。但这次是在

---

① Irwin, "Trade Policies and the Semiconductor Industry," in *The Political Economy of American Trade Policy*, ed. Anne O. Krueger (Chicago: University of Chicago Press, 1996).

② Irwin, "Trade Policies and the Semiconductor Industry," 54.

③ Flamm, *Mismanaged Trade*, chapter 5.

④ Brown and Linden, *Chips and Change*.

开放日本市场过程中极少数是美国获胜的情况，实际上，这个对美国竞争力至关重要的行业帮助改变了贸易结构。到 1991 年底，美欧等外国生产商几乎占领了日本市场 30%的份额。[①] 在这一协议后，通产省的立场从积极抵制进口芯片转变为积极鼓励。美国在世界市场的份额也有所上升。2015 年，超过三分之一的日本使用的芯片来自美国半导体企业。这一协议向长期回避美国产品的日本消费者创建了一个开放的通道，有助于美日企业间建立维持至今的更紧密的联系。美国半导体产业协会表示，两个产业如今享有"密切的工作关系"。[②]

当然竞争威胁正在迫近，特别是中国正在大量投资扩大芯片生产并寻求海外收购机会，包括 2015 年以失败告终的国有企业清华紫光集团对镁光的收购案。但现在美国半导体产业是美国成功的范例。半导体是美国第三大出口产业，美国企业的销售额占据了世界市场的一半，远超最接近的竞争对手韩国和日本。世界前 20 家半导体企业有 9 家来自美国，此外，智能手机、平板电脑和"互联网相关产物"的爆炸式增长给可预见的未来提供了快速发展的市场，并让中国、德国、日本和韩国不断增长的出口成为可能。美国仅次于日本，也是半导体制造设备的大型生产国。[③] 随着高通等无生产线企业更多关注于芯片设计而不是制造，芯片的最终生产将转移至包括中国大陆、韩国和中国台湾等国家和地区，一部分是因为政府慷慨的税收激励机制降低了建造新工厂的高额成本。这些机制需要新的投资准则加以解决。但美国远没有与芯片生产脱节，总的来说，美国完成了这个产业一半以上的制造。外国企业也在美国投资，韩国的动态随机存储器生产商三星最近在得克萨斯州奥斯汀扩大了生产。如今，芯片产业直接雇用了 25 万多名美国员工，工资是国家平均水平的两倍多，并附带创造了大约 100 万个其他工作。[④]

飞　机

20 世纪 60 年代，欧盟将商用飞机明确定为具有战略性经济意义的产业，希

---

① Flamm, *Mismanaged Trade*, 436.

② "Request for Comments on Negotiating Objectives with Respect to Japan's Participation in the Proposed Trans-Pacific Partnership Trade Agreement," Docket Number USTR-2013-0022, Semiconductor Industry Association, June 9, 2013, http://www.semiconductors.org/clientuploads/Trade%20and%20IP/SIA_Comments_on_Japan%27s_Participation_in_TPP-_FINAL.pdf.

③ U.S. Commerce Department, International Trade Administration, "2015 Top Markets Report: Semiconductors and Semiconductor Manufacturing Equipment," July 2015.

④ Falun Yinug, "U.S. Semiconductor Industry Employment," Semiconductor Industry Association, January 2015.

望在其中占据强大的市场地位。与应对日本和半导体一样,美国政府直到无法忽视这一挑战时才开始关注这一方面。与半导体一样,美国政府最终与这一产业开始紧密合作,尝试巩固和加强美国的市场地位,对可能违反世贸组织规定的行为极力抗议。美国指控欧盟补贴航空业违反了国际贸易准则,这也引发欧盟对此反诉,双方自 2005 年起卷入了一场痛苦的世贸组织争端中。

商业争端几十年来屡次发生。尽管飞机比半导体的时间周期要长得多,但经济原理是相似的——在开发新产品时,两者都需要巨额预先投资。由麦道(McDonnell-Douglas)和波音引领的美国商用飞机企业长期主导商业市场而自鸣得意,认为没有其他企业有足够资金实力挑战其主导地位。然而,欧洲找到了一个出路。空客作为四个国家(法国、德国、英国、西班牙)的飞机企业联盟于 1970 年创建,通过主要依赖于政府给予飞机研发的资金支持解决了准入壁垒的问题。欧洲体制是基于特权使用费的——如果空客营销获利,政府得到还款,甚至有盈余;如果没有,政府会损失初期投资。这实际上是没有还款约束的无息贷款。

在整个 80 年代,美国企业都牢骚满腹,但没有采取行动进行回应。这一产业倾向于尽可能久地基于现有的设计建造和销售,而不是将大笔资金投资于新的未被验证的机型。在 80 年代中期,波音基于远程 747 和其他设计机型的销售获得了有史以来最高额的利润。这种自满情绪早在 1977 年就受到轻微冲击了,那年空客在美国获得了首笔大单,将新的 A300 机型销售给波音的长期客户——美国东方航空。当然,补贴只是空客成功的一小部分原因。空客是首家使用“电传飞行控制系统”等尖端技术的企业,并且在 80 和 90 年代管理得非常好,那一时期,波音失去了方向,并未开发新的有竞争力的机型。[①] 直到 80 年代中期,空客与泛美航空、美国航空和西北航空签署大额合同时,美国飞机产业才终于转向政府寻求帮助。美国政府将两起案例分别于 1990 年和 1991 年提交至 GATT,并威胁采取单边贸易行动,有可能对空客向美国的出口征收高额关税。在 1993 年 2 月,克林顿总统在其上任第二个月就访问了位于华盛顿州埃弗里特的波音 747 工厂,给事态再添一把火。在他访问前,大约 3 万名员工收到了因为飞机销售不佳而可能被裁员的警告信。克林顿在对工厂员工的演讲中明确了指责的对象,他宣称“要不是美国对 260 亿美元袖手旁观,允许欧洲干劲十足地投入空客,就不会宣布这么多人被裁员”。[②] 尽管波音不太愿意美国发

---

① John Newhouse, *Boeing versus Airbus: The Inside Story of the Greatest International Competition in Business* (New York: Vintage Books, 2007).

② Matthew Lynn, *Birds of Prey: Boeing versus Airbus, a Battle for the Skies* (New York: Four Walls Eight Windows, 1998), 224.

动贸易制裁而损害其对欧洲航空公司的销售，但美国已经施加了足够压力说服欧盟在 1992 年接受协商后的妥协。在双边协议下，欧洲政府同意终止生产补贴，限制政府支持力度不超过任何新飞机总成本的三分之一，并要求以反映政府借贷成本的利率在 17 年内偿还贷款。[①] 美国也相应同意限制波音在国防相关领域获得的补贴。

与半导体协议一样，1992 年的飞机协议涉及政府在贸易中的大量参与，但目的也是减少市场扭曲。这至少获得了一定成功。空客 A300 和 A320 等早期设计机型都几乎百分之百基于政府资金支持，但在 1992 年协议后空客宣布开发新的 A380 机型时，遵守了三分之一的上限。这些限制也对空客生产成本上涨有较小的影响。[②] 然而从长期来看，这个协议还是不够的。欧洲决定给予 A380 和更轻的 A350 新机型支持，这促使美国在 2005 年向世贸组织提出广泛质疑，声称对空客的支持违反了乌拉圭回合达成的补贴协议。2003 年波音新机型交付量首次逊于空客，丢掉了第一的位置，毫无疑问，波音受此事影响愿意挑起这一争端。在世贸组织诉讼中，美国声称空客自成立以来受益于 170 多亿美元的贷款发放。欧盟提交反诉讼，表示波音受益于 230 多亿美元贸易扭曲补贴，这些补贴来自国防部，还有美国政府对研发的支持以及华盛顿州和堪萨斯州给予的生产税收减免。

十多年后，这些世贸组织的争端还未解决。双方根据是非曲直让自己的很多论据得以证明，但争端被继续拖延；没有一方准备完全合规，或施加数十亿美元的贸易制裁作为反击。现在判断贸易争端给产业发展带来的最终影响还为时尚早，但美国政府决定给争端施压至少让空客和欧洲政府间失去平衡。尽管有一些推迟的问题，但波音在开发波音 787 时实现了重大飞跃，该机型是首架新一代燃油利用率高的复合材料飞机，并马上在世界上销售得最快。A350 在 2015 年推出首架商用飞机，是同一类型中令人敬畏的竞争对手，但由于欧洲内部争论是否让政府资助该项目，因而该机型的发行慢了一拍，从而让波音获得了优势。如今两家公司的订单都多得接不过来，但仍然有新的挑战在临近。加拿大的庞巴迪（Bombardier）和巴西航空工业公司（Embraer）都制造小型地区性飞机，正在进入大型民用航空低端市场。中国国有的商飞公司（Comac）也想在

---

① Jeffrey D. Kienstra, "Cleared for Landing: Airbus, Boeing and the WTO Dispute over Subsidies to Large Civil Aircraft," *Northwestern Journal of International Law and Business* (summer 2012).

② 详见 Douglas A. Irwin and Nina Pavenik, "Airbus versus Boeing Revisited: International Competition in the Aircraft Market," National Bureau of Economic Research, Working Paper 8648, December 2001.

低端市场直接与空客和波音竞争。美国和欧洲马上在尝试限制政府补贴这些新竞争者方面找到了共同之处。贸易争端也给美国带来了另一个好处。2012年,在世贸组织争端进程中,空客宣布在美国亚拉巴马州莫比尔港建造首家组装厂,建造窄体飞机。与日本汽车企业在80年代开始大量在美国投资的情况类似,空客希望其6亿美元投资及带来的1 000份工作会缓和与美国紧张的贸易态势,并增加在美国的飞机购买者。①

反事实当然是很难的。我们无法明确知道没有政府干预的话,半导体产业会发生什么,尽管80年代很多面对日本竞争的其他产业的命运暗示结果不会很好。波音在多年依赖于已有的设计后,通过787机型再一次成为技术领头羊,这是波音重振雄风的很大原因。但美国政府的行为至少在给欧洲设置障碍方面是有影响的。从半导体和飞机产业的案例中可以看出,给企业提供帮助需要华盛顿持续、激进的行动。

贸易准则局限性

在高度竞争性的世界中,所有国家都期待在出口市场上获得利益。如果大家按照规则参与游戏,则会促进创新、效率和生产率螺旋上升,从而与没有贸易准则时相比情况更好。如果人们以合理的方式执行良好的准则,则可以鼓励国家投资于自身有竞争优势的领域,并更加坚信这些投资不会因为其他国家的行为而变得没有价值。如果人们规避这些准则,那么螺旋趋势不会如此良性,国家间反而基于补贴、保护限制或其他人为带来的优势开展竞争。尽管全球贸易准则存在诸多局限性,但其仍然是延续至今的国际经济合作最为强有力的成功例证。货币准则的作用不亚于贸易准则给货物流动和投资带来的影响,但这方面类似合作机制的建立远没有如此成功。

---

① Daniel Michaels, Jon Ostrower, and David Pearson, "Airbus's New Push: Made in the USA," *Wall Street Journal*, July 2, 2012, http://www.wsj.com/articles/SB10001424052702304211804577502000504183004; Robin Wright, "Airbus Seeks to Unlock Commercial Jet Market with New Factory," *Financial Times*, September 22, 2014, http://www.ft.com/intl/cms/s/0/f2bfe83e-3f47-11e4-a5f500144feabdc0.html#axzz3loxk1T7l.

第三章

应对竞争
——强势美元带来的伤害

与2016年的总统竞选人一样，奥巴马在参与2008年总统竞选时对美国贸易政策走向持怀疑态度。他呼吁重新协商《北美自由贸易协定》，控诉与加拿大和墨西哥的交易是“错误”的。在重工业集中地俄亥俄州的一场初期辩论中，奥巴马表示：“如果你旅行穿越扬斯敦市，或是我的家乡伊利诺伊州的社区，你会发现整个城市一片荒凉，因为贸易协定未能充分确保美国工人获得公平交易。”他对其对手希拉里·克林顿（Hillary Clinton）提出质疑，而希拉里的丈夫在他的党内克服重重阻力支持《北美自由贸易协定》。奥巴马指出：“如果贸易协定没有得到妥善安排，那么许多协定的净成本是极具破坏力的。”①尽管随后奥巴马承认他的言辞有些“过激和夸大”，但他在2009年任职后没有对自贸协定表现出更多的热情。他对乔治·布什任职期间与韩国、哥伦比亚和巴拿马协商的三份自贸协定的批准推迟了数年，要求每份协定修改后才能上交国会审批。直到奥巴马在2012年再次当选总统时才改变了方向。他在一项大规模的地区性贸易协定——《跨太平洋伙伴关系协定》——背后给予支持，开放美国、日本及10个其他亚太国家间的贸易。他的官员们希望该协定是迈出的第一步，最终能实现美国创建自由贸易区的长期目标，该区域最终将涵盖中国，甚至印度，可以让美国“拟定21世纪发展道路的准则”。② 同时，奥巴马与欧盟领导人同意启动

---

① “Debate Transcript,” *New York Times*, December 7, 2008, http://www.nytimes.com/2008/02/27/world/americas/27iht-26textdebate.10457266.html.

② White House, “Here’s the Deal: The Trans-Pacific Partnership,” November 6, 2015, https://www.whitehouse.gov/blog/2015/11/06/heres-deal-trans-pacific-partnership.

《跨大西洋贸易与投资伙伴协定》这项类似的宏伟计划，取消美欧间残存的贸易壁垒。如果成功的话，两项协定意味着将近三分之二的美国贸易都在自贸协定框架下进行。

为推进这项工作，奥巴马需要国会的支持。自1974年首创所谓的快车道机制起，国会就同意授予总统贸易协定协商权力，并在之后不需修改协定直接进行投票。这一程序旨在减轻美国交易伙伴的担忧，即为了达成协定，美国交易伙伴向美方谈判者作出艰难的让步，却担心最后国会修改协定并强迫美国总统索要更多。很多年来，贸易谈判权力经常授予总统。但随着国会就《北美自由贸易协定》事件打得不可开交，国会撤回了此前的做法，在1997年、1998年两次拒绝给予克林顿总统快车道权力，在2001年仅以众议院一票的最微弱优势授权给布什总统。2015年，尽管共和党控制的参众两院都比较支持自由贸易，但奥巴马总统在获得国会新的快车道授权支持时面临激烈斗争。他的民主党同僚很少站在他一边，工会也一致表示反对。

但奥巴马贸易愿景的最大威胁来自一个意料之外的地方。罗布·波特曼(Rob Portman)是俄亥俄州的共和党参议员，长期热烈推崇自由贸易。他在布什总统时期做了两年的美方贸易代表，并促使国会在民主党，包括时任伊利诺伊州参议员奥巴马的极力阻挠下，经过争论成功通过《中美洲自由贸易协定》。但波特曼在面对家乡州激烈的再次选举竞争时，就一项越发具有争议性的话题站在了大多数民主党和工会一边，即贸易协定是否应在一定程度上尝试阻止国家为获得贸易优势而操纵货币价值的行为。这个问题在国会已经酝酿了十多年。2011年，基于65∶35的两党投票结果，参议院通过法案惩罚维护"从根本上不匹配"的货币的国家。这一法案可以对使用人为手段压低货币、刺激出口的国家施加一系列惩罚，限制美国政府从那些国家购买产品和服务，阻止政府保障在那些国家的投资，让企业更容易从那些国家的进口商品中获得高额反补贴关税。但众议院没有接受。

随着2015年春季快车道机制的执行，波特曼抓住了时机。他与来自密歇根的民主党人德比·史戴布诺(Debbie Stabenow)结队——史戴布诺代表底特律汽车制造商，他们长期抱怨日本故意低估日元，韩国干涉压低韩元——商议了一份修正案，这份修正案会让美国将终止"不公平货币交换行为"作为"主要协商目标"。这些不公平行为，用国际货币基金组织(IMF)的话来说，就是"长期大规模干涉外汇市场的某一个方向……以获得不公平的贸易优势"。此次不一样的是，纳入贸易协定的新条款受到与治理关税、知识产权相同的争端解决条款及贸易协定中其他任意条款的约束。换句话说，如果一个国家被发现操纵货币,则会首次面对贸易制裁。在参议院的一次演讲中,波特曼敦促其同事:“我们最不想看到的是,在完成《跨太平洋伙伴关系协定》后,只是表面上减少关税和取消非关税壁垒,而事实上这些都没有实质性效果,因为这些国家决定操纵货币,使得贸易协定的益处毫无意义。”[①]民主党,包括同为俄亥俄州参议员的谢罗德·布朗(Sherrod Brown)在过去持类似观点;确实,在奥巴马担任参议员时,他本人也认为提交给国会的任何贸易协定都应包括“对于不公平贸易行为,包括货币操纵的保护”。但现在有波特曼这个坚定支持贸易的共和党人提倡这一举措,可以说修正案的通过遇到了前所未有的最佳时机。

但让人大跌眼镜的是奥巴马政府非但没有拥护波特曼的提案,反而极力阻挠。2015 年夏初是《跨太平洋伙伴关系协定》谈判的最后攻坚阶段,政府在修正案中看到了一丝不利于协定的危险信号。财政部长雅各布·卢(Jacob Lew)在致参议员的信中写道:“我们的贸易伙伴明确表示不会加入有强制性货币条款的贸易协定。”据称,特别是日本准备好了离开谈判桌,而不是接受约束性货币条款。由商界圆桌会领导的商业团体,同样与共和党人联合起来,尝试扼杀这一修正案。尽管波特曼-史戴布诺明确表示绝不会“限制国内货币政策的实施”,但财政部长雅各布·卢表示,这种说法“会给我们的贸易伙伴以可乘之机,质疑美方用以确保就业和强有力经济的合法货币政策,这种结果我们是不能接受的”。他警告称,如果国会通过波特曼修正案,并纳入贸易法案,则建议总统否决整个法案。参议院没有冒这个险——修正案以少于 60 票失败告终。

货币和贸易

美国不仅在许多世界大市场中面临出口障碍,而且在过去半个世纪中美元经常被高估的问题削弱了美国的竞争力,造成长期大额贸易逆差,特别在制造业抑制了增长、减少了就业。美国是罪犯,也是受害者;本国货币政策在实施时经常忽略对美国价值和参与交易产业的影响。在贸易伙伴进行干涉,压低本国货币价值,获得竞争优势时,美国的关注点却经常在其他方面。货币操纵大致可以定义为政府采取措施,使本国货币价值低于市场所决定的水平,这种行为应该是不被国际准则允许的。战后旨在促进国际金融稳定合作而创建的国际货币基金组织清楚阐明,其成员国应该“避免为了防止有效的收支平衡调整或

① Senator Rob Portman, “Portman Urges Passage of Amendment on Currency Manipulation,” YouTube, May 20, 2015, https://www.youtube.com/watch?v=vM2PUeL4AA4.

获得相较于其他成员国不公平的竞争优势，而操纵汇率或国际货币体系”。负责管理全球贸易准则的世贸组织在解决货币问题方面避之犹恐不及。但世贸组织准则确实清晰地指出，成员国“不应通过外汇行为，使得协议条款毫无成效”。两者背后的道理是货币价值从广义来讲，应反映市场力量。有国际竞争力的产业、创造稳定贸易顺差的国家应该随着时间的推移，让货币逐步升值。这样可以通过降低进口产品的成本及海外运输开支给消费者带来便利，但也会削弱贸易行业的竞争优势。与之相反，持续贸易逆差的国家应该让货币逐步贬值，这样可以增加进口产品的成本及海外运输开支，却能提升国内出口产业的竞争力。

然而在实践中，上述两个国际组织都未能就货币价值实施任何真正意义上的约束。弗雷德·伯格斯滕将之称为“国际经济架构中张开的大洞”。[①] 他在2013年指出，体系中单个最大的缺陷是“未能有效处理贸易问题，特别是反击和震慑竞争性的货币政策。确实，由于操纵者得以侥幸成功，因而这个体系中的缺陷几乎可以确保这个问题还会持续。人们发现货币操纵的政策选择在经济困难期特别诱人，在无需国内预算成本或有效国际限制的情况下，就可以补贴出口、引进替代品和工作”。国际货币基金组织外汇操纵准则没有指明任何一个国家。[②] 另外，与世贸组织不同的地方是，国际货币基金组织在任何情况下都没有争端解决机制，也没有对违规国家发动制裁的能力。当然，如果这些国家需要世贸组织贷款的话是可以被制裁的，但这些国家一般不需要这项贷款。[③] 世贸组织准则不允许国家征收新的进口关税或使用出口补贴来帮助提升产业竞争力；然而，没有有效的国际准则对货币操纵进行限制，货币操纵与这些壁垒相比，会给贸易造成类似的影响。

因为货币流通对贸易的影响巨大，因而这一制度缺失的经济后果是巨大的。在过去半个世纪中，随着连续几轮贸易自由化全球谈判，以及一系列双边和地区贸易协议达成，大多数国家对进口商品的关税水平很低，除了鞋、服装和农产品等一些对价格高度敏感的商品，其他所有产品普遍是个位数关税或零关

---

① Fred Bergsten, “Currency Wars, the Economy of the United States and the Reform of the International Monetary System,” Stavros Niarchos Foundation Lecture, May 16, 2013.

② “IMF Involvement in International Trade Policy Issues,” International Monetary Fund, 2009, http://www.ieo-imf.org/ieo/files/completedevaluations/Trade_Main_Report.pdf, 78.

③ 详见 C. Randall Henning, “Congress, Treasury, and the Accountability of Exchange Rate Policy: How the 1988 Trade Act Should Be Reformed,” Peterson Institute for International Economics, working paper, September 2007, http://www.piie.com/publications/interstitial.cfm?ResearchID=801。

税。然而,关税下降带来的贸易好处很快就能被货币波动破坏殆尽。例如,1980～1985年,美元相对于主要贸易伙伴的货币增值了大约60%;在之后的两年,吐出了之前所有的收益。

尽管美元在过去半个世纪中波动巨大,但经济学家普遍认同美元经常被高估了。在某些历史时期,特别是1980～1985年、90年代后期和21世纪初期,相对于美国较大的贸易伙伴而言,美元被远远高估了。伯格斯滕及其他人认为,尽管其他国家有时也会受到伤害,但从货币被高估的角度来讲,美国是最大的经济受害者,远超过受伤害程度居次的欧洲。[①] 即使对于一直靠尝试解释和预测货币走势为生的许多经济学家和货币交易者而言,美元被高估的原因也有很多,并不是所有都让人看得明白。在有浮动货币的教科书世界中,贸易失衡不应该成为长期的问题。哈佛大学的罗伯特・劳伦斯教授指出,确实存在"自动调节机制在很小的范围内维持货物和服务的贸易平衡"。[②] 比如,若对于美国产品的国际需求减少——可能因为德国和日本做得更好——那么在大致的贸易平衡得到重塑前,美国制造的产品的价格应该下降。降低价格的方便快捷的机制便是美元贬值。即使在一个完美运作的体系中,短期失衡也会发生,但经过一段时间后,没有国家会长期持有顺差或逆差。但实际情况中,美国自70年代初起就长期持有大额逆差。

对此,人们给出了几种解释。首先,在过去70年中,美元一直是首要的国际储备货币,大多数国际交易都用美元进行。[③] 举个最突出的例子,不管美国是否参与到交易中,世界上所有石油的购买都用美元完成。因为国家需要美元完成交易,所以对美元的需求会更高。其次,那些与美国贸易长期大额顺差的国家,如日本,将一大部分出口收益投资于美国国债,进一步增加了对美元的需求,也刺激了这些国家抵制美元贬值,要不然不仅会减少贸易顺差,也会降低所持有美元资产的价值。最后,虽然许多其他国家的央行经常通过买卖美元直接影响本国货币价值,但美国担心这种干预是无效的,且会引起对美元稳定性的质疑,削弱国际金融

---

① Bergsten, "Currency Wars". 也可参见 Michael Pettis, *The Great Rebalancing: Trade, Conflict, and the Perilous Road Ahead for the World Economy* (Princeton, NJ: Princeton University Press, 2013)。

② Robert Z. Lawrence, *Can America Compete?* (Washington, DC: Brookings Institution, 1984), 3.

③ 官方外汇储备中大约有63%是美元,只有27%是欧元;所有外汇交易中有86%以美元进行。详见 Richard Dobbs et al., "An Exorbitant Privilege? Implications of Reserve Currencies for Competitiveness," McKinsey Global Institute, 2009, http://www.mckinsey.com/global-themes/employment-and-growth/an-exorbitant-privilege。

体系，因此在近几年尽力避免干预货币市场。这些在某种程度上帮助了美国，因为海外大量购买美国国债可以适当压低利率，这会降低房产、汽车和其他产品的借贷成本。此外，无论好坏，都可以让联邦政府持续按照超过税收的规模开支，并发行低利率债券来弥补差额。强势美元进一步帮助消费者降低进口商品价格，通过鼓励国际投资者购买和持有美元来促进美国金融业，也从地缘政治的角度帮助美国，让其更容易为海外军事和其他活动运作提供资金支持；但同时也给面临国际竞争的美国产业直接带来大量成本，特别是制造业，也包括旅游、农业、电影制作、技术服务以及其他受到竞争压力的一系列产业。因此，强势美元确实是降低贸易产业就业和工资的一个因素，而这些产业从传统上来讲，提供了这个国家最好的工作。由于美元未能处于更具竞争力的水平，因此，美国作为贸易商品和服务的生产地的吸引力也大大减弱。

恢复国际平衡

彼得森在致尼克松的备忘录中没有多少耐心来建立理论。他写道："世界经济中产生的大多数问题不是理论而是国家态度和行为的问题，后者阻碍了国际调整进程的实施。"他表示，所有国家都在理论上同意"简单的计算可以清楚表明，我们不能只有长期大额顺差的国家，而没有长期逆差的国家"。但实际上，尽管国际货币基金组织、财长高峰会议或领导人定期敦促，但存在"抵制这项建议，因为财政调整在政治上十分痛苦"。他写道，所有国家都有意维护来自出口的利润和就业，工业、农业和劳动力的出口利益所造成的政治影响力远比让消费者获得低价进口商品更为重要。政府也愿意产生顺差，不仅是从国家力量的传统重商主义考虑，也是为保护本国免受债务危机，不被债权者支配。彼得森写道，应对国际失衡最简单的解决方式是让顺差国家升值本国货币，直到贸易再次基本平衡。确实，没有政府掺和的话，市场力量会自然地带来这一效果。但"国内成功的且显然十分重要的出口企业想要保持市场份额和就业"。换句话说，如果一些大型贸易国家出于本国发展战略考虑，决定维持廉价货币，则可以找到很多工具阻碍本该正常运作的货币市场。

彼得森指出，美国立场有些特殊。美元是国际贸易体系的一大支柱，而且当时美国接受国际收支赤字可以"提供系统所需的流动性"。但到 1971 年他写出备忘录的时候，美国担任这一角色的代价越来越大。美国在布雷顿森林固定汇率制下的收支赤字可以让该体系持续运行，但给本土企业和员工增加了成本，他们因美元估值过高而越发撑不起世界市场，在本国又竞争不过进口商品。

这些影响不断升级。随着资本和技术流动性加强，运输成本降低，“许多国家越来越有能力快速侵占市场，我们发现特定行业调整的压力比前几年来得更快、更猛烈……变化加快引发了无法忽视的与调整相关的政策问题”。

彼得森坚信，正确的解决方式是“一整套有效的货币和外汇制度体系”，即一系列国际安排或共识，限制由于竞争调整带来的扰乱程度。他呼吁“一项新的体制，让汇率按需浮动，而不是长期固定或不可改变”。他认为这项体制可以激励顺差和逆差国家按需调整经济，减少国际经济对美国贸易逆差的依赖。尽管这些措施不会解决美国面临的竞争挑战的问题，但彼得森希望至少可以让美国企业和员工远离由错误估价货币带来的扰乱。

1971 年，这些观点得到了尼克松政府的认真关注，但美国政府很少像彼得森建议的那样尝试亲自管理货币。只有在美元升至相当高的程度，无法不理产业和国会的抱怨后，美国才徘徊于长期的毫不关注和短期的雷厉风行之间。与日本、德国以及近期的中国等依赖出口的经济体不同，美国在制定货币和财政政策时，普遍没有关注在美元估值方面所做的努力。兰德尔·海宁（Randall Henning）在回顾日本、德国和美国直至 80 年代末的汇率政策时，认为美国“经常忽略汇率对于所交易的产品和产业竞争力的影响”，而其主要竞争对手“维持具有竞争力的货币价值，全副武装直接管控汇率”。①

长期以来，美国政府不太愿意强力推进此事，这背后当然有着充分的理由。任何一个国家的财政和货币政策都会影响本国货币价值，其他国家的财政和货币政策也会对该国货币有所影响。但这些政策有很广泛的目标，不管是为了降低失业率还是抑制通胀。对美国而言，它没有像其他主要经济体一样依赖于贸易，因此这些政策对美元价值和贸易平衡的影响经常是间接的。时任财政部长雅各布·卢对波特曼修正案的回绝映射出了这种思路——在这种观点下，维护美国在制定“确保高就业率和健康强劲经济的货币政策”时完全的灵活性，远比高估的美元所带来的负面影响更为重要。美联储作为制定货币政策的独立机构，在多数情况下只是稍微关注一下利率决定对美元价值的影响。艾伦·格林斯潘从 1987 年至 2006 年底担任美联储主席，他在 2007 年的回忆录中写道：“未来几年需要担心很多失衡问题，特别是我们潜在的联邦赤字。我会将美国经常账户问题放在列表中非常靠后的位置。”②

---

① C. Randall Henning, *Currencies and Politics in the United States, Germany and Japan* (Washington, DC: Institute for International Economics, 1994), 1.

② Alan Greenspan, *The Age of Turbulence: Adventures in a New World* (New York: Penguin Press, 2007), 347.

尽管这种优先事项排列的方式有道理，但忽视美国在贸易行业中的竞争力带来了巨大成本。2013 年，乔·格农(Joe Gagnon)和伯格斯滕在彼得森国际经济研究所的一项研究表明，至少 20 个国家的货币市场干预将美国每年的贸易逆差从 2 000 亿美元恶化至 5 000 亿美元，使得美国损失 100 万～500 万份工作。尽管很难区分货币影响和上一章谈及的贸易政策影响，但他们认为美国一半左右的额外失业——超过充分就业的失业率——是外国政府货币操纵的结果。伯格斯滕在另一篇单独的文章中写道，这些市场扭曲“人为削弱了美国和其他国家的出口能力，加速了进口，造成这些国家持续的高失业率”。[①] 美国财政部肯尼斯·奥斯丁(Kenneth Austin)的研究表示，丢失的工作数量甚至高至 600 万份。[②] 他认为，一些国家为压低本国货币、维持竞争优势而大量储备美元是“典型的以邻为壑政策”。当然，这些估测的数据很难被证实。贸易产业丢失的工作可能一部分被其他产业的工作替代，如通常来说受益于低利率的建筑或房屋改造行业。但许多工作受到不可持续的消费者借贷支撑，因而最终导致了 2009 年的金融危机。在 2015～2016 年关于《跨太平洋伙伴关系协定》的辩论中，奥巴马政府反复提醒国会议员，贸易产业中的工作一般来说是更优质的工作——更高的工资，通常是全职且有福利。对这些产业的忽视在很大程度上掏空了美国中产阶级。

美国政府在这方面所做的努力与应对贸易准则一样是零散的。偶尔——通常在面对激增的贸易逆差和国会威胁抵制进口时——美国政府会尝试说服或强制其他国家对本国货币再评估，减缓给美国带来的竞争压力；但很少会采取措施调整经济政策鼓励美元贬值。尼克松总统在 1971 年采取单边行动，放弃美元与黄金的可兑换性，施加暂时性的进口附加税。在战后时期，美元在经历了最大幅度的飙升后，里根总统改变方向，在 1985 年获得世界大国支持，策划让美元深度下跌。布什总统在 21 世纪初与中国开展双边谈判，让人民币放松与美元的挂钩，这使得人民币显著升值。尽管这些行动成功将美元暂时拉回到合理水平，但没有一项可以带来对问题的长效解决机制。确实，特别对一些亚洲国家的发展战略而言，能获得出口优势的政策至关重要。[③] 美方的反应充

---

① C. Fred Bergsten, “Addressing Currency Manipulation through Trade Agreements,” Peterson Institute for International Economics, January 2014, http://www.iie.com/publications/interstitial.cfm? ResearchID=2549.

② Kenneth Austin, “Systemic Equilibrium in a Bretton Woods II-Type International Monetary System: The Special Role of Reserve Issuers and Reserve Accumulators,” *Journal of Post Keynsian Economics* 36, no. 4 (summer 2014): 607－34, http://econpapers.repec.org/article/mespostke/v_3a36_3ay_3a2014_3ai_3a4_3ap_3a607-634.htm.

③ 详见 Barry Eichengreen, “Global Imbalances and the Lessons of Bretton Woods,” National Bureau of Economic Research, Working Paper 10497, May 2004, http://www.nber.org/papers/w10497。

其量是温吞的，一部分原因是历届美国政府有其他优先事项，很少关注美元；还有一部分是美国商界没有持续施压，迫使政府解决问题；另外，美国政治领导人根深蒂固地坚信“强势美元”的好名声。

尼克松冲击

如果一个事件可以标志着美国的觉醒，让其意识到现代世界经济增长的竞争压力，那就要回溯到 1971 年 8 月中旬的一个周末。8 月 13 日星期五，尼克松总统最亲密的经济政治顾问——包括彼得森——收到命令，秘密飞至总统休假地马里兰州戴维营。甚至财政部长约翰·康纳利(John Connally)也没有提前获悉，不得不在抵达得克萨斯州农场准备夏季休假时立刻折返。明显缺席的是国务卿威廉·罗杰斯(William Rogers)和尼克松国家安全顾问基辛格，据称他俩对会议的召开完全不知情。接下来的三天，与会者推敲出了一项决议，被《时代周刊》(*Time*)称为“自 1933 年‘百日新政’以来最彻底的变革”。周日晚，一则白宫致全国的广播取代了高收视率的电视剧《大淘金》(*Bonanza*)，尼克松宣布美国不再按国际统一价格 35 美元/盎司将美元与黄金兑换，单边取消了存续 20 多年的固定货币体制。为了进一步纠正美国收支的下降趋势，他立刻对所有未受配额限制的外国商品施加 10%的进口附加税。这项关税尽管在国际贸易准则下是合法的，因为国际贸易准则容许国家面临收支平衡危机时采取这些措施，但是美国政府自 1930 年斯姆特-霍利(Smoot-Hawley)关税法以来最具保护主义的行为。在消息宣布后的那一个交易日，道琼斯指数快速上涨，海外市场暴跌。彼得森写道，尼克松总统在那个周末的决定“为加快调整的步伐做出了努力”。

在强制其他国家帮助美国为激烈的国际竞争做好调整方面，尼克松的行为在美国现代历史上最具变革性——有人认为，这有些激进且仅是单边考虑。美国在 1944 年同意将美元定为世界储备货币，与美国的黄金挂钩，其他国家货币可以按照规定的汇率兑换成美元或黄金。为了让该体系合理运作，国家应是被动的角色，不能干涉影响本国货币的价值；尼克松时期负责货币事务的财政部副部长保罗·沃尔克之后指出，在布雷顿森林体系下，它国货币与美元的汇率事实上是由其他国家制定的。[①] 美国的目标是建立更稳定的战后全球经济基础，加快欧洲和亚洲的战后重建。事实上，这一体系导致 50 年代美元大量流出

---

① Paul A. Volcker and Toyoo Gyohten, *Changing Fortunes: The World's Money and the Threat to American Leadership* (New York: Times Books, 1992), 40.

帮助欧亚重建，因为美国贸易顺差和对外投资的收益而得到平衡。布雷顿森林体系在实现这些目标方面非常成功，但到 60 年代中期就已经摇摇欲坠了。那个时候，其他国家美元储备大约是美国黄金储备的 5 倍，威胁到美国实现其诺言，即用美元兑换黄金的能力。在 60 年代，美国进口增长比出口高 25%，美国企业对外投资快速上涨，最终使得贸易收支在 1971 年陷入赤字。

尼克松的行为显得有些急躁冒失，将调整的压力转嫁给了美国贸易伙伴，从而保存了美国刺激国内经济的能力，达到了外交政策目标，以及并非巧合地帮助了再次竞选总统。① 确实，如果美国在那个时候采取与贸易伙伴更加合作的战略，很有可能同样能达到类似结果。② 但这绝不是一夜之间达成的决定。随着欧洲和日本生产率的提高，这些经济体相对于美国更具竞争力，因此整个 60 年代美国面临的压力越来越大，而固定汇率体制的限制使得货币价值很难调整，无法反映新的竞争现实。在 1970 年后半年，沃尔克暗中委托完成的一项内部研究表明，为恢复平衡，美元需要贬值 10%～15%。他为康纳利写的备忘录中指出，若没有强势的单边行为，协商这一变化的前景并不光明，特别是中止美元与黄金的兑换。沃尔克之后写道，彼得森致尼克松总统的报告没有对国际货币政策提出具体建议，但"帮助解释和渲染了我们不断衰弱的贸易和竞争地位"。③

其实不管顾问们有没有给出建议，事态已足以迫使尼克松采取行动。1971 年夏季，货币投机者增加筹码打赌美元会被迫贬值；仅在 8 月的第一周，外国央行就购买了大约 40 亿美元，以支持美元防止本国货币升值。④ 面对可能的美国黄金储备挤兑、恶化的收支平衡以及国会酝酿中的反抗——更不用提尼克松准备再次竞选的前一年衰退的经济——尼克松采取了戏剧化的策略，强制其他国家，包括日本，提供救援。⑤ 在起初的强烈抵触后，日本同意大幅升值日元，同时，德国和其他美国主要贸易伙伴接受小幅调整。此前，美国为了国际稳定和欧亚盟国的快速发展，将自身竞争力放在次要位置，这次与战后规范的决裂让人震惊。财政部长康纳利说道："我们不能再因为考虑友谊、需求或能力，认为在共同的重担中，美国承担如此大的比例是合理的。坦率地讲，某些国际行动

---

① 详见 Joanne Gowa, *Closing the Gold Window: Domestic Politics and the End of Bretton Woods* (Ithaca, NY: Cornell University Press, 1983)。

② 详见 John S. Odell, *U.S. International Monetary Policy: Markets, Power and Ideas as Sources of Change* (Princeton, NJ: Princeton University Press, 1982)。

③ Volcker and Gyohten, *Changing Fortunes*, 73.

④ Eichengreen, "Global Imbalances and the Lessons of Bretton Woods."

⑤ Douglas A. Irwin, "The Nixon Shock after Forty Years: The Import Surcharge Revisited," *World Trade Review* 12, no. 1 (January 2013): 29—56, http://www.nber.org/papers/w17749.

只注意到与美方交易的国家的利益，却没有清楚认识到美国真实的长期利益，因而美国民众也不会再允许其政府参与其中。”[①]

彼得森曾经希望尼克松的行动只是第一步，鼓励大国协同管理货币，从而避免长期经常账户顺差和逆差。然而，在国际层面协调货币和财政政策的努力始终很有限，美国政府很少将确保美元价格有竞争力一事视为重中之重。美国在成为长期经常账户赤字国家的道路上越走越远；虽然70年代后期美元下跌让经常账户接近平衡，但是自70年代中期以来，美国只有在1991年这一年有经常账户微薄的盈余。主要贸易竞争对手，首先是日本、德国，之后是中国，以及许多亚洲小国家都是长期顺差国。美国历任总统很少关注美元对美国竞争力的影响。沃尔克之后写道：“经济优势是政治让步的议价筹码。”[②]结果是将适应国际竞争的大部分成本转嫁给位于美国的企业和员工，他们因为无法克服美元高估的障碍，而不能很快提升生产力。

尽管美元在有些时期是走弱的，但更常见的是强势美元给在国际市场竞争的美国产业带来巨大的压力。咨询公司DRI在1984年做了一份报告，关注美国和主要竞争对手的单位劳动成本。该报告总结认为，美国竞争地位恶化的“最根本原因是在过去34年的大部分时间内，汇率对美元估值过高”。[③] 在70年代末，德国生产力超过美国，意大利、日本、法国和加拿大也几乎有同样的生产力水平，强势美元意味着这些国家与美国相比都有显著的成本优势。日本在80年代优势尤其突出。根据通胀和生产力进步调整后的真实购买力，80年代中期与60年代一样，美元与日元相比十分强势。到了80年代后期和90年代，由于里根政府积极干预并签署了《广场协议》，日元大幅升值，尽管新兴国家和地区如韩国、中国台湾和新加坡的货币仍然被低估，但美国的处境有了暂时的好转。

高估的美元对贸易产生了实实在在的影响。即便控制好其他因素，美国出口水平仍然对美元价值高度敏感[④]；自70年代初以来，美国出口增长基本随着美元相对于其他贸易伙伴货币的价值变化而波动。从1980年至1985年，在美元达到历史新高时，美国出口实际上下降了16%——自大萧条以来的最大跌

---

① Thomas W. Zeiler, “Nixon Shocks the Trade System,” Western University History Department, July 17, 2010, http://history.uwo.ca/Conferences/trade-and-conflict/files/zeiler.pdf.

② Volcker and Gyohten, *Changing Fortunes*, 104.

③ Otto Eckstein et al., *The DRI Report on U. S. Manufacturing Industries* (New York: McGraw-Hill, 1984).

④ “The U.S. Economic Contraction and Trade Deficit: Quantifying Exchange Rate Fluctuations’ Impact on International Trade Flows,” Penn Wharton Public Policy Initiative, June 10, 2015, http://publicpolicy.wharton.upenn.edu/live/news/727-the-us-economic-con traction-and-trade-deficit.

幅——而德国和日本的出口总量分别上涨了29%和46%。然而在之后的10年,由于汇率处在更有利的水平,美国出口增长远超德国和日本。[1] 从90年代中期开始,随着美元走强,贸易逆差再次高涨,从2006年至2008年达到了创纪录的8 000多亿美元,之后因为美国衰退和美元走弱而有所下降。从2009年的经济衰退中走出后,美国有了几年的高速增长,随后由于欧洲的发展缓慢以及急速上涨的美元而再次平缓。2015年美国出口价值降低,是自2009年以来首次同比下降。[2]

没有以更有效的方式管理货币价值是美国在融入全球经济过程中尝试调整的重大障碍。在战后建立的国际货币管理体系中,美国为了鼓励欧洲和日本的快速重建,故意将自己放于竞争劣势。美国同意将强势美元作为全球金融体系的支撑,即使其他国家保持着管理本国货币的自由度,美国依然紧束双手。这一体系是安全和外交政策的胜利,考虑到美国贸易占经济比重较低,该体系造成的经济成本不太沉重。然而,随着经济情况发生转变,战争中遭到破坏的国家成为强大的经济竞争对手,美国基本立场仍未改变。除了最极端情况,美国政府继续保持严密管控,而其主要竞争对手——起初是日本,之后是韩国及其他国家——推行本国的货币政策,获得出口优势。美国在制定财政和货币政策时基本没有考虑对美元的影响,这进一步伤害了自身竞争力。即使有时美元显然被高估并危害了国家竞争力,美国政治领导人仍热衷于"强势美元"的概念。

里根美元

在里根政府时期的最初几年,有国际竞争力的美国企业,特别是制造业,面临着巨大压力。1980～1981年的深度衰退使失业率上升至11%左右;到1983年,美国制造企业减少了10%的劳动力,也就是200万名员工,利润下降了三分之一。[3] 为了停止70年代后期两位数的通胀率,到1981年初,美联储

---

① Thomas Klitgaard and James Orr, "Evaluating the Price Competitiveness of U. S. Exports," *Current Issues in Economics and Finance* 4, no. 2 (February 1998), http://www.newyorkfed.org/research/current_issues/ci4-2.pdf. 即使是比较在某个特定市场的出口,这样可以不受不同区域增速差异的影响,也是得出这个结果。由于主要的欧洲出口市场增长乏力,德国出口在90年代前期整体放缓。尽管德国在欧洲的出口在1991～1997年仅上涨了9%,但同时期美国在欧洲的出口上涨了24%。

② "U. S. International Trade in Goods and Services," Bureau of Economic Analysis, April 2016, http://www.bea.gov/newsreleases/international/trade/tradnewsrelease.htm.

③ Martin S. Feldstein, *American Economic Policy in the 1980s* (Chicago: University of Chicago Press, 1994).

主席、尼克松时期的财政部官员保罗·沃尔克将短期利率提升至大约20%。同时,新政府减税和高额国防支出的经济计划造成了巨额联邦预算赤字,政府借贷需求上升进一步推高了利率。受高额安全回报吸引的投资者争抢美元。从1980年至1984年,美元相对英镑升值了40%,相对马克升值了50%,相对法郎升值了一倍。[①]总之,美元相对主要贸易伙伴的货币升值了大约60%,而日元和马克跌至1973年水平甚至更低。[②] 真实世界的影响更为深远——根据所交易货物组合调整后的价值,美联储计算出在1979年至1985年第一季度,美元相对十大竞争对手货币升值了73%。[③]

80年代初期,美国自身的货币和财政政策而非贸易伙伴的政策导致了美元上涨。里根政府履行竞选时减税和增加军事支出的承诺,却不能说服国会同时减少国内支出,因而联邦财政赤字从1979年的410亿美元不断上升,到1986年达到2 210亿美元。同时,美联储决定消除长期通胀,遏制货币供应,并推动短期利率达到历史高位。有两项措施双管齐下推高了美元,首先是国内储蓄耗尽,需要资本回流为投资提供资金,其次是给海外投资者高额回报。里根政府也特意放弃了其他可支配的可以帮助压制美元升值的工具。1981年,财政部宣布,与里根当局限制政府干预市场的理念一致,财政部不再通过买卖外汇以稳定美元等方式干预货币市场,极端情况除外。在吉米·卡特执政后期,这些干预是司空见惯的。[④] 在经济面临危险的高通胀时,卡特政府与日本和欧洲紧密合作,经常干预——有时是每日——以提升美元价值,从而降低进口成本,遏制通胀。尽管财政部和美联储的干预无法逆转美元长期变化趋势,但在调和过多的上升或下降方面是有效的。[⑤] 然而从1981年至1984年,即使美元急剧升值,里根政府也仅干预了一次,是为了避免1981年3月里根遇刺后市场恐慌而引起美元下跌。

日本大多数时期在逢场作戏。日本国内利率下降进一步促使日元走弱,使

---

① Arthur Burns, "The American Trade Deficit in Perspective," *Foreign Affairs* 62, no. 5 (summer 1984), https://www.foreignaffairs.com/articles/united-states/1984-06-01/american-trade-deficit-perspective.

② 在以下文章中被引用:Robert Schaeffer, *Understanding Globalization: The Social Consequences of Political, Economic, and Environmental Change* (Lanham, MD: Rowman & Littlefield, 1997), 41。

③ Feldstein, *American Economic Policy in the 1980s*.

④ C. Randall Henning and I. M. Destler, "From Neglect to Activism: American Politics and the 1985 Plaza Accord," *Journal of Public Policy* 8, nos. 3/4 (July-December 1988), http://www.jstor.org/stable/4007187.

⑤ 详见 Michael D. Bordo, Owen F. Humpage, and Anna J. Schwartz, *Strained Relations: U.S. Foreign-Exchange Operations and Monetary Policy in the Twentieth Century* (Chicago: University of Chicago Press, 2015).

得日本成为七国集团中唯一一个幸免于80年代初经济衰退的国家。日本确实定期干预货币市场试图减缓日元下跌，日本央行称之为稳定汇率的“国际协同行动”。但如果没有美国的协调行动的话，干预行为其实没有太大差别。[①] 出口驱动的持续强劲经济增长意味着日本没有做出更多尝试的动力。欧洲就没有那么自信了。美元升值强迫欧洲国家提升本国利率，反复干预以保护本国货币价值，并控制通胀。[②] 即使1983年美元升至高位，欧洲政府请求美国干预时，里根时期的财政部长唐纳德·里甘(Donald Regan)仍表示拒绝。他在1983年3月告知《纽约时报》：“我们想看到美元在一定程度上贬值以帮助出口，但这不意味着我们会就此采取任何行动。”[③]1984年，总统经济顾问委员会(CEA)在年报中估计美元被高估了30%，部分原因是上涨的联邦预算赤字，这也是贸易逆差上涨的主因。在被问及这一估算数据时，里根告知参议院委员会将该报告扔到垃圾桶里。[④] 他表示，任何认为美元被高估的论断都是“思维混乱”的产物。[⑤]

没有什么迹象表明总统及其高级经济顾问关注强势美元对美国制造业竞争力的影响。极少数理解并担忧竞争力的人士，如经济顾问委员会主席马丁·费尔德斯坦(Martin Feldstein)，却告诉总统成本是可接受的。他在1983年致内阁的备忘录中写道，尽管强势美元不利于美国竞争产业，但海外资本大量回流及低成本进口商品有利于消费者和房屋建设，考虑到高额联邦预算赤字，很有可能有助于防止利率进一步升高。权衡取舍，他写道：“更好的做法是减少出口，增加进口。”[⑥]确实，应对失衡的少数政府具体行动实际上让问题变得更加糟糕。例如，为了鼓励海外资本回流帮助减少财政赤字，政府说服国会取消向海外持有美国国债和公司债的人士征收30%的预扣税，这项措施立刻吸引了更多外国投资者。财政部特地发行了针对外国购买者的新的政府债券，高级官员赴

---

① Henning, *Currencies and Politics*, 136—38.

② I. M. Destler and C. Randall Henning, *Dollar Politics: Exchange Rate Policymaking in the United States* (Washington, DC: Institute for International Economics, 1989), 23.

③ Clyde H. Farnsworth, “Talking Business with Treasury Secretary Donald T. Regan; Seeking Stable Money Rates,” *New York Times*, March 29, 1983, http://www.nytimes.com/1983/03/29/business/talking-business-with-treasury-secretary-donald-t-regan-seeking-stable-money.html.

④ Jeffrey A. Frankel, “Exchange Rate Policy,” in *American Economic Policy in the 1980s*, ed. Martin Feldstein (Chicago: University of Chicago Press, 1994).

⑤ Clyde H. Fansworth, “Dollar Rise Is Defended by Regan,” *New York Times*, February 23, 1984, http://www.nytimes.com/1984/02/23/business/dollar-rise-is-defended-by-regan.html.

⑥ 在以下文章中被引用：William Greider, *Secrets of the Temple: How the Federal Reserve Runs the Country* (New York: Simon & Schuster, 1987), 597—98。

欧洲和日本进行兜售。[1] 1985 年,美元升至高峰水平,在当年国情咨文演讲中,里根总统呼吁让美国成为“世界投资中心”,两个观察家认为此番讲话“完全无视了这种宣言可能会影响汇率市场,恶化贸易平衡,以及增加贸易保护主义的压力”。[2]

不出所料,随着美元走强,进口飙升,出口下降。[3] 费尔德斯坦之后表示:“经济学家们一开始就意识到 80 年代初恶化的贸易失衡是对美元升值的自然反应。”[4]但规模是前所未有的。尼克松时期的美联储主席阿瑟·伯恩斯(Arthur Burns)在 1984 年写道:“去年以前,任何国家在一年内最大的经常账户赤字是 150 亿美元左右。今年美国的赤字会达到 700 亿到 800 亿美元,这与以前经历过的完全不同。”[5]1985 年赤字可以达到 1 220 亿美元,再加上 1981 年至 1982 年的深度衰退,美国制造业受到了毁灭性影响。制造业进口商品——来自日本的汽车和半导体、中国台湾的电子消费品、德国的机床——上升速度是经济增速的 3 倍。仅在 5 年时间内,从 1981 年至 1986 年,进口商品从相当于美国制造业总产量的 21%上涨至 34%,而出口下降速度超过了大萧条以来的任何时期。[6]

国会最终迫使政府采取行动。通常支持里根总统的美国商界就美元价值很少发表意见,但到 80 年代中期,后果已经十分严重、无法忽视。1982～1984 年间,美国工程机械制造商卡特彼勒(Caterpillar)受到主要来自小松集团(Komatsu)的激励竞争,销售额下降了 40%,造成 7 亿美元的损失。[7] 由于出口减少,卡特彼勒裁去其总计 2 万个岗位中的四分之三,不顾一切地降低成本。首席执行官李·摩根(Lee Morgan)表示:“我们认为强势美元是首要问题。”[8]他警告称,除非美元下滑,要不然企业别无选择,只能在欧亚扩大规模,减少美国生产,只服务于美国市场。摩根也是美国总裁游说组织——商界圆桌会国际贸

---

① Henning, *Currencies and Politics*, 273—74.

② Henning and Destler, “From Neglect to Activism,” 321.

③ I. M. Destler, “The Dollar and U. S. Trade Politics,” Peterson Institute for International Economics, 2003, http://www.piie.com/publications/chapters_preview/360/4iie3519.pdf.

④ Feldstein, *American Economic Policy in the 1980s*.

⑤ Burns, “The American Trade Deficit in Perspective.”

⑥ Henning and Destler, “From Neglect to Activism,” 322.

⑦ James Risen, “Caterpillar Tries to Dig Itself Out,” *Los Angeles Times*, January 13, 1985, http://articles.latimes.com/1985-01-13/business/fi-8949_1_caterpillar-products.

⑧ “Still Losing, Caterpillar Struggles On,” *Milwaukee Journal*, January 22, 1985, http://news.google.com/newspapers?nid=1499&dat=19850122&id=Rm4aAAAAIBAJ&sjid=JCoEAAAAIBAJ&pg=6339,1046130.

易与投资小组——的主席，他利用这一职务召集了很多面临着前所未有的海外价格竞争的美国企业，包括福特、美国钢铁、霍尼韦尔（Honeywell）、辉瑞（Pfizer）、IBM、通用汽车和柯达（Kodak）。这是第二次世界大战后美国商界首次认真参与到美元价值一事中来。1984年，国家制造业协会通过了一项决议，呼吁"一项明确的支持美国贸易的汇率政策"。[①] 尽管纽联储行长安东尼·索罗门（Anthony Solomon）及其上司保罗·沃尔克都不同意降低利率、压低美元，担心这么做会推高里根政府预算赤字，但他们承认强势美元"使美方出口产业大幅骤减"。受害的不仅仅是制造业，在1981～1983年间，由于大麦和玉米的出口价格随着美元升值而翻番，美国谷物种植户丢失了三分之一的世界市场。[②]

摩根及其公司同事敦促里根政府遵循尼克松模式，对日本进口商品施加额外关税以抵消货币劣势，但这项提议被断然拒绝了。受到冷落后，企业转而求助国会，得到了一些共鸣。在1985年初，众议院和参议院分别通过了许多法案，给政府提出警示，威胁对日本商品施加进口关税，如若不然，则阻止政府发起新一轮国际贸易谈判。众议院两次通过法案，规定对与美国贸易有大额顺差的国家和地区，包括日本、韩国、中国台湾和巴西增加25%的额外进口关税——20年后，参议院针对中国采取了同样的措施。[③] 参议员们甚至开玩笑地提出限制美联储和财政部在汇率政策上的独立性，在经常账户赤字增长到一定程度时要求实施干预。[④] 仅在1985年一年就引入了一百多项保护主义法案。

1985年，里根任命詹姆斯·贝克（James Baker）继任唐纳德·里甘的财政部长职务（里甘反过来代替贝克担任了白宫幕僚长）。贝克表示，不断增加的政治压力和保护主义强烈反抗的威胁终于使政府改变路线。他在30年后的回忆录中写道："强势美元和弱势外国货币的差异给予外国竞争者相较于美国企业巨大的优势。这推动了美方不断增长的贸易赤字，激发了对高额关税、进口配额和其他保护措施的需求。"[⑤]他说服里根，让其认识到改变路线的重要性，从而"击退国会保护主义情绪"。[⑥]

与尼克松冲击如出一辙，此次彻底转变也是秘密进行的。财政部暗中联系

---

① 详见 Destler and Henning, *Dollar Politics*, 124—29。

② Greider, *Secrets of the Temple*, 593.

③ Robert E. Scott, "Currency Manipulation: History Shows That Sanctions Are Needed," Economic Policy Institute, April 29, 2010, http://www.epi.org/publication/pm164.

④ Destler and Henning, *Dollar Politics*, 38—40.

⑤ James Baker, *Work Hard, Study... and Keep Out of Politics*! (New York: G. P. Putnam's Sons, 2006), 451.

⑥ Baker, *Work Hard*, 429.

了日本、德国、法国、英国的财政部长，告知里根政府终于决定采取严肃态度，让美元贬值。贝克之后写道："我们对他们产生的影响是，如果我们不先发制人，国会保护主义者会匆忙竖起贸易壁垒。"1985 年 9 月 22 日，财政部长们在纽约广场酒店黄金屋举行会议，达成了一项声明，表示"主要非美元货币相对于美元进一步有序升值是可取的"。财政部长们还认为"汇率应有助于调节外部失衡"。在秘密的附加协议中，所有 5 个国家都同意出售美元购买其他货币，从而把美元往下拉。[①] 第二天，美国启动了 5 年内的首次干预，抛售美元，购买日元和马克。日元在 1985 年上半年因为美元贬值预期已经上涨了 10%左右，到年底又涨了 18%。马克升值同样很迅速。确实，他国货币升值速度太快以至于五国财长在 1987 年初再次会晤，同意采取阻止美元下跌的干预措施。[②] 更重要的是，他们在《卢浮宫协议》中建立了持续合作机制，按照贝克的说法，这样做的目的是"在达成共识但非公开的设定范围内，稳定世界货币"。[③] 贝克写道，继这项协议后，几个关键的国家认真应对了一些潜在的失衡原因。日本承诺刺激国际需求，德国承诺减少制度壁垒，美国承诺降低预算赤字。像当初彼得森呼吁开展汇率的有效国际协调一样，《广场协议》及后续行为让美国再次应对这个问题。贝克承认，由于国内政治限制，实际表现与所承诺的还有距离，但更好地协调经济政策的态度是认真的。

至今人们还在讨论《广场协议》后的大幅贬值在多大程度上是因为政府行为，另外在多大程度上是出于市场对高估美元的最终反应。[④] 可以肯定的是，到《广场协议》签署时，美元已经过了高峰，开始进入下降通道。无论如何效果都是戏剧性的。贸易赤字在 1987 年达到 1 520 亿美元的历史高点(超过 GDP 的

---

① Baker, *Work Hard*, 431.

② William R. Cline, "The Case for a New Plaza Agreement," Institute for International Economics, December 2005, http://www.iie.com/publications/pb/pb05-4.pdf.

③ Baker, *Work Hard*, 432.

④ 比如费尔德斯坦多年来坚持认为纠正行为都是市场驱动的，尽管《广场协议》的干预促成美元的小幅下滑，但美元下跌其实在协议宣布前半年就开始了，并之后持续同样的节奏，这意味着"用 1985 年 9 月后美元下跌来印证协调干预的有效性是不妥的"。详见 "New Evidence on the Effects of Exchange Rate Intervention," National Bureau of Economic Research, Working Paper 2052, October 1986, http://www.nber.org/papers/w2052。然而，费尔德斯坦在 2006 年斯坦福经济政策研究院题为"竞争性美元的案例"的演讲中表示，《广场协议》下的政府协调行为确实扮演了决定性角色。为了说明新一轮贬值在纠正高额贸易失衡方面是必要的，他呼吁达成一项新的《广场协议》。这次他的愿景是，在 1985 年 9 月五国发出声明需要让美元贬值后，"让市场完成其余任务，他自信地认为美国政府不会有突然的计划惩罚那些因美元可能突然逆转而抛售美元的行为"。这个论断是非常奇特的——费尔德斯坦清楚地知道——在突如其来的《广场协议》宣布前，里根政府已经反复声明全盘拒绝干预货币市场的行为。不管 1985 年前阻止美元下跌的因素是什么，但肯定不是因为投资者害怕美国政府会"策划美元的突然逆转"。

3%)，到1991年，由于出口激增、进口减缓，赤字基本消除。美元下跌对卡特彼勒的逆转十分关键。到1992年，福特金牛座超过本田雅阁成为美国最畅销车型。日本制造商从升值的日元中寻求宽慰，开始在美国大量投资建厂。曾因日本竞争而退缩的美国半导体制造商，如英特尔和德州仪器，得以重获美国市场重大份额，并超过日本对手成为世界领先企业(韩国抵挡住了美国货币再估值压力，开始从日本那里夺取基础存储器芯片市场份额)。美国制造业就业在80年代初急剧减少后，在之后的10年大体维持稳定，就业岗位在1.7亿至1.8亿个之间。总的来说，里跟政府货币政策彻底转变后的10年对面临国际竞争的美国产业而言，是1971年后最为成功的时期。合理定价的货币不是唯一原因，但起了很大作用。

但对货币方面的关注并不长久。随着拉低被高估美元的紧迫感消退，国际协调的努力也减弱了势头，回到了里根政府初期漠不关心的态度。国会希望锁定《广场协议》成果，在1988年指示政府准备一份年报，“考虑其他国家是否操纵本国货币与美元间的汇率，以防止有效的收支平衡调整或在国际贸易中获得不公平竞争优势”。如果一个国家被视为操纵货币，美国政府需启动双边谈判，确保这些国家定期及时调整汇率，从而“消除不公平优势”。[①] 早期财政部报告其实指出了货币操纵国和地区，但自1994年以来，即使很多国家的顺差和外汇储备远大于90年代初，而且在更广泛的范围内干预货币市场，财政部却拒绝指明任何一个国家为货币操纵国。

新的时期

经历了80年代初的急速上升期后，美国贸易赤字到90年代初显著下降。在《广场协议》后的15年间，从1985年至2000年，美国占全球贸易份额的增速超过了除中国外的其他任何大国，而中国起步的基数较小。[②] 再加上国内的好消息，包括低水平的稳定通胀和生产率强势增长，美国经济到90年代末达到了自60年代以来的最好状态。在1999年第四季度，失业率降至4.1%，是1969年以来的最低水平；通胀率处于低位且稳定，大约为2.5%；联邦预算转亏为盈。

---

① “H. R. 4848—100th Congress: Omnibus Trade and Competitiveness Act of 1988,” US Department of the Treasury, http://www.treasury.gov/resource-center/international/exchange-rate-policies/Documents/authorizing-statute.pdf.

② Phillip Bowring, “The Plaza Accord Worked ...,” *Asia Sentinel*, November 15, 2010, http://www.asiasentinel.com/econ-business/the-plaza-accord-worked.

然而与80年代初的情况一样，当美元开始相较于大的竞争国家的货币上涨时，政府反应迟缓。与里根时期有所不同，这首次发生在一届十分关切美国经济竞争压力的政府身上。克林顿时期，国内经济政策没有将美元推到不合理水平。克林顿在1993年接手了预算赤字的烂摊子，到2000年时交给下一届政府大量盈余，通胀在整个10年内都得到了控制，给更稳定的货币政策提供了可能。然而克林顿政府和后续布什政府没有及时意识到美国贸易组合的变化，以及发展中国家竞争对手的崛起。

克林顿的重要经济官员们都坚信强势美元的优势。之后成为奥巴马总统时期经济顾问委员会第一任主席的克里斯蒂娜·罗默(Christina Romer)讲过，在2008年11月，就在奥巴马参与选举后，她与克林顿时期的财政部长劳伦斯·萨默斯乘坐同一辆出租车的故事。萨默斯就美元合理汇率咨询她的意见，为国会听证确认她的就职做准备。罗默回答道："汇率是一种价格，与其他价格一样由市场决定。"健谈的萨默斯把她打断，大声说道："错！汇率是财政部的范畴。美国倾向于强势美元。"①正如萨默斯的前任罗伯特·鲁宾(Robert Rubin)所解释的，克林顿政府"强势美元"的政策一直有些浮夸，但又不缺乏实质性，旨在维护公众一致的态度，避免非故意地扰乱汇率市场。② 但鲁宾也坚信强势美元有利于美国经济。他在1995年告知《纽约时报》："没有比通过货币贬值来提升竞争力的政策更不合理的了。"③他之后写道："强势货币意味着美国消费者和企业能够以更低的价格购买进口商品和服务，通胀和利率往往处于更低水平。它迫使美国产业提升生产率和竞争力。随着海外资本对美元更强的信心而欣然流入，这些益处可以持续下去。"④

但这种信息是双刃剑。海外资本流入会进一步推高美元，这让美国制造业和其他贸易产业更难在本土或国际市场上竞争。克林顿政府针对日本的激进贸易立场的目的是改变竞争条件，从而有利于美国。货币交易者对此十分了解，在1993年至1994年两国不断升级的贸易摩擦期间，美元相对日元急剧下跌。克林顿政府确实几次干预货币市场支持美元，包括1993年春担心由于投

---

① Christina D. Romer, "Needed: Plain Talk about the Dollar," *New York Times*, May 21, 2011.

② Robert E. Rubin, *In an Uncertain World*: *Tough Choices from Wall Street to Washington* (New York: Random House, 2003), 182—83.

③ Keith Bradsher, "Treasury Chief Says Strong Dollar Isn't a Threat to Trade," *New York Times*, August 17, 1995, http://www.nytimes.com/1995/08/17/business/international-business-treasury-chief-says-strong-dollar-isn-t-a-threat-to-trade.html.

④ Rubin, *In an Uncertain World*, 182—83.

资者顾虑美日贸易摩擦余波而引起美元过快下跌。① 然而在 1995 年,在一定程度上由于美国经济走强,美元相对于其他主要货币再次大涨,但政府没有阻碍这一趋势。从 1995 年到 2002 年,美元相对主要工业国的货币,包括日本、德国和新成立的欧元区上涨了大约 40%。② 这一增长在很大程度上可以用强劲的美国经济来解释,由于信息技术产业驱动,美国经济生产力爆发,失业率降至历史低位。美国在 1992~1999 年间平均增速达到 4%,吸引了更多的外国直接投资,上涨的股市也吸引了短期投资者。1994 年墨西哥比索危机和 1997~1998 年亚洲金融危机进一步引发了"安全投资转移",投资者向美元寻求避风港。克林顿政府的措施没有像里根第一轮政府时那样袖手旁观,也没有严格拘泥于思想层面。财政部在 1998 年和 2000 年干预减缓美元上涨,这是第一次阻止日元下滑,第二次提升下跌的欧元。然而贸易的影响与 80 年代初相似。随着美元走强,美国贸易赤字从 1995 年低于 1 000 亿美元膨胀至 2002 年超过 4 000 亿美元。

最大的影响并非来自日本、德国等传统出口国,而是来自新兴亚洲出口强国,特别是中国,这些国家谨慎地管控本国货币以维持出口优势。90 年代末,美元相对其他发达经济体货币强势上涨很大程度上是对市场的反应;确实,当美国经济在 2002 年陷入衰退时,美元对欧元、日元和英镑开始下跌。但即使经济变得疲软,美元依旧对大多数发达国家货币上涨,到 21 世纪初造成了美国商品贸易赤字的一大半。③ 中国是最大的挑战。1994 年,中国在国际货币基金组织指引下行使选择权,将人民币按照 8.28 的汇率与美元挂钩。维护这一挂钩制度要求中国央行购买与需求相匹配的以美元计价资产,以消除由于新印发的人民币所产生的额外需求。那时,此项行为没有受到什么关注;1994 年,美国从中国的总进口低于 400 亿美元,对中国的出口低于 100 亿美元。但在之后的 10 年,中国出口激增,导致中国持有大量外汇储备。1995~2002 年间,中国外汇储备翻了两番,达到 3 000 亿美元左右,到 2003 年底上涨至 4 000 亿美元,到 2006 年底达到 9 500 亿美元左右,在 2011 年底超过了 3 万亿美元。美国与中国贸易的失衡是前所未有的。兰德尔·海宁写道:"这超出第二次世界大战后系统重

---

① Michael D. Bordo et al., *Strained Relations*, pp. 320—21.

② Thomas I. Palley, "The Overvalued Dollar and the US slump," in *Dollar Overvaluation and the World Economy*, ed. C. Fred Bergsten and John Williamson (Washington, DC: Institute for International Economics, February 2003), http://www.piie.com/publications/chapters_preview/360/7iie3519.pdf.

③ Robert A. Blecker, "The Benefits of a Lower Dollar," Economic Policy Institute Briefing Paper, May 2003.

要性国家的经验范围。"[①]

美国国会试图防止 80 年代初的情况重演。鉴于第一届里根政府未能有效管理美元，国会在 1988 年通过《综合贸易和竞争力法案》。所用的措辞比某些国会人士想象的要温和得多，一部分原因是美元在《广场协议》后大幅下跌已经平息了许多批评者。但这一法案明确表明，货币价值"在决定世界经济的生产和贸易模式方面起决定性作用"，要求美国政府和其他工业国家应继续自《广场协议》以来的协调程序，从而"为外汇市场带来更有序的调整"，并鼓励更加平衡的贸易。国会呼吁美国与其他国家合作达到目标，在有必要的时候干预货币市场，调整国内经济政策。法案中写道："国家经济政策关注的重点应是更稳定的美元汇率，使其水平与更加合理和持续的经常账户平衡相一致。"

该法案在几年中按照国会内部起草人的意愿发挥作用；布什时期的财政部长尼古拉斯·布雷迪(Nicholas Brady)的确将之称为"非常有用的工具"。[②] 在 1988 年 10 月的首份报告中，财政部引用了韩国和中国台湾的例子，两者在《广场协议》后大力干预，防止自身货币显著升值。在美国压力下，这两个地区都同意让货币温和升值，随后与美国的贸易顺差都缩小了。[③] 但财政部之后拒绝承认中国进行了货币操纵。布什政府的部分官员不想与中国就此事挑起事端，担心会破坏关系；还有一部分认为针对中国的证据不足以让人信服；在财政部内部，很多官员相信不动声色的外交政策比公然挑衅中国，将其加上"操纵"标签更重要。

美国问题加剧

2013 年 10 月，财政部对德国进行了非同寻常的严厉批评，让德国吃了一惊。与日本和中国不同，德国大多数产品流向了欧洲邻国，在近几年对美国来说不是很大的出口国。但相对于德国潜在竞争力来说，欧元过于疲软，这在一定程度上使得德国出口激增，在 2013 年上半年经常账户盈余超过了 GDP 的 7%。财政部表示，德国强劲的出口和内需不足延缓了其他欧洲国家和整个世界经济的增长。出口对于德国经济发展至关重要，其净出口——出口减去进

---

① C. Randall Henning, *Accountability and Oversight of U. S. Exchange Rate Policy* (Washington, DC: Peterson Institute for International Economics, June 2008), http://bookstore. piie. com/bookstore/4198. html, 4.

② Henning, *Accountability*, 35.

③ Henning, *Accountability*, 32—33.

口——大约贡献了德国总体增量的三分之一(与之相反的是,美国的巨额贸易赤字给 GDP 增长严重拖后腿)。对美国来说,德国出口表现实际上是偷窃其他国家,特别是欧元区的其他欧洲国家,也包括外部国家的发展成果。财政部表示:“在许多欧元区国家迫于压力,遏制需求、压缩进口以促进调整时,德国乏力的内需增长和对出口的依赖阻碍了再平衡的进程。”德国对此表示不满。报告发布后的第二天,德国经济部发布了一项言辞激烈的声明,认为这一结论“无法理解”,并敦促美国“分析自己的情况”。不同于 80 年代时日本的情况,德国经济部表示德国顺差不是亟待解决的问题,反而“印证了德国经济的竞争力,及全球对德国高质量产品的需求”。①

德方有这样的反应十分正常。正如彼得森告诉尼克松总统的那样,顺差国家会在能力范围内极尽所能抵制调整成本。美方政策经常忽视汇率以维持货币和财政政策更大的灵活性,这也帮助了顺差国家。奥巴马政府不同意在《跨太平洋伙伴关系协定》中包含任何反对货币操纵的约束性条款——因为这有可能会“给贸易伙伴权力来挑战美国货币政策”——反映出一些长期的优先事项经常妨碍美国的全球竞争力。里根经济顾问马丁·费尔德斯坦认为,没有必要做如此绝对的取舍——在不伤害美联储使用货币工具控制通胀的能力的情况下,美国也可以保持“有竞争力的美元”。他表示,美国应该寻求“使美国产品对外国购买者更具吸引力的汇率,并让美国消费者和企业选择美国制造的产品和服务”。② 这意味着政府和国会有更强的意愿去认真地考虑货币和财政政策带来的汇率影响,并相应调整。这也需要更大的决心去应对货币操纵国。

2013 年,伯格斯滕在具有影响力的国际经济研究院担任名誉院长,该研究院之后以彼得森的名字重新命名。伯格斯滕发表了一个演讲,总结了过去半个世纪美国在应对货币错配方面的主要失误。③ 他警告称,这个问题很严重,很有可能会更严重。几乎每个主要国家都在寻求贬值,或至少阻碍市场驱动的升值,从而促进出口、创造就业。为了达到这一目的,这些国家使用央行储备购买美元或欧元,并推升这些外币。他认为这样的货币操纵“很严重,也很广泛”。尽管这绝不能赦免美国自身导致金融危机所犯的错误,但毫无疑问的是,宽松

① Christopher Alessi, “Raw Nerve: Germany Seethes at US Economic Criticism,” *Spiegel Online*, October 31, 2013, http://www.spiegel.de/international/germany/germany-defends-trade-surplus-after-critical-us-treasury-report-a-931126.html.

② Martin Feldstein, “The Case for a Competitive Dollar,” remarks to the Economic Summit of the Stanford Institute for Economic Policy Research, March 3, 2006.

③ Bergsten, “Currency Wars”.

的货币助长了房市泡沫，泡沫的破灭带来了破坏性的后果。他因为国家间迟迟没有达成自己所希望建立的国际货币体系而惋惜，该体系可以给予顺差国和逆差国激励机制，根据需要调整本国经济政策并维持基本的平衡。

伯格斯滕详细指出了一系列可以有效解决问题的措施。他表示，成员国应让长期准则更加有效，对再三干预压低货币的国家给予警告。如果国际货币基金组织认为某种货币被严重低估，受害国将得到基金组织授权，启动反干预措施抵消负面影响。世贸组织应明确故意的货币补贴相当于被禁止的出口补贴，并授权国家对进口商品施加反补贴关税。这些大举措的目的是震慑货币操纵行为。“考虑让货币低估的国家应被明确告知，这些政策会促使贸易伙伴在达成共识的准则和程序下，开展迅速且强有力的行动。”

没有一项措施是很容易执行的，大多数依赖于很难达成的国际协议。尽管伯格斯滕是一名忠诚的国际主义者，他还是认为美国别无选择，只能“打破常规认真考虑这一问题，并启动多边改革程序”。他表示这个模式就是 1971 年的尼克松冲击——他承认自己在 40 年前持有完全不同的观点。最后伯格斯滕声明，其他国家的货币操纵绝不能成为美国在应对国际经济竞争时所犯诸多错误的借口。他表示，“美国当然必须让自身内部有序发展”，必须将联邦预算赤字降低至可持续水平，“加强组成国家竞争力的基本部分，从美国糟糕的基础教育到陈旧的设施都需进一步改进”。美国需要整改税收政策，释放而不是阻碍美国私营部门巨大的创新潜能，目前的税收政策抑制了投资和移民政策，将大量最好、最优秀的人才拒之门外。他认为：“美国也应坚持要求其他国家不再让美国问题加剧。”

第四章

投　资

——海外的获胜者和失败者

1952 年，艾森豪威尔总统（Dwight Eisenhower）任命通用汽车总裁查尔斯·威尔逊（Charles Wilson）担任国防部长。威尔逊自 1941 年以来一直主管通用汽车，在战时监管企业制造坦克、飞机和武器，在和平时期负责企业转型至汽车和卡车的生产。在 20 世纪 50 年代，通用是世界上最大的雇主，给 60 多万美国人发放薪水，也是第一家在一年内收益超过 10 亿美元的企业。在那个时期，美国销售的汽车中有一半由通用制造。1953 年 1 月，当威尔逊来到参议院军事委员会准备接受听证，确认其领导国防部时，参议员们最大的问题是他就职于政府后，会如何处置其 250 万美元通用股票及其他资产。新泽西州共和党参议员罗伯特·亨德里克森（Robert Hendrickson）质问他："如果出现某种情况让你必须做出决定，该决定十分不利于你的股票和通用公司，或是其他公司，但却符合美国政府的利益，你会做这样的决定吗？"威尔逊的回答很著名，但经常被错误引用，他说："是的，先生，当然会。"但他补充道："我想不出这样的一种情景，因为多年来我一直认为，对国家有利的就是对通用有利的，反之亦然。不存在利益上的冲突。"

这一假设——大型美国企业的利益与美国民众经济利益没有区别——是美国企业和工人联合起来，向更多对外贸易开放大门的原因之一。如果美国是世界上最具竞争力的经济体——这在 50 年代不言而喻，那么扩大的贸易当然对美国企业和工人都有利。出口增长至少与进口持平，使得美国工人有更多工作机会和更高薪酬，美国企业获得更多利润。在这两者中，工会最富热情，最无惧全球竞争。美国劳工联合会—产业工会联合会(AFL-CIO,以下简称"劳联—产联")支持肯尼迪总统1962年的《贸易扩张法案》,促进了肯尼迪回合全球贸易谈判,使50多个国家的关税降低了35%。1962年,劳联—产联主席乔治·米尼(George Meany)在演讲中表示:"外贸政策应该是自由的,旨在促进更多而不是更少的贸易,因为更多的贸易意味着更加繁荣、更多机会和就业。"[①]该劳工组织之后表示,支持自由贸易的工人运动"基于一种预期,即这种扩张可以促进国内外就业增长并提高生活水平"。[②] 尽管大多数企业团体拥护支持肯尼迪,但传统保守的美国企业界不接受自由贸易的概念。作为大型企业发声机构的国家制造企业协会对贸易法案不持任何立场,代表小企业的商会虽然内部有强烈反对意见,但给予了勉强支持。[③]

到90年代中期,企业和工人的磨合愈加紧张。进口商品的竞争激烈程度超过预想的情况。几乎在每个大型制造业——纺织、机床、鞋袜、电子消费产品、汽车和钢材——进口商品从1960年可以忽略不计的情况发展到70年代初成为很大的竞争威胁。海外市场往往对美国出口和企业文化没有那么开放,而美方也很少寻求出口的机会,因而美国海外销售没有与进口同步上涨。美国贸易收支从1962年33亿美元顺差降至1971年13亿美元逆差。来自日本和德国的海外竞争拉低了企业利润率,尤其冲击了核心制造产业,如钢铁、汽车、机床、纺织、化工和造船。[④] 1969～1975年,基本上每个受国际竞争影响的大型制造业的税前企业利润都低于6%,是上一个5年的一半。[⑤]

利润下降有两个后果,且都对大型美国企业员工不利。首先,成本压力使得美国企业开始转向海外,寻求工资更低或利润率更高、竞争程度较低的市场。从1960年至1969年,美国海外直接投资翻番,主要是在欧洲、加拿大和拉美,其中大多数的增长来自制造业,如电子消费产品,直接与美国生产的产品竞争,

---

① George Meany, "Trade, Progress, and Prosperity," quoted in Aly Bower, ed., *American Trade Policy* (Columbia, MO: Artcraft Press, 1962).

② "Foreign Trade and Tariff Proposals: Hearings before the Committee on Ways and Means," House of Representatives, 90th Congress (1968), Stewart and Stewart, http://www.stewartlaw.com/Content/Documents/HR%20-%20Foreign%20Trade%20and%20Tar iff%20Proposals%20part%203.pdf.

③ Thomas W. Zeiler, *American Trade and Power in the 1960s* (New York: Columbia University Press, 1992), 144—45.

④ John B. Judis, *The Paradox of American Democracy* (New York: Routledge, 2001), 110—11.

⑤ Carolyn C. Perrucci et al., *Plant Closings: International Context and Social Costs* (New York: Aldine de Guyter, 1988).

而不是50年代时期对外投资所关注的采矿或钻油等开采业。[①] 例如，在五六十年代，收音机和电视机生产巨头RCA由于一些罢工事件，将位于新泽西州卡姆登的生产基地搬迁至印第安纳州布卢明顿。之后，在60年代，面对不断加剧的进口竞争，RCA受墨西哥新边境工业化计划激励，跨出国门在墨西哥华雷斯建造了大型工厂，在该计划下，如果成品出口回美国，零部件进口是免税的。[②] RCA并非特殊情况：在1960～1975年间，美国制造业海外获利占比是之前的3倍，从低于5%上升至超过15%，海外的发展速度超过了美国本土。[③] 尽管美国依然在雇用劳动力，但海外创造新工作的速度要快得多。根据劳联-产联经济学家伊丽莎白·贾格尔(Elizabeth Jager)收集的数据，从1966年至1970年，美国跨国企业中的海外就业上涨超过25%，而美国国内仅为7.6%。[④] 在美国的制造业工作数量完全没有增长。进口竞争也强制很多企业减少本土成本，这意味着抵制工会对加薪和其他丰厚福利的要求。曾经同意工会请求的企业相信高额成本会转嫁给消费者，现在开始反击；没有工会的企业为不让其进入进行更强烈的抵制。在1965年，42%的美国企业通过工会向国家劳工关系委员会请愿后，得到认可，但到1973年，只有16%的企业依旧这么做。[⑤]

企业的流动性使得工会处于不利位置，在企业的不断施压下，劳工运动寻求与企业分离。到60年代末，主要的工会组织——有少量的特殊情况，比如与加拿大同类型组织密切相关的美国联合汽车工会，成员受益于进口量增长的国际码头工人协会——总结认为，美国海外投资增长对他们的利益带来根本的威胁，需要正面挑战美国大型企业新的全球策略。在1967年12月的一项正式决议中，劳联—产联呼吁“直接限制美国海外直接投资”，并对海外投资征收更高的企业所得税。[⑥] 1968年，劳联—产联法务主管安得烈·比米勒(Andrew Biemiller)告知众议院筹款委员会：“大型企业——在不同国家增加投资，增设工厂和销售处——在生产时间表、进口和出口方面要把戏，只考虑自身利益，很少顾及国家利益、就业、劳工标准或美国消费者。美国工人不能有效地争取更高的

---

① National Association of Manufacturers, *U. S. Stake in World Trade and Investment: The Role of the Multinational Corporation* (New York: National Association of Manufacturers, 1972), 2.

② Jefferson Cowie, *Capital Moves: RCA's Seventy-Year Quest for Cheap Labor* (New York: New Press, 1999).

③ C. Fred Bergsten, Thomas Horst, and Theodore H. Moran, *American Multinationals and American Interests* (Washington, DC: Brookings Institution, 1978), 10.

④ Judis, *The Paradox of American Democracy*, 114.

⑤ Judis, *The Paradox of American Democracy*, 112.

⑥ "Foreign Trade and Tariff Proposals."

工资、更好的医疗条件和工作制度——所有这些都是成本因素——而私营企业的投资和贸易政策极力规避这些成本。获利的只有这些企业,而并不一定是美国。"[①]工会雇用经济学家斯坦利·鲁滕伯格(Stanley Ruttenberg)以充实有关分析,他警告道,这一趋势使得高技能及高薪专业人士与低技能的服务业者、工人及职员之间进一步分化,这会"破坏民主所依赖的中产阶级的力量"。[②]

这也使得企业做出反应的时间更长。直到工会将意见纳入立法程序,并通过国会将法案付诸实施时,企业才最终给予回击。但当企业这么做的时候,其反应在经济上等同于大规模的报复——一项大规模的游说和公关活动——不仅镇压了工会支持的法案,也改变了美国贸易和投资政策的走向,这一政策方向直至今日依然遭工会唾弃。

作为《北美自由贸易协定》辩论的一部分,60 年代后期和 70 年代初关于海外投资的工会—企业冲突在 90 年代再次发生——当时总统候选人罗斯·佩罗(Ross Perot)给出了著名论断,警告称该协定实施后会发出"巨大吸食声",使工作机会流入墨西哥——到了 21 世纪初随着中国加入世贸组织,这一冲突再次显现。尽管这两次工会尽其所能开展游说活动,并有民主党总统执政,但均在国会惨败。如今与亚洲的《跨太平洋伙伴关系协定》也同样面临巨大的分歧。2015 年,在讨论是否给予奥巴马总统所需的快车道国会授权以完成谈判时,劳联—产联威胁称,如果有民主党人在贸易事宜上支持总统,就会切断竞选资金并煽动起主要的质疑声。工会主席理查德·特拉姆卡(Richard Trumka)质疑道,《跨太平洋伙伴关系协定》只会将更多的美国海外工作机会输往亚洲,进一步拉低美国工人工资。他警告称"没有妥协的余地"。[③]

全球企业

民主党总统与工会的意见分歧来源于竞争愈加激烈的全球经济所造成的基本困境。为了有竞争力,美国(或任何其他国家)需要欢迎和鼓励在世界大部分地区进行贸易和投资的大型企业。但这些企业的成功本身是不够的;如

---

① "Foreign Trade and Tariff Proposals."

② 引自:Kent H. Hughes, *Trade, Taxes, and Transnationals: International Economic Decision Making in Congress* (New York: Praeger, 1979), 122。

③ 详见 Edward Alden, "American Workers Need a Powerful Voice, not Mere Bluster," *Washington Post*, May 6, 2015, https://www.washingtonpost.com/opinions/american-workers-need-a-powerful-voice-not-mere-bluster/2015/05/06/af642bf4-f3e7-11e4-bcc4-e8141e5eb0c9_story.html。

果通过增加海外投资、减少美国国内投资而获利,那么这些企业的成功并没有给美国民众创造就业、增加工资。只有当企业在美国领土上投资、创造就业并支付更高薪水时,基本上所有的美国员工才都能受益,而不仅仅是一小部分流动的管理层精英和专业人士。这毕竟是我们大多数人所生活的地方。但当美国企业追求全球性企业策略时,它们与美国领土的联系越来越弱。1972 年,在国会关于投资限制的辩论达到顶峰时,陶氏化学(Dow Chemical)前总裁卡尔・格斯塔克(Carl Gerstacker)若有所思地说:"我一直想购买一座没有主权的岛屿,在这个真正中立的岛上建立陶氏公司世界总部,不属于任何国家或团体。"①他的同行高管们在今天也会赞同这个观点的。现代跨国企业为实现这一目标找到了更多平淡无奇的方式,包括在十几个国家设立分部、打断供应链、转移投资,或有时只是掩饰利润,将资金投入世界上最受欢迎和能获利的区域。

尽管不能在不同行业一概而论,但这一策略对美国企业来讲是成功的。调整不是在一夜之间发生的;在 70 年代大部分时间以及 80 年代前半段,美国企业利润微薄,美国落后于日本,美国企业经常由于自满且无效的领导力而受到责备。② 人们认为,企业领导者被数十年的美国主导地位麻痹,不能很好地做好准备提升表现,以跟上新的海外竞争对手。③ 由于美国企业几十年来几乎只为庞大的国内市场生产,麻省理工学院(MIT)产业生产率委员会在 1989 年发布报告表示,美国企业因为自身的地方主义而失去活力。该报告总结道:"这些年来的自给自足所遗留下来的经济体制有一些缺陷,不能很好地在世界市场竞争或利用海外创新。"④

尽管总部位于美国的企业对于新的竞争挑战反应较慢,但一旦做出应对,事实证明这些企业非常有创造力和适应力。该委员会之后又报告称,到 2005 年左右,美国企业引领了国际生产分割的潮流,项目主管苏珊・伯杰(Suzanne

---

① "World Trade in the 1970s," report of the Economic Policy Committee to AFL-CIO Executive Council, February 20, 1973.

② 详见 Scott article in Bruce R. Scott and George C. Lodge, eds., *U. S. Competitiveness in the World Economy* (Boston: Harvard Business School Press, 1985)。也可参见 Charles W. L. Hill, Michael A. Hitt, and Robert E. Hoskisson, "Declining U. S. Competitiveness: Reflections on a Crisis," Academy of Management Executive 2, no. 1 (February 1988): 51—60, http://www.jstor.org/stable/pdf/4164795.pdf。

③ Michael L. Dertousoz, *Made in America: Regaining the Productive Edge* (Cambridge, MA: MIT Commission on Industrial Productivity, MIT Press, 1989), 43.

④ Dertousoz, *Made in America*, 47.

Berger)将之称为"乐高生产模式"①。为提升生产链每个环节的成本效益和质量,制造过程愈加被分拆成不同组成部分,这样企业可以外包——在另一条街或世界范围内——之前只在内部完成的工作。技术、物流和交通的进步使惠普在21世纪初将其电脑制造和工程设计外包给亚洲独立的合约制造商。苹果手机高价值零部件主要在中国台湾、韩国和日本生产,之后由一家台湾合约制造商富士康(Foxconn)在中国大陆完成组装。美国服装企业如丽资·克莱本(Liz Claiborne)、拉尔夫·劳伦(Ralph Lauren)几乎完全依赖于海外合约生产商,主要在中国,但也包括越南、孟加拉国和印度尼西亚。大部分耐克运动鞋在美国设计,但在韩国和中国台湾所持有的越南企业中制造。美国首创了"无生产线"半导体制造,总部位于美国的企业如高通和AMD负责所有的设计和市场,但将实际生产外包给中国大陆及台湾的工厂。这种分散化可以在很大程度上节约成本,要不然则不太可能实现。如今的美国企业从多种衡量方式来看都是世界上最具生产力的,企业的全球策略对于成功至关重要。②

这些策略也是有很高利润率的。在2013年和2014年,美国企业利润达到历史高位,企业利润在国民收入中的占比达到自1929年以来的峰值。③ 现在这些利润中不断增大的一部分来自海外。标普500企业几乎一半的收入来自美国以外,60%的现金在海外持有。④ 总部位于美国的跨国企业在全球策略上引领潮流,分拆生产程序、外包非核心业务,使得生产可以在利润最高的任一国家和地区进行。50和60年代的大型综合企业被更小、更灵巧的企业取代,这些企业雇用更少的员工,关注更少的生产线。研究表明,在不同国家运营的企业比单纯的国内企业更具生产力,一部分原因是这些企业别无选择,只能与世界上最好的企业竞争。经济学家罗伯特·索洛(Robert Solow)和马丁·贝利(Martin Baily)写道:"当一个产业面对世界最佳实践时,就不得不提升生产力。"⑤很

① Suzanne Berger, *How We Compete: What Companies Around the World Are Doing to Make It in Today's Global Economy* (New York: Doubleday, 2005).

② Edward Alden and Rebecca Strauss, *How America Stacks Up: Economic Competitiveness and U.S. Policy* (New York: Council on Foreign Relations, February 2016).

③ Floyd Norris, "Corporate Profits Grow and Wages Slide," *New York Times*, April 4, 2014, http://www.nytimes.com/2014/04/05/business/economy/corporate-profits-grow-ever-larger-as-slice-of-economy-as-wages-slide.html.

④ Sam Ro, "CHART: A Breakdown of Where S&P 500 Companies Get Overseas Business," *Business Insider*, June 27, 2012, http://www.businessinsider.com/chart-sp-500-revenue-geography-2012-6.

⑤ Martin Neil Baily and Robert M. Solow, "International Productivity Comparisons Built from the Firm Level," *Journal of Economic Perspectives* 15, no. 3 (summer 2001): 151—72.

多美国企业成功应对了这一挑战。

但60年代后期工会的担忧并非没有道理。美国企业成功的竞争性策略最多是给美国工人产生了喜忧参半的结果。哈佛商学院的迈克尔·波特表示:"美国企业还可以,但美国地理位置不怎么样。"[①]跨国企业依旧在美国提供一些最好的工作,但比之前的数量大大减少。在过去20年里,总部在美国的跨国企业在美国创造的就业从1999年至2011年大约上涨了17%,增长速度低于其他企业的贡献,私营行业整体就业增长了22%。而且美国跨国企业就业增长都在90年代的繁荣时期;从2000年起,这些企业在美国减少了大约100万份工作。与之相反,过去20年,这些企业海外分支机构就业激增,翻了一番,而在美国的就业占比从79%下降至66%。[②] 由于富士康等合约制造商的工人不算为跨国企业员工,即便几乎所有工作都服务于大型美国、欧洲和日本企业,这些数字仍几乎很明确地低估了实际的趋势。[③] 尽管在90年代强劲增长后,在外资跨国公司中美国的就业保持平缓,但大型美国企业就业表现不佳在一定程度上是被增长的在美外国投资所弥补。

这些数字并没有直接证明大型企业将工作从美国"外包"出去,或海外就业增长是以牺牲国内就业为代价。经济研究尽管不是很明确,但表明大多数进行海外投资的美国企业主要目的是开拓新市场,而不是替代美国生产。很多市场很难通过出口满足要求,设立当地分支机构有必要或很有帮助。虽然美国企业海外机构中大约有一半的工作都在制造业,但过去10年大多数的增长来自服务业,包括沃尔玛(Walmart)、麦当劳(McDonalds)、银行和律所,所创造的就业机会并不直接与美国工人竞争。[④] 这些企业在海外生产的产品和服务中有不到10%再出口回美国,这一比重在过去10年实际上在缓慢下降。[⑤] 美国最大的海外直接投资机构也是其最大的出口企业。罗伯特·利普西(Robert Lipsey)在经济研究中做了如下总结:"一个国家最有能力、最成功的企业倾向于出口并投

① "Making the United States Competitive," *Harvard Magazine*, May 16, 2013, http://harvardmagazine.com/2013/05/competitiveness-conference.

② Thomas Anderson, "Summary Estimates for Multinational Companies: Employment, Sales, and Capital Expenditures for 2011," Bureau of Economic Analysis, April 18, 2013, http://www.bea.gov/newsreleases/international/mnc/2013/_pdf/mnc2011.pdf.

③ Laura Tyson, "Are US Multinationals Abandoning America?," *Project Syndicate*, April 3, 2012, http://www.project-syndicate.org/commentary/are-us-multinationals-abandoning-america.

④ James K. Jackson, "Outsourcing and Insourcing Jobs in the U.S. Economy: Evidence Based on Foreign Investment Data," Congressional Research Service, June 21, 2013.

⑤ Yingying Xu, "The Employment Effects of US Multinationals' Overseas Expansion," Manufacturers Alliance for Productivity and Innovation, August 2012.

资于海外生产，大多数成功的产业也是一样。”①

尽管双方都给予了很大肯定，但对于美国企业海外投资是创造还是破坏了美国就业没有明确答案，因为论断都基于尚未被证实的假设。② 工会认为外包导致数百万份工作丢失，但这一论断基于的假设是，如果企业没有在海外投资，那么会维持或扩张本土生产来满足消费者需求。另外，企业认为海外投资创造了美国就业，该论断的假设是如果美国企业没有进行海外投资，那么其他来自德国、日本或英国的跨国企业会进行投资。比如通用汽车目前在中国制造和销售的车辆超过美国，实际上每年超过 300 万辆，并计划在未来几年超过 500 万辆。如果只是这些成品汽车中的一小部分从美国出口而不是在中国组装，那么通用汽车会在美国而不是中国创造数以千计的工作。所以从这一点来讲，通用汽车在中国的投资是“将美国工作外包出去”。另外，企业可以理直气壮地认为，如果通用汽车没有在中国制造汽车，其他竞争者——大众、宝马、丰田、本田——很有可能会这么做，并占据大部分中国市场。由于通用汽车在中国投资，至少美国制造的零部件出口会小幅增加，用于在中国组装的汽车，要不然这些零部件就会成为德国或日本制造。同时，中国消费者可以体验美国设计的汽车，使得通用汽车或其他美国企业增加高端汽车出口，而不是让德国占据市场最大份额。所以通用汽车在中国的投资到底是破坏还是创造美国就业，答案完全依赖于假设是否有依据。

不管海外生产是否直接替代了美国就业，有一点是明确的，那就是现在的美国跨国企业不再创造很多美国的工作。在某些行业，如电子消费品，企业几乎不在美国创造就业。与 50 年代的通用汽车一样，苹果是当代美国的标杆企业，在美国直接雇用 5 万人——是通用汽车高峰时期的 1/20——其中一大半在零售店，而不是高薪的工程和设计类工作。与之相比，组装 iPad、iPhone 和电脑的亚洲承包商在中国大陆、中国台湾和其他地区雇用数十万名员工。③

工资情况也同样喜忧参半。当跨国企业在美国的确创造就业的时候，往往都是很好的工作。在美资跨国企业的美国工人包括福利在内的年薪总额超过

---

① Robert Lipsey, “Home and Host Country Effects of FDI,” National Bureau of Economic Research, Working Paper 9293, October 2002.

② Gary Clyde Hufbauer, Theodore H. Moran, and Lindsay Oldenski, *Outward Foreign Direct Investment and US Exports, Jobs, and R&D: Implications for US Policy*, Policy Analyses in International Economics, Peterson Institute, August 2013.

③ Charles Duhigg and Keith Bradsher, “How the U. S. Lost Out on iPhone Work,” *New York Times*, January 21, 2012, http://www.nytimes.com/2012/01/22/business/apple-america-and-a-squeezed-middle-class.html.

76 000 美元，比私营部门平均水平高出 25%。这一情况可以表明海外发展是有所帮助的，因为随着低薪工作移至海外，所剩下的都是更高技能和更高薪的工作。[①] 确实，这些企业的员工平均薪酬从 2000 年起上涨了大约 20%。[②] 但即使是薪资最高的员工在不断上涨的公司回报中所获得的份额却越来越小。在整体经济中，工人在美国总收入中的占比从第二次世界大战后至 80 年代初一直保持平稳，之后稳步下滑。下滑趋势在最为全球化的制造业及其他贸易产业中尤为明显。2013 年，对员工包括福利在内的支出占 GDP 的比重下降至自 1948 年以来的最低水平。直接面对全球竞争的行业和产业在过去 25 年中工资占比降幅最大。[③]

对工会而言，资本的全球流动是极具破坏力的。美国企业走向全球时，威胁将工作移至海外，这一方式越来越有效，使得其本土工厂抵制工会，压低工资和福利。90 年代的一项关于工会组织力的研究阐释了这一威胁的有效性。当工会尝试在制造业和通信业等流动性较强的产业中施加影响时，在三分之二的情况下，企业威胁，如果工会成功，则会关闭工厂。总的来说，员工们听从这一警告；在仅三分之一的情况下工会会成功，这比医疗等产业中 60%的成功率要低得多，因为这些产业威胁打包走人是不太可信的。[④] 也许比工会工人的命运更重要的是，在争论促进美国竞争力的最佳策略时，失去了对商业利益的有效制衡。尽管全球经济竞争只是削弱美国工会力量的一个因素，但私营部门目前的工会成员人数低于 7%，是 80 年代中期的一半，也是自 1932 年以来的最低水平。随着工会力量的衰退，有组织地为工薪族而不是资本所有者强势发声的情况已不再出现。私营部门工会成员人数很少，工会准确来说只是很小一部分美国工人的拥护者，这一小部分无法代表整个劳动力。很大一部分劳动力还在竞争性的贸易产业工作，现在没有发出任何有组织的声音。通过在 60 年代后期改变路线，迎面挑战大型美国企业的海外投资，工会清楚所选择的道路需要毕

---

① Juann H. Hung and Priscila Hammett, "Globalization and the Labor Share of Income in the United States," Graduate Institute of International Economics, February 25, 2013, http://econ. ccu. edu. tw/graduate/20130304. pdf.

② Matthew J. Slaughter, "How America Is Made for Trade," HSBC, 2014, https://globalconnections. hsbc. com/us/en/articles/comprehensive-trade-agenda-could-create-10-million-us-jobs-new-report-finds.

③ Michael W. L. Elsby, Bart Hobijn, and Aysegul Sahin, "The Decline of the U. S. Labor Share," *Brookings Papers on Economic Activity*, fall 2013, http://www. brookings. edu/~/media/Projects/BPEA/Fall%202013/2013b_elsby_labor_share. pdf.

④ Kate Bronfenbrenner, "Uneasy Terrian: The Impact of Capital Mobility on Workers, Wages, and Union Organizing," Cornell University Research Studies and Reports, September 6, 2000.

生来奋斗，但没有预料到会惨败。

丧失的机会：《伯克-哈特克法案》

彼得森在致尼克松总统的备忘录中明确表示，跨国企业在他给总统描绘的新经济现实中至关重要。他只是不太确定有多重要。他在货币、贸易和下一章要提到的工人调整援助方面给出了清晰建议，但他对如何处置不断增加的美国企业海外投资方面却犹豫不决。他写道，跨国企业将"带来新机遇和新挑战。人们倾向于在还不太了解的情况下，谈论这些新的特别重要的企业"。[①] 他呼吁在得出明确结论前，开展更多的研究和运用"新的思维"。他认为需要解决的问题包括税收、投资控制、对投资者的征收和待遇、促进外国在美投资以及对美国就业的影响。彼得森对工会认为企业是"就业出口者"的论断持怀疑态度，他指出美国来自这些海外投资企业的出口也在快速增长，创造了美国的就业。但他也关注"美国海外投资和在美外资的巨大差距"。另外，他还担忧"在一个地方而不是另一地方运行的人为诱导因素"，以及是否需要"共担污染成本"，来抵制企业逃避环境监管的成本。确实，在简短的几段文字中，他总结了直至今日一直争论的主要话题，包括外包、离岸经营、国际劳工和环境标准以及国外反竞争行为。他只是不太确定如何解决这些问题，他写道："这些宽泛的问题在过去我们的政策制定中没有得到足够的重视，但在这份文件所讨论的新现实情景下，必须马上解决。"

然后，这一个经过考虑后的分析没有再出现。与之相反，工会决定开战。《伯克-哈特克法案》(Burke-Hartke Bill)——由共同倡议者马萨诸塞州民主党众议员詹姆斯·伯克(James Burke)和印第安纳州民主党参议员万斯·哈特克(Vance Hartke)的姓命名——是未经国会同意的最重要的贸易法案。该法案于 1971 年提出，就像约翰·朱迪斯(John Judis)所说的，这是基于某种假设，"假定当美国人的工作处于危险情况下时，公众有权监管美国企业在国际上的行为"。对大型美国企业来说，这一想法是有威胁性的——不仅对其狭隘的经济利益，而且对经济架构所持有的信念来说——因而这超过了任何单一的触发机制，激起了强烈反击，创造了至今在华盛顿依然存在的强有力的大型企业游说团体。在工人施压推出《伯克-哈特克法案》之前，大多数大型美国企业——除

---

① Peter G. Peterson, *The United States in a Changing World Economy* (Washington, DC: US Government Printing Office, 1971), iii.

了国防合约商和石油企业——在政治上是缺乏组织的，对华盛顿发生的事情也并不十分感兴趣。但随着工人在《伯克-哈特克法案》和其他贸易投资限制措施下重整旗鼓，企业以将其自身融入资金充足的大型游说组织作为反应，如商界圆桌会和美国贸易紧急委员会（ECAT）。1895 年在辛辛那提成立的国家制造企业协会是美国最早的企业团体，于 1973 年将其总部搬至华盛顿。商会从一个松散的中小企业联合体变为大型企业强有力的发声机构，如今经常是共和党的大型政治捐助机构之一。企业游说团体在国际贸易和投资问题上屡屡获胜，获得国会对《北美自贸协定》《中美洲自贸协定》以及其他贸易协定的支持，这些贸易协定受到有组织的工人、环境和消费者团体的强烈反对，而且一点也不受公众欢迎。这些成功都是从应对《伯克-哈特克法案》开始的。

在某些方面，《伯克-哈特克法案》是企业很容易达到的目标，回过头来看，工人对法案的承诺是巨大的战略错误。考虑到当时还有较大的影响力以及罢工给工厂关闭带来的实际威胁，有组织的劳工本可以说服美国企业接受让海外投资受到一些适当的限制，并共同促进治理投资的更佳国际准则。然而，工人们却设计了一个法案，一名高级企业管理人员称其为"国际化企业面临的最严重的法律挑战"①。法案的大部分内容是赤裸裸的保护主义。为了应对工人对于进口竞争加剧的担忧，该法案提议将美国市场的进口份额冻结在 1965～1969 年的平均水平，这对某些行业来说，要将进口削减 30%才能不超过限额。但让美国企业担心的并不是限额条款；实际上，1971 年美国企业出现了分化，与进口产品竞争的产业乐于受到保护，而出口导向型企业担忧会发生影响其海外销售的反击行为。所有企业害怕法案就美国海外投资的税收和监管所提出的准则。比如，国家制造企业协会对于法案的限额条款没有明确立场，但强烈反对其所称的"对直接海外投资的政治控制"②。

工会当然明白对企业的影响。到 70 年代初，工会将美国企业海外投资增加视为半个世纪以来工会活动所面临的最大威胁——远比来自日本和欧洲的进口更加严重。转变的速度是惊人的。在 50 年代，大多数美国海外投资都是开发石油和原材料，给国内就业造成的威胁不大。工会在 60 年代第一次注意到海外投资转移至制造业。在电子消费品领域，在那个年代大多数的美国收音机和电视机生产很快转移至墨西哥和中国台湾，服装生产企业紧随其后。在航空等高科技产业，波音建立了合资企业，在日本和意大利生产零部件。美国在

---

① Charles Culhane, "Economic Report: Labor and Industry Gear for Major Battle over Bill to Curb Imports, Multinationals," *National Journal*, January 15, 1972, 108—19.

② Hughes, *Trade, Taxes, and Transnationals*, 131.

欧洲的投资也快速上涨。1958年创建的欧共体在欧洲大陆大部分地区设定了高关税，给关税围墙内部的生产企业以巨大优势。为了避免这项关税，美国企业在欧洲的投资从1958年20亿美元上涨至1968年130亿美元。到1968年，美国在欧洲的子公司的销售达到了每年140亿美元，是美国对欧洲出口的2.5倍。①

工会有三方面的主要关切。首先，投资海外的企业有时带着最好的技术分享给海外合作伙伴，削弱了美国技术领导力。劳联-产联法务主管安得烈·比米勒向参议院提供证词："美国最新的产业正输往海外。随着其他国家获得美国在航空、电子、化工、船运、电脑和其他新兴产业的知识，我们正在丧失未来的工作创造能力。"②其次，工会担心资本流动加快会损害国内社会契约，影响工资、工作条件以及环境和社会立法。比米勒在1974年的演讲中警告道："国家在所有这些领域的承诺都会因为跨国行为而被削弱。如果一家跨国企业不接受1小时1.6美元的联邦最低工资标准或国家劳工关系法，则会搬迁至工资可以是1小时9美分的韩国，或是那些不存在工会甚至工会是非法的国家……如果跨国企业不喜欢禁止污染空气和水的环境保护法，则可以关闭这边的工厂，搬迁至不把环境因素放在首要位置的国家。"③最后，工会认为美国税收体系实际上不利于对美国忠诚的企业。尽管在理论上美国根据企业收入收税，与收入来自世界的哪个地方无关，但税收体系给海外投资者提供了两项巨额优惠。第一，企业在海外缴纳的每一分钱税收都可以直接抵免美国税收；第二，海外利润部分的税收可以在回国后"延期"支付，作为股东红利或在美国再投资。只要利润还在海外，企业不欠美国一分钱。这一制度在过去半个世纪基本没有变化，美国企业现在在海外持有2万亿美元，一部分目的是规避美国企业所得税，因为回国后的收益需要缴纳这部分税。

《伯克-哈特克法案》有可能轻而易举地扭转这一体制。为了限制美国将技术授权给海外以及与合资企业分享技术，总统有可能获得授权禁止美国企业转让技术，避免美国就业减少。支持者认为，既然许多包括航空引擎和半导体在内的突破性商业技术的开发获得了政府研究补助，或由纳税人提供资金的大学

---

① Robert A. Pastor, *Congress and the Politics of U.S. Foreign Economic Policy*, 1929—1976 (Berkeley: University of California Press, 1980), 207.

② 1975年12月10日，劳联-产联法务主管安得烈·比米勒在参议院外交关系委员会下设的跨国企业分委会上的陈词。

③ Andrew J. Biemiller, speech to the John Bassett Moore Society, School of Law, University of Virginia, March 15, 1974, AFL-CIO Collection, University of Maryland Special Collections, Volume 7, Box 7.

完成，那么美国的国家利益超越了企业本身的商业利益。《伯克—哈特克法案》进一步给予总统巨大的权力，如果总统认为某项海外投资不符合美国利益，包括有可能减少美国就业，则可予以阻止。肯特·休斯(Kent Hughes)在描述立法进程时写道：这一法案有可能“激进地改变海外收入的税收待遇”，目的是“抵制美国资产持续外流，用于海外直接投资，并且对现有的美国海外投资施加沉重的财政负担”。该法案有可能取消所有海外收入的延期纳税，强制企业立即向美国政府缴税。另外，相比于企业海外缴纳的所有税都可直接抵免美国税收，该法案有可能允许只有利润部分的税可以抵扣。两项条款结合的效果有可能使海外投资利润率下降一半甚至更多。[①] 伯克在该法案方面的首席助理告知《国家》杂志：“我们要扼杀的是使得海外投资具有吸引力的最关键环节。”[②]

就像约翰·朱迪斯所写的，这些提议“彻底警醒了企业领导者”。他们给美国贸易紧急委员会提供大量资金，该委员会由大通曼哈顿银行(Chase Manhattan)的大卫·洛克菲勒(David Rockefeller)、IBM 的亚瑟·沃森(Arthur Watson)、时代公司(Time Inc.)的詹姆斯·莱能(James Linen)和第一国民城市银行的乔治·莫尔(George Moore)于 1967 年成立。[③] 彼得森在加入白宫前经营贝尔-豪威尔公司时也是该委员会成员。在 1971 年该法案被引入时，企业提供资金成立跨国研究中心智库，该中心在第一本宣传册中就警告：“如果(对于跨国企业的)攻击没有任何回应，则至少会通过监管、汇报制度、登记和税收体系给国际业务带来不必要的桎梏，极大伤害美国的利益。”[④]企业的目标不仅是抵制该法案，同时也是反驳认为企业利益和美国经济发展冲突的观点。随着对法案的争论升级，百事(Pepsi)总裁兼美国贸易紧急委员会主席唐纳德·肯道尔(Donald Kendall)宣布启动“一项教育宣传活动，将跨国企业对美国就业、投资、出口和收支做出的贡献告知公众和国会”。[⑤] 在对其成员企业的一项调查中——当时联邦政府还没有收集这方面的数据——该委员会总结道，在促进国内就业增长方面，美国跨国企业超出所有制造企业平均水平 75%。肯道尔强调：“美国跨国企业不出口工作，在创造就业方面超过了其他企业。总而言之，美

① Hughes, *Trade, Taxes, and Transnationals*, 24.

② Culhane, “Economic Report,” 112.

③ Hughes, *Trade, Taxes, and Transnationals*, 114.

④ Pastor, *Congress and the Politics of U. S. Foreign Economic Policy*, 133.

⑤ News Release, “ECAT Will Lead Campaign for Multinational Companies,” February 24, 1972, in *Multinational Corporations: A Compendium of Papers Submitted to the Subcommittee on International Trade of the Committee on Finance in the United States Senate*, ed. US Senate, Committee on Finance, Subcommittee on International Trade (Washington, DC: US Government Printing Office, 1973), 734.

国跨国企业所创造的工作能提供更高工资,相比其他企业得到更多投资的支持。”

这项企业活动十分缜密,而且是未来游说活动的样板。这次行为并不是简单地去强迫国会的立法者——工会以前很多时候是这么做的,现在还尝试这么做,曾威胁如果民主党投票支持奥巴马总统的贸易法案,则会减少竞选资金资助;企业获得了巨大的公众推动力,驳斥认为美国企业海外投资伤害了国内劳动力的观点。他们聘请私营部门经济学家,主要基于游说机构成员企业有选择性地调查计算数据。经济学家的发现在意料之中,企业增长的海外投资并不减少国内的工作数量。更多的中立观察者持怀疑态度。伯格斯滕在 1973 年写道:“由于跨国企业国内就业比平均水平上涨更快而认为美国企业没有‘出口工作’是完全没有说服力的。既然这些企业从定义上来讲是美国最大、最具活力的企业,我当然希望这些企业在所有方面都超过国家平均水平——如果不是,那么某些地方发生了严重错误!”[①]即使这些跨国企业在美国的工作数量从 1999 年以来维持平稳,而同一时期海外就业几乎翻了一番,但认为美国企业海外投资与国内就业相冲突的观点没有进展。

不管有什么样的学术优势,企业资助的研究在引起国会质疑方面都十分有效。《伯克-哈特克法案》没有得到媒体支持,并受到尼克松政府的强烈反对。当劳联-产联表态愿意与企业中的法案反对者交涉时,已经无法挽救该法案了。1973 年 1 月第 92 届国会解散时,该法案没有获得任何一票。当再次提交给下一届国会时,受到了尼克松总统的巧妙阻挠,尼克松引入了自己的贸易法案,为下一轮《关贸总协定》谈判寻求更大的谈判权,并加入了刚好可以收拢民主党的措施,如若不然,民主党可能会对工会关切表示同情。这项策略时至今日还在使用。

《伯克-哈特克法案》是错误的做法,但提出了正确的问题:在资本流动的世界中,什么样的政策最能确保企业持续在美国投资,即使企业不可避免地会在海外扩张?美国政府之前从来没有真正考虑过这一问题。在战后时期,美国在对内或对外投资方面没有一项明确的政策。长期以来,美国政府将海外投资几乎完全视为私营企业而不是公共政策的问题。最基本的立场是中立:美国政府不促进也不抵制对内或对外投资,而是让企业自身根据市场力量做决定。[②] 但在实际中有许多例外,几乎大多数情况都支持海外投资。在对外投资方面,美

---

① C. Fred Bergsten, *Towards a New International Economic Order: Selected Papers of C. Fred Bergsten*, 1971—1974 (Lexington, MA: Lexington Books, 1975), 466.

② Elliott L. Richardson, "United States Policy toward Foreign Investment: We Can't Have It Both Ways," *American University International Law Review* 4, no. 2 (1989), http://digitalcommons.wcl.american.edu/cgi/viewcontent.cgi?article=1675&context=auilr.

国政府会鼓励在美国的海外投资者。从马歇尔计划开始，政府提供覆盖政治风险的保险，促进海外投资；于 1969 年设立的海外私营投资公司（OPIC）今天依然这么做。[①] 艾森豪威尔总统也同样鼓励美国企业海外投资，帮助刺激欧洲和亚洲盟国的经济。如果外国政府直接征用美国私有财产，最著名的案例是美国联合果品公司 1954 年在危地马拉的事件，则美国甚至偶尔会采用武力干涉。如今，在美国敦促下，大多数投资和贸易协定含有投资者—国家争端解决条款，规定如果某个政府征用财产或采取其他行动减少企业投资的价值，海外投资者可以寻求具有约束力的仲裁。

近来，美国政府在鼓励对内投资方面所做的工作要少得多。1961 年，肯尼迪总统确实在商务部设立了一项在美投资计划，但这一项目只有 5 名工作人员，之后被国会取消。[②] 在真正的行动缺失了半个世纪后，布什总统于 2007 年在商务部设立了新的在美投资部门，负责吸引外商来美投资。奥巴马总统更进一步启动了他所谓的“第一个联邦政府综合性的、齐心协力的项目，将世界工作和投资引入美国”[③]。他将这一项目重新命名为“选择美国”，并开始主办投资年会，旨在将美国介绍给有意向的海外投资者。尽管国会中的共和党人屡次威胁取消这一项目，但该项目在过去几年不断发展成一项新的至关重要的联邦倡议。美国各州都更加积极——大多数州的经济发展部门的主要功能是吸引海内外投资，而且各州制定了一系列吸引投资的税收和其他激励机制，然而它们从华盛顿获得的帮助少之又少。世界银行在 2009 年的评论尽管有些过时，但仍可以参考，该评论表示，在吸引海外投资的最佳实践方面，美国在经合组织国家中排在末尾。[④]

在这方面的疏忽是很明显的，毫无疑问的是，投资增长对于促进美国经济竞争力十分重要。在第七章中会详细阐述，竞争性经济体中的工人生产率较高，很大比例的成年人都在工作。两个结果——实际上，即更多的技术和更多的工作——要求高投资率。在美国等自由市场经济中，投资的一大部分来自私营部门。从 1994 年到 2004 年，当美国经济强劲发展时，失业率处于历史低位，

---

① Pastor, *Congress and the Politics of U. S. Foreign Economic Policy*, 213.

② Pastor, *Congress and the Politics of U. S. Foreign Economic Policy*, 221.

③ “President Obama to Announce First-Ever Federal Effort to Attract Job-Creating Foreign Investment to the United States,” White House Office of the Press Secretary, October 31, 2013, http://www.whitehouse.gov/the-press-office/2013/10/31/president-obama-announce-first-ever-federal-effort-attract-job-creating.

④ “Global Investment Promotion Benchmarking 2009, Summary Report,” World Bank Group, May 2009, https://www.wbginvestmentclimate.org/uploads/GIPB2009. Summary Report. pdf.

劳动力参与度在上升，除房地产以外的私营部门投资以每年 5.5%的速度增长；在之后的 10 年，除房地产以外的投资每年仅上涨 2.8%。[①] 在美国，投资的很大一部分——在所有资本投资中的比例超过 45%，并在私营部门研发支出中占大约 70%——来自总部位于美国的跨国企业。外资企业也是投资和研发的主要贡献者。[②] 说服所有这些企业加大在美投资，对于促进美国经济竞争力十分重要。

国家因为各种各样的原因在吸引投资方面或成功或失败，包括经济增速，货币价值和稳定性，以及法律和制度的确定性。但美国至少在三方面长期面临巨大劣势。首先，公司所得税体制更有利于海外投资而不是在美投资。其次，美国在很多年劳动力薪资水平较高，尽管现在要低很多，这促使某些行业的企业为寻求更低工资水平走向海外。最后，美国政府的投资政策主要是为了让美国企业更容易并更安全地在海外投资，而不是鼓励企业在本土投资。

企业所得税：美国如何丢失投资和收入

2013 年 5 月，苹果公司总裁蒂姆·库克（Tim Cook）被传唤至华盛顿，应对美国参议院常务调查委员会的质询。斗志旺盛的密歇根民主党人卡尔·莱文（Carl Levin）担任委员会主席，该委员会的邀请对一个企业来说从来不是好消息。在最近几年，该委员会就洗钱和贪腐风波调查了汇丰等大银行，就引起金融危机一事调查摩根大通和高盛等投资银行。这次委员会工作人员经过详细询问，发现苹果使用了其爱尔兰子公司所在地提供的优惠税收政策，以规避所有海外收入在美应缴纳的税，也在很大程度上减少了美国税收。该委员会已经就避税一事质询了微软和惠普高管，但苹果所避税额与之相比要大得多。通过多种计算方式可以得出，苹果每年节省的税接近 100 亿美元，远远超过苹果在 2012 年向财政部上缴的 60 亿美元。避税策略很复杂，但归根结底是一样的——苹果在海外可以获得的或看上去能获得的收益越多，它所欠的税就越少。那一年，苹果支付了在美利润 30%的联邦税，而海外收益的税率仅为 2.5%。[③] 这个差别是很关键的，因为苹果主要的收入都来自海外——在库克作证词那年达到了三分

---

① "Gross Private Domestic Investment," Bureau of Labor Statistics, last modified December 8, 2015, http://www.bls.gov/emp/ep_table_405.htm.

② Slaughter, "How America Is Made for Trade," 12.

③ Timothy D. Cook, testimony of Apple Inc. before the Permanent Subcommittee on Investigations, US Senate, May 21, 2013; testimony of J. Richard (Dick) Harvey Jr. before the Permanent Subcommittee on Investigations, US Senate, May 21, 2013.

之二。参议员莱文尽管称赞苹果是“伟大的公司”,并自豪地拿起自己口袋中的苹果手机,但他表示:“苹果没有任何权利自主决定应该交多少税,以及向谁支付。”第二天,《纽约时报》报道称,虽然莱文提出了质疑,但大多数参议员对苹果总裁服服帖帖。参议员兰德·保罗(Rand Paul)是一名提倡自由论的共和党人,对他来说,参议员间的分化还不够凸显,他大力支持库克的辩护,并指责委员会同事进行了一场“摆样子的公审大会”。他表示:“把苹果高管们拖拽过来让我难以接受。我们需要做的是向苹果道歉,称赞他们所做的工作。”①

税收对企业的成本来说,影响是显而易见的,在不同国家有很大差异。在1953年通用汽车总裁查尔斯·威尔逊让参议院确认其担任国防部长时,美国企业所得税处于高位——非常高。大企业利润的边际联邦税率超过50%,这些企业税收占美国GDP的5.5%。由于当时海外投资机会较少,使用避税天堂保护收入的概念才开始兴起,因此企业别无选择只能缴税。当时,美国经济只有很少一部分与贸易捆绑,所以美国税率比欧洲或其他竞争国家更高或更低并不重要。如今,企业利润边际联邦税率为35%,但政府的企业所得税收入不到美国GDP的2%。② 在过去半个世纪中,美国企业越来越擅长于将利润转移至低税率或避税天堂国家,一步步降低其税额。即使在企业利润达到历史高位时,企业税收在联邦税收中的占比仍不断下降,达到自一个世纪前美国开始向企业收入征税以来的最低水平。企业税收占比下降导致了联邦预算赤字,减少了对于教育、研究、基础设施及其他有助于美国应对国际经济竞争的公共事业的投资。

美国企业所得税体制激励总部位于美国的企业在海外投资,而不是本土投资,这是更棘手的问题。美国企业税收政策一项基本的原则是经济方面的中立性。换言之,在美国还是其他地方投资的决定应该由利润驱动,而不是税收激励机制。但现实是,尽管企业投资决定受许多因素影响,如交通成本、增长率、监管政策以及劳动力质量和成本,但税率的确很有关系。许多经济研究表明,当国家降低企业所得税时,会极大促进外国投资。最近有一项关于西欧的研究,西欧的工资和其他企业成本与美国十分相似,欧元也具有稳定的货币价值,该研究总结认为,企业税率“是决定资本流入欧洲核心国家的最重要因素”。③

---

① Nelson D. Schwartz and Brian X. Chen, “Disarming Senators, Apple Chief Eases Tax Tensions,” *New York Times*, May 21, 2013, http://www.nytimes.com/2013/05/22/technology/ceo-denies-that-apple-is-avoiding-taxes.html.

② “Historical Source of Revenue as Share of GDP,” Tax Policy Center, February 4, 2015, http://www.taxpolicycenter.org/taxfacts/displayafact.cfm? Docid=205.

③ Nahid Kalbasi Anaraki, “Does Corporate Tax Rate Affect FDI? Case Study of Core European Countries,”*Journal of Global Economy* 11, no. 2 (June 2015).

这对美国来说是坏消息，因为美国的企业税率与几乎所有主要竞争国家相比都是高的。作为里根总统1986年税收改革的一部分，国会将联邦企业所得税率降低至35%，当时在经合组织国家中是最低水平；如今，随着其他国家大幅降低税率吸引投资，美国企业税率相比之下处于最高。通常，美国企业逃避这一竞争劣势最容易的方式是在海外扩张或在另一个国家重新成立公司。最近几年，某些高调的公司进行了所谓的“逆转”，总部位于美国的企业与海外伙伴合并，将总部移至海外，利用爱尔兰和加拿大等国家较低的企业所得税率。这些企业包括医药巨头辉瑞、汽车零部件和暖通空调制造商江森自控（Johnson Controls）以及快餐巨头汉堡王（Burger King）。美国企业在母国和东道国的海外利润平均税率只是在美国利润税率的一半。[①] 马丁・沙利文（Martin Sullivan）在权威期刊《税收评论》（*Tax Notes*）上表示，现在的美国税收体系“确实大力推动美国企业将生产和工作机会移至低税率国家”。[②]

造成这种扭曲局面的税收法案由来已久，可以追溯到1913年首部企业所得税法。之后仅有偶尔的并不太成功的尝试来堵住其中一些漏洞，尤其是在60年代初期。没有一个认真参与投资竞争的国家可以允许这样的体制基本没有变化，但在美国却持续了一个多世纪。尽管理论上，美国企业根据收入缴税，不管在世界上哪个地方获得收益（一个“世界范围的”体系），但实际上企业完全可以规避所有对海外收入的美国税收。两个推动因素中作用较小的一个是海外税收抵扣。为了避免对海外投资的双重征税，美国政府允许直接抵扣向海外政府缴纳的税。换句话说，如果一家美国企业支付了占法国制造所获利润33%的企业所得税，那么基本上无需再向美国政府额外缴税。33%的税收可以直接抵扣35%的美国企业所得税。如果这一税收低于35%——比如爱尔兰的税率为12.5%——企业需向美国政府支付差价。在一小部分国家，东道国企业所得税率较高，足以完全抵扣美国税收。但在大多数情况下并不是——平均而言，美国企业海外利润所付税额在总税额中的占比低于16%。[③] 然而，尽管工会尝试降低《伯克-哈特克法案》中海外税收抵扣幅度，但对于这一问题普遍是没有争议

① Edward Alden and Rebecca Strauss, “Standard Deductions: US Corporate Tax Policy,” Council on Foreign Relations, http://www.cfr.org/tax-policy/standard-deductions-us-corporate-tax-policy/p32655, January 2016.

② Martin A. Sullivan, *Corporate Tax Reform: Taxing Profits in the 21st Century* (New York: Apress, 2011).

③ Melissa Costa and Jennifer Gravelle, “Taxing Multinational Corporations: Average Tax Rates,” American Tax Policy Institute, http://www.americantaxpolicyinstitute.org/pdf/Costa-Gravelle%20paper.pdf.

的。如果没有这项抵扣，美国企业会因为同一笔收入被双重征税而面临海外投资的巨大劣势。

更大且更具争议的推动因素是延期。基于只有企业在将利润分配给股东后才缴纳所得税的理论，总部位于美国的企业只有当“回国”后，才须对大部分的海外利润纳税。换句话说，如果一家美国企业在海外的收益更多，却不带回国内，那么不管东道国的税率如何，都不欠美国一分钱。结果是大型美国企业，如苹果和通用电气现在将大部分海外利润留在美国之外，以规避美国的企业所得税；美国企业留在海外的总利润如今超过 2 万亿美元。随着苹果公司、星巴克(Starbucks)及其他企业采用巧妙的税收计划，这些利润的一大部分可以在爱尔兰等低税辖区或百慕大、开曼群岛等无税区域“获得”。在苹果公司的案例中，根据参议院调查，即使该公司只有 4%的员工和 1%的顾客在爱尔兰，但其 64%的全球税前收入(即在美国之外获得的收入)都在爱尔兰记录在册。[①] 税收专家迪克·哈维(Dick Harvey)表示，失败者是那些没有海外机构的美国本土企业。他警告，为了弥补税收劣势，“美国本土企业可能决定有必要将一部分生产移至海外，导致工作和美国可征税收入减少”。[②]

美国政府意识到了这一体系带来的反向激励，多次尝试废除或减少税收延期。肯尼迪时期的财政部长道格拉斯·第伦(Douglas Dillon)表示，海外利润税收延期是“来自美国财政部的无息贷款，是否偿还取决于借款人”。[③] 肯尼迪支持完全废除延期，并在 1962 年提议这么做。但他未能说服国会，而是达成了一系列新的复杂的准则(即 Subpart F)，给利润转移至低税辖区增加难度。随着海外投资机会成倍增加，越来越多的国家大幅降低税率吸引投资，这一体系的扭曲影响也逐年递增。如今越来越多的大型美国企业在海外上报大部分利润，比如网络企业思科(Cisco)从 1998 年至 2000 年的 3 年间在海外登记三分之一的利润，10 年后，79%的利润都在海外上报。1998～2000 年间，通用电气 39%的利润从海外获得，10 年后达到 82%，超过了之前的一倍。[④]

美国企业税收法案对在美投资的外国企业更为慷慨。总部位于海外的企业尤其能够利用美国税收制度，大幅抵扣利息支出。在很多情况下，在美国的分支机构会从海外母公司大量借款，用向美国政府缴纳的税收抵扣贷款利息。

---

① Harvey testimony, May 21, 2013.

② Harvey testimony, May 21, 2013.

③ 引用自财政部税收政策办公室“The Deferral of Income Earned through U. S. Controlled Foreign Corporations: A Policy Study,” December 2000。

④ Sullivan, *Corporate Tax Reform*, 80.

2002 年，布什政府提议打压所谓的收益剥离，减少对企业移至海外的激励，但这引起了为大型海外企业，如英国航空（British Airways）、飞利浦（Phillips）和西门子（Siemens）等发声的游说人士的猛烈反击。[①] 在奥巴马政府中，这一想法时不时再次出现，使得为外国企业游说的国际投资组织负责人警告称，这一举措"会强制企业重新考虑在美国的运营"。[②] 与延期准则相同，收益剥离损害了美国税基。但与延期准则不同的是，这至少对企业在美投资给予了激励。然而在过去 10 年，美国在全球海外直接投资总额中的占比明显下降——从 2000 年 37%降至 2013 年 19%。值得注意的是，尽管大部分的下降是因为中国和其他发展中国家吸引力增加，但欧洲的投资占比在同一时期略微上涨，占全球总额的 34%。[③] 大约 600 万名美国人在位于美国的外资企业工作，这一数字在过去 10 年都没有变化。[④]

多年来，美国国会一直在考虑新一轮的税收改革，尤其是企业所得税。但平息企业的抗议声是很难的。戴夫・坎普（Dave Camp）是制定税收的众议员筹款委员会共和党主席，他在任职的 3 年中几乎推翻了 1 000 页的税法，这一税法本可以将企业税率从 35%降至 25%，从而使得美国在流动的投资方面加强竞争力。他的计划屈从于美国跨国企业的长期需求，有可能在很大程度上将美国从世界范围的税收体系变成"属地"征税，意味着美国企业仅需就一小部分的海外收益缴税。尽管美国企业长期以来在游说要求降低企业税率，并依靠属地征税体系，但坎普必须大力整顿让从制造公司到投行都获利的税收优惠制度，在达到企业要求的同时，不给联邦预算带来更大的漏洞。[⑤] 他提议对美国企业在海外持有的 2 万亿美元现金追收 8.75%的税，对重新投资于海外的收益征收较低的 3.75%的税率。企业的获益可能很大而惩罚却很轻微——与之相反，奥巴马总统提议将企业所得税率降至 28%，而对海外现有收益一次性征收 14%的税，并对未来海外盈利征收 19%的最低税，不管

---

① Michael R. Sesit, "Firms with US Units Face a Taxing Problem," *Wall Street Journal*, August 9, 2002, http://www.wsj.com/articles/SB1028818606962028O.

② Ama Sarfo, "'Earning Stripping' Fix Could Blunt Foreign Investment," Law360, August 22, 2014, http://www.law360.com/articles/569682/earnings-stripping-fix-could-blunt-foreign-investment.

③ "Foreign Direct Investment in the United States: 2014 Report," Organization for International Investment, http://www.ofii.org/sites/default/files/FDIUS2014.pdf.

④ Jackson, "Outsourcing and Insourcing Jobs in the U.S. Economy," 9.

⑤ Eric Lipton and Jonathan Weisman, "Corporate Lobbyists Assail Tax Overhaul They Once Cheered," *New York Times*, April 2, 2014, http://www.nytimes.com/2014/04/02/business/tax-lobby-works-to-defeat-overhaul-it-once-cheered.html.

这部分利润是否已输回国内。[①] 但在 2014 年 2 月，坎普计划发布后的几个小时内，受到了美国企业的一致抗议，这些企业抱怨会比在现有体系下的处境更加糟糕。众议员共和党领导人很快予以安抚，表示这项计划不可能获得通过并成为立法。

工资、劳工权利和投资

2012 年，哈佛商学院对一万名校友开展了详细调查，他们中的很多人担任企业高管。这项调查是个创举，它并没有向高管们笼统地询问美国及其他国家的"投资环境"，而是尝试明确、实际地推动投资的具体因素。调查询问高管是否在美扩大投资，特别是深挖出影响企业是否在美保持运营还是移至海外的 600 项决定因素；在其中 500 多项决定因素中，美国输了，主要输给了中国、印度、巴西和墨西哥。原因有多种：与顾客距离较近、海外市场发展更快、低税率。但最常被提及的原因——70％的企业都认为——是其投资的海外市场工资水平较低。[②] 这一结果并非很让人震惊：根据商务部数据，美国跨国企业支付的海外平均工资不到在美工资的一半。[③]

富裕国家对低工资的进口竞争的恐惧并不是件新鲜事。在总统伍德罗·威尔逊（Woodrow Wilson）的敦促下，于 1919 年创建的国际劳工组织（ILO）旨在提升国际劳工标准，减少国际经济竞争带来的潜在破坏性影响。1928 年，总统赫伯特·胡佛（Herbert Hoover）提倡提高关税，保护"由于海外更低的工资和更低的生活水平而不能与外国企业成功竞争的那些产业"。[④] 经济学家长期以来并不认同低工资竞争会给贸易政策带来问题，他们认为贸易本身会随着时间的推移提升国家的工资水平。中国的确是这种情况，例如在 90 年代和 21 世纪初，凭借其充足且廉价的劳动力吸引了大量海外投资。自 2001 年以来，中国

---

① Kelsey Snell and Kim Dixon, "Obama Budget Pitch: Tax Offshore Profits to Fix US Roads," *Politico*, February 2, 2015, http://www.politico.com/story/2015/02/barack-obama-2015-budget-proposal-taxes-offshore-114799.html.

② Michael E. Porter and Jan W. Rivkin, "Prosperity at Risk: Findings of the Harvard Business School's Survey on U.S. Competitiveness," Harvard Business School, January 2012, http://www.hbs.edu/competitiveness/Documents/hbscompsurvey.pdf.

③ Jackson, "Outsourcing and Insourcing Jobs in the U.S. Economy," 6.

④ Edward Gresser, "78 Percent of US Imports from Developing Countries Are Duty-Free," Progressive Policy Institute, January 14, 2015, http://www.progressive-economy.org/trade_facts/78-percent-of-u-s-imports-from-developing-countries-are-duty-free.

工资水平平均每年上涨12%，损害了一部分的成本优势。[①] 经济学家也指出，至少在历史上，任何一个国家的工资水平都反映了劳动力生产率。国际货币基金组织研究人员表示："富裕国家的重要团体长期以来将海外低工资水平和恶劣的工作条件视为对本国工人生活水平的威胁，并认为是违反道德的行为……从经济的角度来看，这些顾虑是错误的。与低工资水平一样，海外劳工标准低很大程度上反映了低生产率和发展水平，而不是不公平竞争的形式。"[②]

然而，跨国企业不断流动使得这一自信的结论变得更加不确定。低工资水平工人的较低生产率很大程度上是由于这些经济体的投资水平和科技精密度较低。但自从世界上大多数先进企业将生产移至贫穷国家后，情况就不太一样了。加州大学伯克利分校的地理学家哈利·谢肯（Harley Shaiken）研究了《北美自由贸易协定》签署前几年的墨西哥出口业生产率。他表示，墨西哥整体生产率在该协定签署后仍然较低，但在美国和其他外国企业投资的产业，情况完全不同。举一个例子：一家美国汽车引擎制造商于1982年在墨西哥开设了工厂，补充美国的运营能力；墨西哥工厂经过两年的时间就达到美国工厂85%的实力，到1990年表现已经势均力敌。在1986年至1991年的6年中，有4年墨西哥工厂产品质量超过美国工厂。[③] 整个汽车产业的情况是类似的；到90年代初，福特在埃莫西约（Hermosillo）的组装工厂制造出世界上高质量的汽车。但在整体出口产业，即使生产率提升，墨西哥工人的实际工资水平仍下降了。在1994年至2010年《北美自由贸易协定》实施期间，墨西哥制造业生产率上升了80%，而包括工资和福利的实际小时薪酬下降了大约20%——一部分是因为比索走弱。[④] 不出意料，美国汽车企业正加速在墨西哥汽车业的扩张，70%为美国市场生产。仅仅在过去两年，这些企业就宣布增加190亿美元投资。[⑤] 墨西哥随时准备赶超日本和加拿大，成为美国最大的汽车出口国。

---

① "A Tightening Grip: Rising Chinese Wages Will Only Strengthen Asia's Hold on Manufacturing," *Economist*, May 14, 2015, http://www.economist.com/news/briefing/21646180-rising-chinese-wages-will-only-strengthen-asias-hold-manufacturing-tightening-grip.

② Stephen S. Golub, "International Labor Standards and International Trade," IMF Research Department, working paper, April 1997, http://www.imf.org/external/pubs/ft/wp/wp9737.pdf.

③ Harley Shaiken, "Going South," *American Prospect*, December 19, 2001, http://prospect.org/article/going-south.

④ Harley Shaiken, "The Nafta Paradox," *Berkeley Review of Latin American Studies* (spring 2014), http://clas.berkeley.edu/research/trade-nafta-paradox.

⑤ Bill Vlasic, "Wariness as Detroit's Big 3 Look to Mexico for Growth," *New York Times*, July 23, 2015, http://www.nytimes.com/2015/07/23/business/wariness-as-auto-industry-eyes-mexico-for-growth.html.

经济学家们并不认同与低工资国家的贸易会给美国工人带来工资和就业机会影响。长期以来,一致的观点是美国与低工资国家的贸易规模很小,不会对美国工资或就业带来显著影响。但在过去20年里,情况发生了转变。在80年代中期,从发展中国家的进口只占美国所有进口的四分之一,如今达到了55%左右。诺贝尔经济学奖得主保罗·克鲁格曼(Paul Krugman)在90年代所做的研究表明,与发展中国家的贸易对美国工资和就业机会的影响可忽略不计,但在2008年,他写道:"坚持认为贸易对富裕国家收入分配的影响较小已经不再妥当。有很好的事例表明这一影响很大,而且正在扩大。"①

面对压力,工会在试图通过《伯克-哈特克法案》抵制进口、惩罚海外投资的努力失败后,将说服或强迫发展中国家支持更高劳动标准视为次优选择。在80年代,工会与关注发展中国家工人待遇的宗教和人权积极人士结成联盟。所有人都在原则上同意,美国不应与那些批捕或杀害工会组织者、雇佣童工或忽视工作安全的国家开展贸易。尽管他们承认工资更低是贫穷国家合理的比较优势,但认为"故意将工资和工作条件压低在工人所产生的生产率水平之下,从而带来更低的劳动成本是不妥当的"。② 新联盟在民主党主导的国会中得到支持,历经两年谈判后,说服里根政府同意在普惠制(GSP)下包含用工标准。普惠制在尼克松总统时期的1974年贸易法案下创建,根据这一制度,美国给许多发展中国家的进口商品免税,从而促进这些国家的更快发展。1984年修正案要求未来所有普惠制受惠国必须遵守国际劳工组织核心用工标准,例如给予社团自由,禁止强制用工,以及设立最低工资水平、工作时长、工作环境卫生和安全标准。③ 违反这些准则的国家可能会被剥夺贸易关税的优惠待遇,这会减少外商投资。

在之后的30年里,贸易和劳工的联系成为美国工会最常用的手段,试图抵制美国企业移至海外。1985年国会对国家增加了劳工权利的要求,在这一前提下才有资格获得海外私营投资公司投资保险,之后延伸至其他贸易优惠项目。工会主导的联盟发展壮大,也涵盖了环境组织。这些组织担忧,如果企业移至环境标准较差或缺乏执行力的国家,美国设定的空气和水污染标准可能受到威胁。1992年,民主党总统候选人比尔·克林顿想方设法在不失去工会支持的情

---

① Paul R. Krugman, "Trade and Wages, Reconsidered," Brookings Panel on Economic Activity, spring 2008, http://www.brookings.edu/~/media/projects/bpea/spring-2008/2008a_bpea_krugman.pdf.

② Lance A. Compa and Jeffrey S. Vogt, "Labor Rights in the Generalized System of Preferences: A 20-Year Review," *Comparative Labor Law & Policy Journal* 22, no. 2/3 (2000—2001): 201.

③ Robert Rogowsky and Eric Chyn, "In Global Trade, Labor Standards Have a Long History," American Enterprise Institute, July 18, 2007, http://www.aei.org/publication/in-global-trade-labor-standards-have-a-long-history.

况下同意《北美自由贸易协定》，因而提出在与加拿大和墨西哥的协定基础上增加劳工标准和环境保护的约束性条款。他在北卡罗来纳州罗利市发表演讲时——该州在纺织和家具两个产业雇用了数以千计的员工，面临着来自低工资国家前所未有的竞争——对于贸易协定的表态是“同意，但是……”。他警告道：“对于像美国这样的高工资国家，随着越来越多的跨国企业利用其优势将资本、管理和生产从高工资国家转移至低工资国家，我们会损失收入和工作，这至少会在一定程度上抵消更多贸易带来的好处。另外，留在国内的企业利用机会，威胁搬迁工厂以打压工资，如今很多企业都这么做，这也会让我们损失收入。”他表示，只有在墨西哥和加拿大同意“附加”谈判，确保劳工和环境法案得到严格执行的情况下，才会支持《北美自由贸易协定》。

自《北美自由贸易协定》实施以来，美国政府一直使用贸易协定来尝试提高发展中国家劳工和环境标准。尽管不能说服其他发展中国家支持诸如世贸组织中的“社会条款”，但在每一项双边和地区协议中，美国一直坚持要求贸易伙伴接受给予工人更好待遇的条款，如果不合规，则有可能会进行贸易制裁。奥巴马总统表示，《跨太平洋伙伴关系协定》会成为“历史上最为激进的贸易协定”，包括劳工和环境的严格且可实施的标准，尽管工会和环境组织依然几乎一致反对该项协定。联盟在要求更严格的劳工标准时，也获得了其他重要的胜利。为应对压力，许多跨国公司同意企业“行为准则”，承诺为发展中国家员工提升工资和工作条件，并邀请独立监督机构加强关注。包括国际货币基金组织和世界银行在内的其他国际机构正在其贷款项目中考虑工人权益。美国也向贸易伙伴提供几百万美元的对外援助，帮助这些国家符合劳工标准。

但贸易协定在提升劳工标准方面表现平平。最有效的是普惠制，这是一个单边贸易优惠项目，美国可以随意终止这项优惠。但贸易协定迄今为止带来的影响程度要低很多。美国若想对违反劳工标准的国家施加制裁，在贸易准则下需要开展冗长的调查和谈判，有可能争端会被拖延数年。作为美国政府内部监督机构的政府问责办公室于 2014 年开展了一项研究，关注 5 起美国同意对其自由贸易合作伙伴用工违反规定行为开展调查的案例。只有一起案例在 2006 年美国与秘鲁的贸易协定下得到成功解决——在结案后，秘鲁通过了新法律，给予企业符合卫生和安全标准的 3 年宽限期，并在企业依旧违规的情况下，大幅降低企业罚款。[①] 秘鲁向美国出口了大量的服装和芦笋、葡萄等农产品。秘

---

① “Peru: Legal Reforms Encourage More Local and Foreign Investment,” Oxford Business Group, http://www.oxfordbusinessgroup.com/overview/legal-reforms-encourage-more-local-and-foreign-investment.

鲁同样中止了一系列环境准则，根据秘鲁经济和财政部长的表述，一部分目的是为了“创建更友好的环境，减少投资障碍”。[①]

另一个让人震惊的案例是危地马拉。第二次世界大战后，危地马拉在保护劳工权利方面是拉丁美洲的领导者；四分之一的工人都加入了工会，国家制定了最低工资、社会保险和医疗保障的法律。但在 1954 年获美国支持的政变发生后，新的军事统治者采取了压制工会的长期行动。[②] 1988 年，美国工会及其联盟向美国政府请愿，取消对危地马拉的普惠制优惠，列举了该国一些行为，如最低工资和童工法律未能执行，工人卫生和安全存在隐患，以及工会活动受到系统性压制。美国政府在拒绝请愿的 3 年后，终于在 1992 年启动了一项调查。危地马拉企业领导人由于担心失去最大的出口市场，因而给政府施压，要求符合美国要求，并最终帮助驱逐总统。然而，2006 年危地马拉同美国一样，成为《中美洲自由贸易协定》的一员，该协定要求各国执行国际劳工组织标准。如今，危地马拉被国际工会联合会称为“对贸易工会主义者来说，世界上最危险的国家”，而且该国的许多劳工法律都被雇主藐视。2010 年，奥巴马政府针对危地马拉提出了劳工权利执行的诉讼，问题包括员工薪酬远低于最低工资水平，解雇并威胁工会组织者，以及藐视工人安全法律等，如果这些问题得不到解决，美国会施加制裁。经过 7 年调查后，美国于 2017 年败诉，仲裁委员会判决结果是，危地马拉的确没有有效执行劳工法律，但美国未能证实这对贸易有任何负面影响。[③]

投资：全球准则的漏洞

1974 年，随着人们开始就跨国企业问题展开辩论，伯格斯滕在《外交》(*Foreign Affairs*)杂志上写了一篇有先见之明的文章。他认为，企业乐于在海外投资，利用更快速发展的经济体，降低劳工成本。其他国家也越来越擅长吸引这些投资。为了引入跨国企业，很多国家不仅提供工资更低的劳动力，也给予一系列优厚条件，如税收减免、出口补贴、免费土地或其他“落地激励机制”以及本

---

① Brian Finnegan, “Peru Supersizes Its Backslider Regulation,” *AFL-CIO Now* (blog), July 22, 2014, http://www.aflcio.org/Blog/Global-Action/Peru-Supersizes-Its-Backslider-Legislation.

② Compa and Vogt, “Labor Rights.”

③ Alex Lawson, “US Loses First Trade Cases as Guatemala Prevails,” Law 360, New York, June 26, 2017, at https://www.law360.com/internationalarbitration/articles/938456/us-loses-first-labor-trade-case-as-guatemala-prevails.

地劳动力培训补贴。相应地，企业也需要转移技术，从本地供应商采购，并满足出口要求。伯格斯滕写道：尽管企业需要履行这些要求，但“它们从激励机制中得到的利益超过为符合要求而受到的损失”。他还写道：“许多‘基于美国’的企业成为真正的跨国公司，因而从自身角度非常符合逻辑地、言之有理地追求一系列利益，这些利益也许没有与美国国家利益紧密吻合。”

然而，美国的政策并不是吸引和留住投资，而是通过保护美国企业海外资产的投资和贸易协议进一步强化海外投资的优势。这些协议对伯格斯滕担忧的问题保持沉默——外国政府越来越多的“诱导因素”是否会将投资从美国转移掉？美国政府（下一章会提到，尽管不是州政府）在认识国际投资竞争方面十分迟缓。确实，至今美国政策的首要目标依然是开放美国对海外市场的投资，但基本没有考虑过用何种方式诱发这些投资。美国长期采取的投资准则，让美国企业进入海外市场的准入门槛与大多数海外企业在美国投资一样。从1946年至1968年，美国政府与20多个国家协商友好通商航海条约，以保护美国投资。自此，美国与大约50个国家签署了双边投资协定（BITs），并坚持双边和地区贸易协定的强势投资保护。准则大体是相似的，旨在确保海外投资者受到的待遇不会低于国内企业，免遭征用，并且可以让资金自由进出东道国。美国也试图取消许多政府从70年代开始对企业实施的“履约要求”，获得的成果大小不一。例如，《跨太平洋伙伴关系协定》中的投资章节限制一长条的此类措施，包括出口和国内成分目标，以及强制技术转让。[①]

经合组织国家在70年代制定的“跨国企业指导原则”规定，企业应“禁止寻求或接受”国家准则豁免，不管是“环境、卫生、安全、征税、财政激励还是其他事项”。[②] 但这项指导原则是“自愿的，且在法律上不可执行”。世贸组织框架下的贸易投资措施协议有一些条款限制履约措施，更多针对性的行动用于遏制大型企业避税政策。为敦促克林顿政府，经合组织国家于1998年开始“应对有害税收竞争带来的扭曲影响”，对利用避税天堂的企业不予海外税收减免，并施加其他税收惩罚。但这项激进的行动没能坚持很长时间。迫于反税保守派的压力，布什政府不再给予支持。财政部长保罗·奥尼尔（Paul O’Neill）在2001年写给七国财长的信中表示，经合组织国家错误地针对了只是想要吸引外资的低税国家，“国家必须有税收政策自由权，鼓励投资并促进经济增长”。他还写道：“若其他国家税收体系不对我们自身税收法律的执行造成障碍，我们不应干预

---

① “TPP Full Text,” Office of the United States Trade Representative, https://ustr.gov/trade-agreements/free-trade-agreements/trans-pacific-partnership/tpp-full-text.

② Vale Columbia Center, “Investment Incentives,” 91—92.

任何国家构建其税收体系的决定。”税收分析师马丁·沙利文写道：这项行动“慢慢地化解成一系列无力的声明，混杂着一些啦啦队和记分人员，到现在依然如此”。[①] 最近，经合组织国家依据二十国财长指令，启动了“税基侵蚀和利润转移”行动计划，目的是说服国家自愿采取行动，减少鼓励跨国企业将利润转移至低税辖区的激励机制。但美国反对这项行动中的很多因素，认为是对美资企业海外机构的歧视。

美国没有努力遏制投资诱导政策，反而成为最激烈的反对国之一。由于美国联邦政府让各州自己想办法，而且吸引投资的工具较少，因而各州甚至城市越来越多地求助于税收减免和其他补贴吸引投资。很多竞争在各州之间展开，例如内华达州为击败邻州，在给电动汽车特斯拉提供 12.5 亿美元税收减免和其他补贴后，说服该企业将 50 亿美元新的电池制造基地安置在该州。美国各州每年税收收入损失和其他支出达到了数千亿美元。这一竞争也超越了美国国界。比如 2006 年，AMD(Advanced Micro Devices)在国际市场上为微型芯片与 IBM 和 NVIDIA 等公司竞争，从纽约州获得 12 亿美元补贴，在奥尔巴尼市北部建造新的制造基地。主要的竞争者是德国德累斯顿市和新加坡主导的几个亚洲国家。[②] 在 21 世纪初，德国钢铁企业蒂森克虏伯公司(Thyssen Krupp)考虑了来自 10 多个国家建造新钢厂的邀约，这个新钢厂承诺带来 2 700 个就业岗位，最后在美国的两个州——亚拉巴马州和路易斯安那州之间选择；亚拉巴马州通过 8 亿美元的一揽子激励计划赢得竞争。[③] 这对于州或企业来说都不是很好的投资。蒂森克虏伯花费 50 亿美元建造新厂，给南部州的美国汽车制造商提供钢材，于 2013 年仅以 15 亿美元出售给印度的安赛乐·米塔尔公司(Arcelor Mittal)。[④]

没有走过的道路：更加敏感的方式

在竞争日益激烈的全球经济中，美国更加智慧的国际投资政策需要意识到

---

① Martin A. Sullivan, “Lessons for the Last War on Tax Havens,” Tax Analysts, July 30, 2007, http://www.taxanalysts.com/www/features.nsf/Articles/F3AA18739F0EFF0085257440066459B?Open Document.

② Jack Lyne, “New York's Big Subsidies Bolster Upstate's Winning Bid for AMD's $3.2-Billion 300-MM. Fab,” *Site Selection*, July 10, 2006, http://siteselection.com/ssinsider/bbdeal/bd060710.htm.

③ Thomas, *Investment Incentives*, 50.

④ John W. Miller and Alex MacDonald, “Steel Giants to Buy Alabama Plant,” *Wall Street Journal*, December 1, 2013, http://www.wsj.com/articles/SB10001424052702304579404579232181239548744.

至少三项重要目标。第一,总部位于美国的企业在国际上投资需要灵活度,从而与海外竞争对手抗衡、维持利润。损害这些企业在世界其他地方竞争的大量政府限制会伤害企业和美国经济,因而降低美国人生活水平。如果限制过于严厉,则会使得这些企业完全离开美国,在其他地方成立公司。

第二,也同样重要的是,一个良好的政策是为了鼓励在美投资,不管企业做投资的总部所在地在哪儿。为了最大限度地符合其他竞争性目标,特别是贸易、货币和税收政策应量身定制,使得企业在美投资获得利润。当然,这样的方式应确保企业在美国本土投资所交的税不会超过若在海外投资所交的税。政府应积极寻求并促进国内企业和外资企业在美投资。确实,美国政府在多大程度上捍卫和促进特定企业利益不应基于企业总部所属的国家,这是越来越无关紧要的,而是基于企业对在美投资所做的承诺。通过这种方式,今天的丰田和西门子相比通用汽车和卡特彼勒来说获得了同样的重视。

第三,为了避免所谓的"逐底竞争",美国应减少人为扭曲的投资竞争准则。这一目标应与额外的投资自由化相关联,而不是事后考虑。尽管事后再看觉得很容易,但完全可以想象的是,如果美国政府一直坚持这一目标,对美国企业和工人的利益就不会如此偏离。

第五章

帮助失败者
——贸易调整援助的悲剧

未来美国贸易(也许还有投资)政策依赖的基础是作为一个国家,我们如何应对由进口竞争给工人和企业带来的真正错位。只有两个选择:一是限制进口本身,二是帮助错位的工人和企业调整,适应新竞争。

——弗雷德·伯格斯滕,《国际经济和美国商业》,1973 年 5 月

1979 年 8 月 24 日,美国最成功的彩电制造商之一马格纳沃克斯(Magnavox)关闭了田纳西州莫里斯敦的工厂,该工厂制造了美国所生产电视机中五分之四的电子零件。这家工厂在该州东北角,雇用了小镇 2 万人口中的 575 人,工厂遭受损失对本地经济是巨大的打击。员工在贸易调整援助(TAA)项目下向联邦政府申请救助,该项目给由于进口竞争失去工作的工人提供现金、再培训和安置费用。这事看上去一目了然:主要来自日本的彩电进口在 1973～1975 年经济衰退期飙升,从占据美国彩电市场 15%的份额增加到超过 35%。之后,仅在 1976 年一年,日本彩电对美出口上涨了大约 200%——可谓如潮水般涌入,甚至日本首相福田康夫都将之称为“倾盆大雨”——并且在 1977 年初继续上涨,当时吉米·卡特总统与日方协商“有序市场安排”,日本同意适量限制出口。① 员工们在寻求美国政府救助时表示,美国电视机市场无法与“世界上低劳动力成本区域日益增长的生产优势”相竞争。一定程度上由于美元高估,

① Alan Wolff, “The Role of U. S. Trade Policy,” in *U. S. Competitiveness in the World Economy*, ed. Bruce R. Scott and George C. Lodge (Boston: Harvard Business School Press, 1985).

日本生产成本比美国低大约20%。

虽然进口竞争激烈，但劳工部拒绝了莫里斯敦工人们的请求。对于制造电视机的美国人来讲，被拒绝已是司空见惯。在1970～1973年间，继早期日本进口上升浪潮，以及美国工厂搬迁至中国台湾和墨西哥后，美国电视机产业工人提交了11次援助请愿，超过了除鞋业以外的任何一个产业。这11次请愿都被拒绝了。劳工部在拒绝莫里斯敦工人请求时表示，国会仅同意向因同类产品进口上升直接导致失业的工人提供调整援助。政府认为，莫里斯敦工厂生产零件，而增加的进口商品是成品，即组装好的电视机。3年后，即使国会考虑修订法案，将援助延伸至制造零件的工人，但美国的上诉法院支持政府的决定。法院声明，尽管毫无疑问，进口的增长"造成了美国彩电销售的大量损失"，但按照法律规定，莫里斯敦工人不符合援助条件。法院还声明："在高失业率和生活成本上涨的情况下，这一结果是残酷的，但国会政策的修订不能超越法律范畴是立法规定的。"①

贸易调整援助背后的想法是帮助那些因为美国政府政策开放国内市场、引入更激烈的海外竞争而受到伤害的美国工人。毫无疑问的是，电视机产业就属于这种情况。日本在50年代借助美国技术开始发展电视机产业。美国企业RCA和通用电气将专利授权给日本生产商，在本是封闭的市场上获得较高利润；美国税法给进行海外投资的美国企业提供慷慨的海外税收减免和延期支付，也使得这些企业获得很高的回报。② 这一策略利润颇丰：到70年代末，RCA收到来自日本的1亿美元授权费。③ 世界贸易谈判肯尼迪回合将显像管进口关税从30%下降至15%，零件关税降至更低，收货方关税从10%减半至5%。④新兴的日本企业，如三洋、索尼和东芝也相应受到政府保护，收到直接政府赠款、长期低息贷款以及与出口绑定的税收减免，且在本土市场一直受到进口限额和外商直接投资限制的庇护。到60年代中期，日本开发了小型轻便的黑白电视机，在美国销量很好，占据了大约10%的市场。同时，美资企业，包括真力时、RCA、通用电气、喜万年(Sylvania)、摩托罗拉甚至还有马格纳沃克斯开始将

---

① *Morristown Magnavox Former Employees v. Marshall*, 671 F. 2d 194 (6th Cir. 1982).

② Clyde V. Prestowitz, *Trading Places: How We Allowed Japan to Take the Lead* (New York: Basic Books, 1988), 200.

③ Martin Kenney, "Shifting Value Chain: The Television Industry in North America," in *Locating Global Advantage*, ed. Martin Kenney and Richard L. Florida (Stanford, CA: Stanford University Press, 2004).

④ Alfred E. Eckes, *Opening America's Market: U.S. Foreign Trade Policy since 1776* (Chapel Hill: University of North Carolina Press, 1995), 206.

生产外包,利用更低的劳动成本和慷慨的政府激励政策。墨西哥和中国台湾都接受了美国咨询师和学者的建议,创建了低税和免关税区域吸引投资。到70年代初期,从美资企业海外机构进口的黑白电视机占据了美国大半个市场,剩余部分则由日本控制。国内所剩的少量生产力将外国制造的部件组装成电视机成品。该产业国内就业人数从1966年峰值时期的6万多人下降至70年代初期低于4万人,但这些下岗工人中没有一个人被认为符合调整援助的条件,一部分原因是很多竞争来自他们自己企业海外的生产力。[①]

彩电在一段时期中提供了帮助。美国企业于60年代初开始生产彩电,到60年代末,彩电销售量远超黑白电视机。但类似的局面再次出现。1962年,RCA将彩电技术授权给日本竞争对手,到60年代后期,日本大量出口彩电到美国,从1967年30万台上升到1970年150万台,占据了整个市场的15%。日本企业之后率先大规模生产固态电视机,由于用晶体管而非真空管制作,因而形状更小、重量更轻。美国企业摩托罗拉于1966年开发了固态电视机的原型,但日本在将这项技术商业化推广方面打败了美国竞争对手。此外,日本电视机普遍来说质量更好;在70年代,日本制造的电视机的缺陷率仅为0.4%,而美国制造的电视机的缺陷率为5%,这方面日本要优于美国十多倍。[②] 从1973年至1976年,随着新型电视机进口激增,美国在该产业又增加了12 000名失业人员。即使卡特总统1977年提出的协议遏制了日本进口增长,但真力时在这之后还是解雇了四分之一的美国员工,并将更多的生产移至墨西哥和中国台湾。这一搬迁预计仅能使每台电视机节省10~15美元,但在日益竞争的市场中,这一微小的差额便是获利和亏损之间的区别。[③]

即使被进口激增搞得一片混乱,但马格纳沃克斯的反应与其他美国企业一样迅速,到70年代后期成为美国唯一一家同时生产电视机零部件和成品的企业。马格纳沃克斯整合了田纳西州格林维尔的运营能力,并在80年代通过专注于大型电视机成功扩张,这是因为大型电视机运输成本较高,与美国顾客地理位置较近是一项优势。该企业以自身品牌及其母公司——荷兰飞利浦消费电子(Philips Consumer Electronics)品牌生产电视,在1989年达到巅峰时,雇用了4 600名美国员工,其中2 000人在格林维尔工厂工作,这也使得该企业成

---

① 这一部分的大多数内容参考了 James E. Millstein, "Decline in an Expanding Industry: Japanese Competition in Color Television," in *American Industry in International Competition*, ed. John Zysman and Laura Tyson (Ithaca, NY: Cornell University Press, 1983).

② Kenney, "Shifting Value Chain."

③ Kenney, "Shifting Value Chain."

为格林维尔镇最大的雇主。到80年代中期，飞利浦是世界上最大的彩电制造商，讽刺的是，这家荷兰企业相比其美国竞争对手，在美国维持生产的时间反而更长一些。与所有剩余的美国生产商一样，马格纳沃克斯在这几年大大提升了效率，用更少的员工生产更多的电视，用成本维持竞争力。1971年，其美国制造基地的员工平均一年生产150台电视机，到1981年已是之前的3倍多，达到了560台。[①]

但到90年代中期，随着《北美自由贸易协定》的签署，外包至墨西哥的细流变成了洪水。从60年代一直到80年代，大多数美国企业在墨西哥靠近美国的边境建立了“保税加工出口区”工厂制造零部件，之后在美国组装，部分原因是避免成品附加值带来的进口关税。随着《北美自由贸易协定》取消关税，很多留在美国的组装企业也搬到了墨西哥。1997年，飞利浦——当时在全球彩电制造商排名中已滑落至第七位——将还有1 300名员工的格林维尔工厂出售给了两位田纳西当地的企业家，他们以五河电子公司（Five Rivers Electronic Innovations）的名字继续运营。

到90年代后期，大规模损失好像终于有了停止迹象。五河公司依然在马格纳沃克斯和飞利浦的品牌下生产电视机，并为韩国的三星生产，且仍旧雇用了大约800名员工。包括五河和另外6家国内生产企业在内——其余均为日资——美国本土的生产仍然占据阴极射线电视机市场的25%，包括传统电视盒和新型背投电视机型。尽管美国该产业总就业人数低于10年前飞利浦一家公司雇用的4 000人，但看上去是一个可行的产业。五河越来越关注海外运输成本高昂的大型电视机。墨西哥依然是最大的进口来源国，供应一大半的美国市场。但最后的结果来了。从2001年至2003年，随着中国加入世贸组织，中国制造的进口电视机在Apex等新品牌以及成熟品牌下销售，从5.6万台上涨至180万台。这是自70年代日本参与竞争以来的最大增幅。虽然在美国经济衰退的情况下需求依然上涨，但沃尔玛和百思买（Best Buy）等大型零售企业大幅降低价格，并要求供应商也这么做。尽管五河公司降低自身价格、减少员工数量，但无法与中方企业竞争。2004年的下半年，五河根据美国破产法第11章申请破产保护，亏欠债权人2 500万美元。格林维尔工厂的收入从2002年3亿美元下降至2004年6 500万美元；飞利浦取消了五河公司高清电视机最大的合约之一。2005年，五河永远关上了大门，并拍卖出售生产设备。在之后的7年，美

---

① John A. Alic and Martha Caldwell Harris, “Employment Lessons from the Electronic Industry,” *Monthly Labor Review*, February 1986, http://stats.bls.gov/opub/mlr/1986/02/art4full.pdf.

国没有生产过一台电视机，直至后来一家初创企业——爱力盟特电子（Element Electronics）开始在密歇根生产一些高清电视机。在工厂关闭后，五河剩余的员工向联邦政府申请贸易调整援助。与 1979 年莫里斯敦的工人不同，这次的请求获得了政府批准。

调整援助的概念

“调整援助”项目由肯尼迪总统发起，针对由于进口竞争而失业的工人。他签署的贸易法案，即 1962 年《贸易扩张法案》，是自 30 年代中期总统被授予这项权力以来最激进的一次。30 年代有个臭名昭著的《斯姆特—霍利关税法》，国会拒绝了其中的保护主义，并授权罗斯福总统和其他国家谈判，共同降低关税。但 1962 年的法案包含了一项激进的创新，即首次提议贸易调整援助计划，旨在帮助受进口竞争伤害的企业和工人。在此之前，联邦政府只有一个单一的工具来帮助这些工人或产业：以更高关税或配额的形式开展临时的贸易保护。肯尼迪希望有另一项选择，可以在帮助受负面后果影响的工人和企业的同时，持续推进贸易自由化。

肯尼迪是坚定的自由贸易人士。他认为，进口增长会帮助美国在亚洲和欧洲的盟国，并使其远离苏联阵营。在国内，关税降低会通过低价进口商品帮助经济，这会惠及美国消费者，迫使美国企业提升效率、生产力和竞争力。但进口也很有可能会伤害某些产业，使企业破产、员工争抢新的工作。肯尼迪认为，这些受到伤害的企业和工人应得到政府支持。肯尼迪在介绍法案时表示：“当国家政策认为避免更高的关税更为可取时，那些受竞争伤害的企业和工人不应首当其冲，承担所有的影响。”他在这项援助计划下提议，面对进口竞争而落后的产业有资格获得政府援助，包括减税、技术支持、贷款以及新投资贷款担保，帮助企业重组，从而应对竞争或发掘出其他业务线。[①] 类似地，由于进口竞争而丢失工作或面临工作时间大幅减少的工人有资格获得收入援助和再培训。他的提案呼吁这些工人在失业后的一年内还能拿到 65%的工资，并接受职业教育或其他再培训，发展“更高和不同的技能”，如果需要换一个地方找新工作，工人还可以获得搬迁费。该项目的目标正如其名，旨在长期调整而非提供暂时的收入支持。肯尼迪坚持要求，这项计划“不可以也不会是政府家长式管理下的补助

---

① Eleanor Roberts Lewis and Harry J. Connolly Jr., “Trade Adjustment Assistance for Firms and Industries,” *Journal of International Law* 10, no. 4 (1988), http://scholarship.law.upenn.edu/cgi/viewcontent.cgi?article=1629&context=jil.

计划，而是给予美国更多的时间，提升其主动性、适应性和稳健性来证明自己”。目标是“使我们的经济更为高效，而不是保护无效率”。

肯尼迪贸易调整援助计划背后的理论是经济学家所长期拥护的——贸易带来了很多获胜者，同时也有一些失败者。瑞典经济学家埃利·赫克歇尔（Eli Hecksher）和贝蒂·俄林（Bertil Ohlin）于1933年首次发表了他们的经典模型，他们认为随着一个国家从自给制转为自由贸易，并对具有优势的产品开展专业化生产，产品价格会下降，因而国家整体利益和消费增加。美国经济学家沃夫冈·斯托尔珀（Wolfgang Stolper）和保罗·萨缪尔森（Paul Samuelson）对这一模型的后续版本，以及其他研究这一模型的学者都表示，在任何国家，取决于该国特定的比较优势——所拥有的“丰富的生产要素”，会有相应的赢家和输家。[①]在美国这样的高度发达国家，主要优势是充足的投资资本和受过良好教育及培训的劳动力（美国受到三方面的眷顾，除此之外，还有丰沃的土壤和良好的气候，这给农业带来了优势）。与之相反，对于发展中国家，或甚至是相对富裕但逊于美国的国家来说，首要优势是低技能和低薪酬的劳动力。这一理论表明，随着美国经济对外开放，资本回报很有可能上升，而随着资本密集型和高技能产业发展，高技能美国人的薪酬也会上涨；然而，低技能美国人由于不能与其他国家许多技能相似但工资较低的工人竞争，很有可能面临工资下降、工作机会减少。尽管贫穷国家的工人工资会上涨，但会经历长期的转型期——很有可能是几十年——才能开始接近美国水平。理论表明，尽管某些人会遭受损失，但自由贸易带来的整体经济收益远远超过处于不利地位的工人的损失。低技能美国人的工作和薪水可以通过更高关税受到保护，但给整体经济带来巨大代价。因此，经济学家认为，正确的方式不是通过关税或配额持续保护某些产业，减少整体经济收益，而是通过阶梯税收、补助或其他收入转移形式让获利者“补贴”受损失者。

彼得森在致尼克松总统的备忘录中支持同样的策略，并建议加大调整力度。他写道：“通过提升国际竞争力来加强美国实力的项目不能无视这些产业的命运，尤其是这些工人团体，这些产业和工人没有满足真正竞争性世界经济的需求。如果一方面声称自由贸易政策符合整个国家的利益，另一方面让特定产业、工人和社团承担所有的代价，这是不合理的。”他建议美国政府将“帮助促进因海外竞争带来的经济和社会转型”这一目标作为广义上的国家政策。调整

---

① Wolfgang Stolper and Paul Samuelson, "Protection and Real Wages," *Review of Economic Studies*, 1941.

政策会鼓励对资金和工人重新部署，“从经济上不可行的领域转向可行的领域”。对失业工人的援助步伐应进一步加快，甚至拓展至整个社区。彼得森特别强调了雇用有组织的劳动力的必要性。他写道：“工会支持对项目的成功至关重要。由于给工人再培训新技能而丢失一些成员的工会需要得到信心上的支持，相信工人们最后会有实质性的收获。”

在理论上，调整援助的概念与经济学家的补助想法相比是巨大的进步。通过福利或残障项目或其他计划补助失业人员，可能是对贸易利益再分配的公平合理方式，但却不会给经济带来长期裨益。与之相反，给工人再培训、让其学习新技能并让其尽快重新就业会提升经济竞争力。在六七十年代，随着美国进一步融入全球经济，民主党和共和党在理论上都同意给予受国际竞争伤害的员工政府援助。商业界在 60 年代持怀疑态度，到 70 年代初期变成支持者。基辛格的经济助手伯格斯滕于 1972 年离开政府，1973 年他带领的一个商会工作小组建议大范围扩大人力培训和其他援助，以应对日益竞争的国际经济。1973 年，伯格斯滕向众议院筹款委员会发表证词：“自由贸易让一部分人错位，从而让所有人受益。这造成的个体困难往往是严峻的，必须得到缓解。我们不仅应充分补偿那些因追求广泛利益的政策而受害的群体，同时也应抓住一切机会让这一群体为国家繁荣做出更多贡献。”百事总裁兼美国贸易紧急委员会主席唐纳德・肯道尔带头反对《伯克-哈特克法案》，他表示：“不可原谅的是，我们的经济只提供不充分的培训或救济，而不是开展让工人保留养老金和其他权利的产业适应国家计划。因此，很容易理解为何工人领导者将现有的调整系统称为‘丧葬保险’。”①

到 1972 年，当肯道尔做出这些评论的时候，有组织的劳工已经从自由贸易的坚定支持者转为强烈的怀疑者，一部分是因为调整援助没有履行承诺。在里根总统于 1981 年就职并承诺削减政府开支后，最先开展的项目中就包括调整援助计划。工人的补贴被降低，有资格获取援助的时间被削减，标准也更加严格。尽管之后的几十年该项目预算时多时少——在 2008 年金融危机后，国会批准大规模刺激计划以促使项目经费上涨——但仅仅惠及了一小部分有资格获得援助的工人。2015 年，民主党内反对贸易协定的人士十分受挫，投票停止贸易调整援助计划，从而阻止奥巴马总统获得新的贸易谈判权。尽管这一投票结果之后被逆转，但也表明了人们对美国政府工作不力的愤怒，受到进口竞争

---

① “ECAT Will Lead Campaign for Multinational Companies,” February 24, 1972, in *Multinational Corporations: A Compendium of Papers Submitted to the Subcommittee on International Trade of the Committee on Finance in the United States Senate*, ed. US Senate, Committee on Finance, Subcommittee on International Trade (Washington, DC: US Government Printing Office, 1973).

伤害的工人仅获得了象征性的帮助。

在过去 50 年中,美国政府经济政策最大的错误之一便是没有帮助美国工人适应新的全球竞争规模和强度,这导致了人力大量浪费,损害了民众对国际贸易和美国参与世界经济的普遍支持。虽然许多其他国家整顿、改进并扩张劳动力市场调整计划,但美国联邦项目的基本框架自 1935 年失业保险创建作为新政一部分以来一直没变。失业保险项目适合于大多数失业是周期性的经济情况,而且是由暂时的经济衰退时期的需求不足引起的。失业保险应该填补工人下岗后,直到经济恢复、重新被前雇主或同一产业的其他企业雇用之间的空缺。这是一个短期收入辅助,不要求接受者再培训或提升技能。其他联邦就业培训项目只覆盖一小部分错位工人,低于 10%。肯尼迪和尼克松都意识到,全球竞争时代的挑战是重新部署劳动力,让他们从失去国际竞争力的产业转向更具竞争力的产业。这不仅需要暂时的补助,还要有新的教育和再培训,让工人到全新的领域工作。政府、企业和工会都需要参与,共同推进这一转型。

其他发达国家在帮助民众适应竞争方面做得更多。丹麦花费 2%的 GDP 帮助失业工人返回职场,大约是美国的 20 倍。法国和德国是美国的 5 倍。其他每个主要经济体至少都是美国的两倍。丹麦工人在整个职业生涯都可以获得再培训项目;如果工厂倒闭,政府顾问会与每个失业工人面谈,制订针对个体的再培训计划,并做好跟踪确保达成目标。2006 年,《华尔街日报》报道了丹麦一家有 500 名员工的肉类加工厂倒闭的事件。在 10 个月内,除 6 人之外,其余员工都再次就业,有一位做了高尔夫球场园艺学徒,还有一位成为数学和科学老师。① 这些干预在美国是闻所未闻的。

结果在很大程度上正如经济学家们所预测的:自 70 年代初期以来,低技能美国工人的就业和工资均逐步下降。许多不具备竞争力产业中的失业人员根本不能找到新工作。1986 年,劳工部长率领的工作小组关注了在之前 5 年日本进口竞争最激烈的时期,1 100 万工人因工厂倒闭而失业的困境。调查结果是惨淡的。其中三分之一的工人在 1986 年仍然失业或完全离开了职场;在找到新工作的人群中,平均收益损失了 10%~15%,而大约 30%的蓝领工人工资下降了 25%或更多。② 该工作小组报道称,政府或企业给予这些员工的帮助"参

---

① Jonathan Cohn, "Great Danes," *New Republic*, January 1, 2007, http://www.new republic.com/article/politics/great-danes.

② *Economic Adjustment and Worker Dislocation in a Competitive Society: Report of the Secretary of Labor's Task Force on Economic Adjustment and Worker Dislocation*, Washington, DC, December 1986, http://hdl.handle.net/2027/mdp.39015014879665.

差不齐而且很不全面”。

经济学家大卫·奥特(David Autor)、戈登·汉森(Gordon Hanson)和大卫·多恩(David Dorn)开展了一些标杆性的研究,关注发展中国家竞争对与其直接交锋的美国某些区域的影响,如加利福尼亚州的圣何塞、罗得岛州的普罗维登斯、新罕布什尔州的曼彻斯特,还有许多南方地区,包括罗利和北卡罗来纳。在2000～2007年,来自所有低工资国家的进口占美国所有进口量的比重从15%上涨至28%。研究结果是让人震惊的:贸易产业相比其他产业出现更高的失业率和更低的收益。奥特表示:“影响很集中,在当地显而易见。人们离开了劳动力市场;数据明显地表明,如果人们能够恢复工作的话,也需要很长一段时间。”影响也是深远的。奥特、汉森和多恩在一份单独的报告中写道:“劳动力市场对贸易冲击的调整十分缓慢,当地劳动力参与度依然不高,失业率在冲击开始后的10年或更长时间居高不下。”[①]贸易调整援助收效甚微;反而有10%的失业人员申请并获得了社会安全残障保险,受害工人如果说服医生无法回到工作岗位,则可收到提前退休和医疗保险福利。其中回去工作的人很少,更多的是一辈子领取福利生活。报告作者们也发现,在受竞争冲击最大的一些区域,社会安全残障保险支出涨幅是贸易调整援助支出的30倍。这些政府福利的总成本很高,使得低成本进口商品带来的更广泛经济利益没有效果。华盛顿和州政府没有用政府的资金帮助人们重新就业,而是为不就业买单,对整个经济带来巨大成本。奥特表示:“我们现在没有一系列良好的政策帮助工人适应贸易,或适应任何的技术变化。我们本可以有更好的调整援助——更为整体和更慷慨的项目。”他表示,这些项目应该“旨在帮助人们重新融入劳动力市场、掌握技能,而不是帮他们退出劳动力市场”。[②]

贸易调整援助的兴衰:简史

贸易调整援助本可以成为美国适应全球竞争压力的具有创新力的核心项目。作为给全球化受损一方的补偿形式,这一理念长期以来都很有意义。一项为不工作人群买单的福利计划是昂贵且浪费的,尽管这对于残疾人以及需要抚

---

① David H. Autor, David Dorn, and Gordon H. Hanson, “The China Shock: Learning from Labor Market Adjustment to Large Changes in Trade,” National Bureau of Economic Research, Working Paper 21906, January 2016, http://www.nber.org/papers/w21906.

② Peter Dizikes, “When (and Where) Work Disappears,” MIT News Office, February 24, 2012, http://newsoffice.mit.edu/2012/manufacturing-overseas-competition-0224.

养小孩的单亲母亲当然是有必要的;相反,新的机制旨在提供过渡期保障,帮助人们回到工作岗位,再次给经济做出贡献。在失业后,作为收入替代品的失业保险不能帮助缺乏技能者找到新的工作。更为合适的是给所有无论什么原因而失业的工人提供再培训项目——从尼克松到奥巴马历任总统都提出了这一更宽泛的项目——但对于美国这种对联邦扮演主导角色存在质疑的国家来说,该项目显得步子迈得过大。如果认为贸易自由化给经济和政治带来更广泛的利益,那么给因进口竞争而受到损害的人群定向援助是很合理的,然而即使是这样一个温和的项目都无法存续。在该项目执行期内,只有十分之一符合贸易调整援助的工人收到了福利,推广该项目的大部分努力受到了极大的政治阻力,且辩论双方给予的支持都很少。商业团体和自由市场保守派只是勉强支持——要获得国会选票,得允许总统继续推行贸易协定,而这是受到其他方面牵制的。工会和大多数民主党派长期以来希望有帮助所有失业工人的更宽泛项目,并倾向于减缓或停止贸易自由化。他们勉强接受贸易援助计划,将之视为"总比没有好"的一项选择。因而即使过了半个世纪,给予贸易调整的政治支持还是很少的。

在肯尼迪总统执政期间,贸易调整援助从一开始就有一个主要的目的:鼓励美国与世界其他地方更加自由的贸易。该论点认为,帮助美国工人和受损产业从进口竞争中反弹,会使政府持续获得对贸易自由化的政治支持。这一想法首先由美国钢铁工人联合会主席兼艾森豪威尔时期的兰德尔委员会成员大卫·麦克唐纳提出。该委员会前身是由国会和艾森豪威尔总统建立的外交经济政策委员会,其作为 1953 年协议的一部分,延伸了总统的贸易谈判权。委员会由总统和国会任命的成员组成,旨在给美国贸易和国际经济政策提出建议。主席是担任内陆钢铁(Inland Steel)主席的柯蒂斯·兰德尔(Curtis Randall);副主席是得克萨斯州棉花商人拉马尔·弗雷明(Lamar Fleming);也包括其他几位商业领导者,以及 5 名国会成员和 5 名参议员,其中就有康涅狄格州的普雷斯科特·布什(Prescott Bush),他的儿子和孙子之后分别成为第 41 届和第 43 届总统。麦克唐纳是孤独的工会代表。与之后的工会领导人不同,他热衷于推行自由贸易。比如,尽管面临着委员会中企业高管的反对,他仍呼吁终止《购买美国货法案》(Buy American Act),该法案让美国企业优先于外国企业获得政府合同。即使委员会中大部分成员总结认为"在美国目前的情况下自由贸易是不可能的",但麦克唐纳依然敦促美国领导者降低关税门槛。他认为自由贸易的确是有可能实现的,但倘若没有帮助受进口竞争影响的工人和产业进行"调整"的机制,则很有可能无法实现。

与其采取关税和配额的保护主义，他建议其他委员会成员支持一项新的调整计划。对于因廉价进口商品而失业的工人，他建议给予失业补偿以及就业再培训和迁移安置费。有人对这种挑选出特定群体给予特殊待遇的方式提出异议，他争论道："因降低关税等政府行为而引起的失业应得到政府的特别关注。"受损企业有资格获得技术和资金援助，从而促进产品线多样化或更替；政府在签署合同时应向这些企业倾斜，并对其新的投资加快税收减免。援助也应该延伸至受损社区。如果一家工厂因为进口竞争而倒闭，该企业所在的城镇应可以获得资金和援助，从而吸引新的能创造就业的投资。

该建议被所有委员会同僚拒绝了，其中大多数是企业高管，他们认为工人和产业必须在最低政府援助基础上努力适应。[①] 他们指出，因进口竞争而失业的工人并不比那些由于"技术革新、顾客偏好变化、矿产资源贫乏、新发明、新税种或许多其他原因"而失业的人更糟糕。既然政府并不建议帮助所有这些工人，那么把因贸易而失业的工人单列出来是不公平的。大多数人写道："不管我们多么同情面对难题的失业工人，或是缩小规模的企业，但这只不过是一个更重大问题的一个阶段。"艾森豪威尔支持大多数人的意见。

肯尼迪

尽管麦克唐纳的提案被委员会驳回，但最终更具影响力的其他人给予了支持。时任马萨诸塞州初级参议员的约翰·肯尼迪喜欢这一想法，并将其作为单独的法案引入，即 1954 年的《贸易调整法案》。他与民主党同事休伯特·汉弗莱(Hubert Humphrey)一起，尝试将这一法案纳入 1958 年扩大艾森豪威尔总统贸易谈判权的法案下，但失败了。[②] 作为一名国际主义者和狂热的冷战人士，肯尼迪支持降低美国贸易壁垒，鼓励从亚洲和欧洲友好盟国的进口。但他警告称，对手在冷战政策下已经签署了大约两百份优惠贸易协议，美国必须做出应对。但同时，肯尼迪需要工会的政治支持，以及他的家乡马萨诸塞州进口竞争产业的支持，这些产业对进口上升颇为担忧。贸易调整援助很好地结合了两个目标，成为 1960 年民主党总统选举的一部分，以及他所提倡的新贸易谈判权的核心内容。[③]

---

① Richard A. Givens, "The Search for an Alternative to Protection," *Fordham Law Review* 30, no. 1 (1961), http://ir.lawnet.fordham.edu/cgi/viewcontent.cgi?article=1698&context=flr.

② J. F. Hornbeck and Laine Elise Rover, "Trade Adjustment Assistance (TAA) and Its Role in U.S. Trade Policy," Congressional Research Service, July 19, 2011, http://fpc.state.gov/documents/organization/169173.pdf.

③ Givens, "The Search for an Alternative to Protection."

这次的阻力小多了。国家制造工人协会在60年代初期仍然是保护美国产业免受进口影响的主要游说机构，该协会质疑道，政府运行的援助项目“好像在表明自由市场有什么问题”。[①] 国家制造工人协会同意兰德尔委员会大多数人的观点，认为因贸易而失业的工人不应获得相较其他失业工人更特殊的待遇。众议院共和党人和一些保守的民主党人强烈反对给因贸易而失业的工人提供特殊项目，并要求就该项目单独投票，但没有成功。[②] 但企业看到了开放新的出口市场带来的潜在利益，大多数表示支持。美国银行家协会以及美国国家商会顾问委员会都认为援助计划是经济高效的方式，能将劳动力和资本转移至更具竞争力的企业和产业，但两者都警告可能会引起“废弃的产业”。最终，法案以众议院大约300票，以及参议院78票对8票通过。在参议院投票的前夜，《纽约时报》发表了一篇必胜主义的社论，题为“保护主义终将结束”，文中写道：“提供调整援助会减缓冲击，但既不是永恒的补助，也不会保护无效率者。相反，它旨在提升产业的竞争力和工人技术技能，在长期也会促进贸易扩张。”

工会对肯尼迪的建议并不完全满意：他们认为再培训时间太短，补助水平太低；政府给予受损企业的贷款担保应该数额更大、利率更低。但最后劳联-产联同意了这一贸易法案，认为贸易自由化和调整援助的联姻会扩大出口、保障受进口竞争影响的企业和工人，并且通过提升企业效率和生产力促进经济发展。这是最后一次让劳联-产联支持如此大规模的贸易法案。

从约翰逊到尼克松

工会尽管支持贸易援助协议，但在整个过程中都十分警惕。但即使是最悲观的工会领导者都没有预测到实际会发生什么。法案在其文本中明确贸易援助只提供给受到“严重伤害”的工人，通常指由于美国政府减税直接导致的进口上升而造成的失业人群。关税委员会基于这些狭隘的指标做出了决定，而该委员会任命的成员普遍对于工人没有多少同情心。结果是从1962年至1968年，没有一个美国工人或一家企业获得该项目的援助；25份请愿书被该委员会统统拒绝。[③] 即

---

① Howard Rosen, “Trade Adjustment Assistance: The More We Change, the More It Stays the Same,” in *C. Fred Bergsten and the World Economy*, ed. Michael Mussa (Washington, DC: Peterson Institute for International Economics, 2006), 80.

② Hornbeck and Rover, “Trade Adjustment Assistance (TAA) and Its Role in U. S. Trade Policy.”

③ James A. Dorn, “Trade Adjustment Assistance: A Case of Government Failure,” *Cato Journal* 2, no. 3 (winter 1982), http://citeseerx.ist.psu.edu/viewdoc/download?doi=10.1.1.198.4326&rep=rep1&type=pdf.

使法案于 1965 年在约翰逊总统任期内得到扩张，涵盖了《美加汽车法案》，并在 1968 年微调，放宽了合规要求，在之后 5 年也只有 46 000 名工人获得了援助，几乎没有人得到实质上的再培训。从 1969 年至 1975 年，只有 3 500 名工人获得了再培训。[①] 工会极度愤怒——劳联-产联研究主任早在 1963 年就写道，加剧的保护主义"是真切的、严峻的威胁，关税委员会对《贸易扩张法案》僵化的技术解释加剧了这一威胁"。[②] 到 1965 年，法律制定者和工会对贸易援助计划的支持都在减退，劳联-产联领导者警告称，关税委员会过于严格，拒绝了许多贸易援助申请，可能会"（煽动）本地工会的潜在保护主义情绪"。[③]

尽管尼克松相较于民主党的约翰逊来说，并没有那么同情工会，但他对调整援助如何运行有更宏大的视野。为了与共和党批评人士普雷斯科特·布什保持一致，尼克松反对向因贸易而失业的工人提供特殊援助。他认为，认定失业是由进口、技术、客户改变或仅是管理不力而引起是很难的。但与之前的共和党人不同的是，尼克松支持更宏大的政府角色。1969 年，他向国会提出了最彻底的失业保险计划改革，这将首次设立一个综合性的国家标准。最初的失业保险项目于 1935 年由罗斯福总统颁布，建议失业工人收到的政府补助不低于工资的一半。但由于各州独立决定实际的福利领取的资质、水平和时间，因而很少有州是十分慷慨的。尼克松希望设立单一的国家标准，拒绝合规的州会受到华盛顿的强制要求。很多州对所有形式的再培训采取十分消极的态度，反而倾向于节省成本，迫使失业工人尽快返回职场，不管能找到的工作提供的工资多么低廉。1960 年，除了 3 个州，其他所有州都拒绝给选择再培训的工人提供失业补助，即使到 60 年代末，还有半数州仍然这么做。尼克松表示，这些州"基于援助项目下的工人'不适合工作'的理论，仍然拒绝给予补助，不支持再培训。相反的是，工人希望通过学习新的技能和技术适应新的工作。鉴于他们做了政府、企业、劳工界都鼓励的事情，政府当然应该停止惩罚"。[④] 最终，在高失业率时期——当时的定义是连续 3 个月高于 4.5%——他希望自动扩大福利范围，

---

① Steven T. O'Hara, "Worker Adjustment Assistance: The Failure and the Future," *Northwestern Journal of International Law and Business* 5, no. 2 (summer 1983), http://scholarlycommons.law.northwestern.edu/cgi/viewcontent.cgi?article=1145&context=njilb.

② Nat Goldfinger, "Adjustment Assistance," letter, *Washington Post*, *Times Herald*, September 23, 1963.

③ Arlen J. Large, "Firms, Workers Hurt by Imports May Win Aid from Washington," *Wall Street Journal*, May 21, 1965.

④ Richard Nixon, "Special Message to the Congress on Unemployment Insurance," American Presidency Project, July 8, 1969, http://www.presidency.ucsb.edu/ws/?pid=2117.

终止仅通过特殊国会立法提供福利，立法有时在福利过期后才能完成或完全不能达成。为了提供新的福利，他提议使工资上限翻番，对员工免征社会保险税，实际上是呼吁对高薪者征收新税。

然而，民主党掌控的国会拒绝了这一更宏大的策略。尼克松的失业保险提议受到了州保险委员会成员的强烈反对，这些成员害怕联邦接管这一项目；企业也是如此，反对征收更高的税来补偿福利。① 工会由于条款规定不向罢工者提供失业保险，也提出了反对。所有方面都向国会积极游说，拒绝尼克松的项目。在那次失利后，尼克松持续推进更为综合性的计划，在 1973 年向国会递交的贸易法案中，他敦促大幅缩小贸易援助规模。与之相反，国会大规模扩张了这一计划，并得到了尼克松的国务院以及支持自由贸易并视贸易援助为贸易法案必要组成部分的经济部门的默默的但热烈的支持。② 工会是分化的。劳联-产联支持《伯克-哈特克法案》，坚持认为对贸易援助计划的任何改进都不会获得他们对推进贸易自由化的支持。但联合汽车工人协会支持贸易法案，事后证明汽车工人是扩张计划的主要受益者。

1974 年《贸易法案》在一小段时间内带来了一些变化，愈加接近于钢铁工人协会的麦克唐纳一开始设想的项目——尽管还有一些漏洞，如拒绝给莫里斯敦的 500 名马格纳沃克斯工人提供补助。该法案放宽了合规要求并提升了补助标准——员工不用再证明他们受到了特定关税减免的伤害，只需表明进口的增长"很大程度上造成了"失业。补助提升至工人之前所拿工资的 70%，或者说，包括失业保险补助后达到了 80%。随着美国汽车产业在 70 年代后期陷入危机，包括克莱斯勒的破产和政府救助，贸易调整援助的诉求激增。劳工部代替关税委员会成为证明机构，而且在接受请愿方面要慷慨得多。③ 从 1975 年到 1981 年，超过 130 万人受到了贸易调整援助，仅在 1980 年的衰退期就有将近 70 万人，包括 50 万名汽车工人。④

成本是巨大的——1975 年至 1981 年间达到大约 40 亿美元，而 1962 年至

---

① George P. Shultz and Kenneth W. Dam, *Economic Policy behind the Headlines*, 2nd ed. (Chicago: University of Chicago Press, 1988), 145.

② Charles R. Frank Jr., Foreign Trade and Domestic Aid (Washington, DC: Brookings Institution, 1977).

③ Steve Charnovitz, "Worker Adjustment: The Missing Ingredient in Trade Policy," *California Management Review* 28. no. 2 (winter 1986).

④ J. F. Hornbeck, "Trade Adjustment Assistance (TAA) and Its Role in U. S. Trade Policy," Congressional Research Service, August 5, 2013, https://www.fas.org/sgp/crs/misc/R41922.pdf.

1975年间只是8 500万美元。[①] 尽管现金补助要慷慨得多,但再培训的承诺依然没有落到实处。在所有这些符合补助条件的工人中,仅有43 000人,或4%,实际接受过培训项目。更少的是,仅有5 200人获得求职援助,仅有4 400人获得去其他地方工作的安置补助。尽管根据法律规定,工人需要接受再培训,从而获得补助,但继任的政府拒绝执行条款且经常未能提供之前保证的再培训基金。1978年的一项调查发现,78%的克莱斯勒下岗工人希望接受其他工作的培训,但几乎没有人获得那样的培训。[②] 项目也没有得到很好的管理。联邦政府在提醒员工可以获得补助方面做得很少,依赖于州就业部门告知员工资质情况。因此,许多员工花数月的时间才能申请援助。劳工部在处理请愿方面较为拖沓,不能应对大量需求。那时的评估表明,平均而言,工人在失业后14个月才能获得政府补助;超过一半的人在收到第一份补助前就不得不重新就业。

里　根

由于贸易调整援助成本增长、管理无效,批评人士一直将之视为政府的一大块开支。由于贸易援助请求在之前预测的成本上增长了大约10亿美元,增加了政府财政赤字,在1980年接近400亿美元,因而卡特总统不得不在向国会提交1981年预算案的一个月后对其进行修改。这一披露引起的骚动扼杀了国会的一项修正案,该修正案本打算扩大援助范围至零部件供应商,可以使包括莫里斯敦的工人受益。[③] 共和党人认为此项计划成本高、无效且不公平。里根总统在致国会的第一份预算案中,提出从贸易调整援助着手,减少政府开支的一部分。在1981年2月致国会的首次重要经济演说中,他表示:"我们最后给因为海外竞争而失业的人更多的补助,而他们由于国内竞争而下岗的朋友和邻居得到的却少得多。每个人都必须承认这是不公平的。"[④]如果给这些员工的补助再回到失业保险时期,那么每年能节省15亿美元。里根对贸易调整援助的反对得到了1980年1月审计总署报告的支持,这个国会的监督机构的职责是发现联邦项目中的浪费和欺诈现象。该报告发现,大约四分之三的符合资质的工人没有使用再培训、求职

---

① Dorn, "Trade Adjustment Assistance."

② Charnovitz, "Worker Adjustment."

③ 详见 Thomas G. Donlan, "Hands across the Sea: Trade Adjustment Benefits Will Cost Uncle Sam Plenty," *Barron's*, May 5, 1980; Art Pine,"Billion-Dollar Mistake Snags New Budget," *Washington Post*, April 9,1980,http://www.washingtonpost.com/archive/politics/1980/04/09/billion-dollar-mistake-snags-new-budget/7d0e8f0d-3ab9-4949-8202-7cbc42d0d1a8。

④ Ronald Reagan, "Address before a Joint Session of the Congress on the Program for Economic Recovery," American Presidency Project, February 18, 1981, http://www.presidency.ucsb.edu/ws/? pid=43425.

或安置服务，有的不知道自己符合条件，有的不需要，还有的不想为了找到工作而去重新安置。[1] 在援助接受者中，大约有三分之二返回到之前的工作，这表明贸易调整援助仅仅是更慷慨的失业保险项目，而不是真正的调整项目。1979 年 Mathematica 政策研究中心的一项单独调查发现，贸易调整援助在鼓励员工进入新行业方面作用很小，样本中仅有 15％的接受者更换至新的产业，仅有 25％的接受者更换至新的职业。[2] 既然很少有员工受到了可以更换职业的再培训，因而这一结果并非完全出乎意料，但依然给援助项目造成了更大阻力。

可以很轻易得出结论，贸易调整援助首次大规模试验失败了。很少有员工受到了承诺的再培训，证据也表明那些接受再培训的人获得的好处少之又少。里根政府并没有对该项目进行调整，而是彻底改变。从 1982 年至 1984 年，该项目的支出减少了大约 30 亿美元，其中一部分原因是要求工人在用完失业保险后才能获得调整援助。国会也提升了资质标准，因而申请的批准率从 1980 年 81％的高位降到 1981 年仅为 14％。[3] 到 1984 年，援助项目急剧缩小，那年仅有 16 000 名员工获得了共计 5 000 万美元的补助。[4] 尽管里根多次尝试彻底取消该项目，但国会对其还是保留了一个名头。

从克林顿到奥巴马

到 90 年代，贸易调整援助与总统的贸易谈判权紧密相连；随着 1993 年批准《北美自由贸易协定》以及 1994 年成立世贸组织，克林顿总统不能说服自己党内成员重新恢复总统贸易谈判权，因而也没有机会重新考虑援助计划。直到 2002 年，布什总统要求新的贸易谈判权时，国会才再次扩大了资质范围和福利。国会首次表示，若某成品的进口竞争愈加激烈，援助范围会涵盖为成品生产零部件的工人，这也解决了莫里斯敦工人福利被剥夺的问题。该法案首次尝试了工资保险，这一想法于 80 年代中期第一次提出，给那些不得不从高薪制造业转至低薪工作的工人工资补偿。[5] 同时，加入再培训的工人获得福利

---

① O'Hara, "Worker Adjustment Assistance."

② Dorn, "Trade Adjustment Assistance."

③ "Trade Adjustment Assistance: New Ideas for an Old Program," US Office of Technology Assessment, June 1987, http://ota.fas.org/reports/8730.pdf.

④ Kenneth B. Noble, "Reagan Move for Job Funds," *New York Times*, November 9, 1985, http://www.nytimes.com/1985/11/09/business/reagan-move-for-job-funds.html.

⑤ Stephen A. Wandner, "Wage Insurance as a Policy Option in the United States," Upjohn Institute, Working Paper 16-250, 2016, http://research.upjohn.org/cgi/viewcontent.cgi?article=1268&context=up_workingpapers.

的期限延长至两年。2002 年的《贸易法案》也提供了医疗税收减免，可以抵补一名失业工人每月医疗保费的 65%。[①] 项目的扩张以及 21 世纪初来自中国日益加剧的进口竞争使得越来越多的工人符合资质要求。相比 2000 年不到 10 万名工人符合资质，2002 年则超过了 23.5 万人。[②] 符合资质的工人中有越来越多的一部分——接近一半——实际使用该项目，其中大部分加入了就业再培训。

最后，奥巴马总统的刺激计划，之前称为 2009 年《美国复苏和再投资法案》，重新恢复了贸易调整援助的规模和福利水平，这是自 70 年代末以来最大的举措。面对带来严重后果的经济衰退，刺激计划提升了医疗减税幅度，对全职再培训的工人提供额外的 26 周贸易再调整津贴（总计长达两年半），并增加了求职和安置补贴。从 2009 年 3 月至 2011 年 5 月，失业率达到自 80 年代初衰退期以来的高位，超过 50 万名工人申请援助，有 45 万名工人（逾 80%）的申请获得批准。另外，由于国际竞争的变化，很多工人因为外包而非进口竞争失业，在援助范围内的工人数量是以前的两倍。[③] 2009 年和 2010 年的培训资金也翻了一番，符合资质工人中的一半加入了再培训。[④]

与之前的尼克松相似，奥巴马也推进失业保险的大幅整改。他旨在建立一个综合性的失业员工计划以代替之前的项目，给所有工人提供类似于贸易调整援助的福利。该计划中包括在传统的 26 周失业保险外，给所有加入培训的员工额外 78 周的收入支持，这也意味着给予两年期的资助。工人也可以有资格获得 1 250 美元的求职津贴和 1 250 美元的重新安置津贴。那些选择在电脑或医疗卫生等高增长和高需求行业再培训的工人会获得额外的 8 000 美元代金券。对于年满 50 岁的工人，若他们被迫接受低薪工作，那么工资保险会给予补偿。政府估计该项目每年会帮助大约 100 万名员工，每年成本是 40 亿美元。国会从未同意过这一提案。众议院共和党人反而要求工人培训项目全面削减 30%。

---

① Hornbeck, "Trade Adjustment Assistance (TAA) and Its Role in U. S. Trade Policy."

② Lori G. Kletzer and Howard Rosen, "Easing the Adjustment Burden on U. S. Workers," in *The United States and the World Economy: Foreign Economic Policy for the Next Decade*, ed. C. Fred Bergsten (Washington, DC: Peterson Institute for International Economics, 2005), https://www.piie.com/publications/chapters_preview/3802/10iie3802.pdf.

③ Howard Rosen, "Trade Adjustment Assistance: Facts versus Fiction," June 14, 2011.

④ "Trade Adjustment Assistance: Changes to the Workers Program Benefited Participants, but Little Is Known about Outcomes," Government Accountability Office, September 2012, http://www.gao.gov/assets/650/648980.pdf.

调整援助能够起作用吗？

1983 年 5 月 20 日，福特在加利福尼亚州圣何塞东北部关闭了一家汽车整装工厂，该工厂雇用了超过 2 400 名员工，生产小型福特福睿斯汽车。福睿斯型号是福特自 70 年代石油价格冲击以来应对小型日本节能汽车的无可奈何的措施。仅 1978 年至 1980 年的 3 年时间，美国汽车产量就从 900 万辆骤降至 650 万辆；福特在美国的市场份额从 24%降至 16.6%。尽管圣何塞工厂的生产率较高，但福特尤其在加利福尼亚州的销量受到了重创；在加利福尼亚州，日本进口汽车占到了汽车市场的一半，以及小型汽车市场的 70%。在 1982 年初，工厂濒临倒闭。

在这之后开始了一项劳工市场项目专家所称的国家典范的尝试。福特与联合汽车工人协会达成一致，在任何一家工厂关闭前 6 个月会给出提前通知。圣何塞工厂即将关闭的通知于 1982 年 11 月 18 日公布。几乎所有的工人都符合贸易调整援助条款，可以得到两年期的收入支持，企业同意在这段时间支付医疗保险。在工厂关闭前，企业和工会给所有工人支付了教育评估费用，来判断他们是否需要基本的英文阅读能力教育，或直接进入技能再培训。37%的工人接受过的学校教育不满 11 年，41%完成了高中学业，27%在高中毕业后接受了继续教育或培训。500 多名员工参加了 1983 年前 5 个月在工厂提供的基础成人教育课程，160 人获得了同等高中学历。工厂也提供了技能课程，如电脑、焊接、汽车机修、室内装潢、铲车操作及其他，工厂关闭后这些课程仍然进行；超过 2 100 名工人参与其中，有 750 人接受了高强度全职技能培训。

两年后评估的结果表明，再培训虽然没有带来完全的变革，但确实带来了很大的改变。大约 17%的工人还处在失业状态，获得新工作工人的薪水普遍下降了 20%。新的职业生涯多种多样：销售员、微波炉技师、水暖工、电焊工、机器操作员、卡车驾驶员等。值得注意的是，大约 25%的前福特工人在硅谷的新兴高科技中成功找到了工作，这正是从低增长产业转至高增长产业，也是劳工市场调整项目应该促成的效果。50 岁以上年长的工人在找寻新工作方面面临更严峻的局势。但毫无疑问的是，再培训项目提供了很多帮助。最让人震惊的数据是，在加入再培训的工人中，到 1985 年只有 14%依然失业，接受技能培训的工人中只有 10%依然失业；在那些没有参加任何项目的工人中，在 3 年后仍有

33%的人没有工作。[①]

福特在加利福尼亚州的经历深刻影响了1986年里根时期劳工部长组织的工作小组,使其关注由于工厂关闭或其他"表明失业是永久"的事件而丢失工作的1 080万工人。在1981～1982年衰退期,该工作小组发现一半的下岗都是永久性的,远超过此前60年代初和70年代初的衰退期。即使1986年经济再次强劲增长,创造的就业达到历史高位,那些工人在重回劳动市场时仍面临巨大障碍。工作小组呼吁举国采取新的行动,以每年9 000万美元的代价,"尽快应对永久性失业工人的需求"。里根拒绝了这一提案。

其他创建更宏大的贸易调整计划的努力也在很大程度上陷入僵局。在肯尼迪总统首次成立该项目的50多年后,就如何帮助美国工人适应日益融入全球经济而带来的深远影响的问题,依然没有达成政治共识。员工培训依然是保守派批评人士的理想目标。传统基金会(Heritage Foundation)表示,贸易调整援助"给一小部分下岗工人提供了过于慷慨的福利",在帮助他们找到更好的工作方面做得很少。[②] 同样支持废除该项目的加图研究所(Cato Institute)认为:"正是贸易调整援助的存在使人们不再相信贸易自由化带来了特殊的'受害者',他们仅仅因为失业的原因而受特殊项目照顾。"[③]大多数国会共和党人至今还是持反对意见,如果可以的话,愿意扼杀这一计划。

调整援助不是一项容易的买卖。即使在最好的经济情况下,劳工领导者索尔·查金(Sol Chaikin)仍注意到,在80年代初期美国制造业工作被淘汰时,"职业适应是远远不够完美的"。他写道,考虑到多样化的教育和技能,"让人们适合不同的岗位是复杂的也是经常让人沮丧的过程,特别是当一个产业很大程度上被淘汰的时候"。[④] 换句话说,如果钢铁企业倒闭,而小镇可以提供的其他工作只有医院里的护士岗位,那么不管是否可以获得再培训,失业钢铁工人面临的前景都是十分惨淡的。贸易调整援助的支持者也受制于项目有效数据的缺乏。令人惊讶

---

① Gary B. Hansen, "A Follow-Up Survey of Workers Displaced by the Ford San Jose Assembly Plant Closure," Gary B. Hansen Collection, Utah State University, http://garybhansen.com/pdfs/worker/fllwup.pdf.

② David B. Muhlhausen, "Trade Adjustment Assistance: Let the Ineffective and Wasteful Job Training Program Expire," Heritage Foundation, January 8, 2014, http://www.heritage.org/research/reports/2014/01/trade-adjustment-assistance-and-ineffective-job-training-pro gram.

③ Sallie James, "Maladjusted: The Misguided Policy of Trade Adjustment Assistance," Cato Institute, November 8, 2007, http://www.cato.org/sites/cato.org/files/pubs/pdf/tbp-026.pdf.

④ Sol Chaikin, "Trade, Investment and Deindustrialization: Myth and Reality," Foreign Affairs 60, no. 4 (spring 1982), https://www.foreignaffairs.com/articles/united-states/1982-03-01/trade-investment-and-deindustrialization-myth-and-reality.

的是，在项目成立后，国会没有要求对那些加入的工人持续评估劳工市场成果。换句话说，加入该项目的员工是否比那些出于非贸易原因而失业的工人结局更好呢？只是在最近几年政府才开始对加入的人群持续评估成果。根据劳工部的合约，Mathematica 政策研究中心获得 2004～2008 年受益人群的详细样本，能将他们的成果与没有获得同等援助的下岗工人（尽管他们可能符合失业保险或其他政府再培训项目）作比较。结果并不是确定的；那些获得贸易调整援助再培训的工人在最初两年损失了大量收入，主要是因为处于再培训阶段。甚至在 4 年评估期的最后时期，参与援助项目的工人收入都略低于其他失业人群。但考虑到研究窗口只给出了 4 年时间，因而再培训是否会在中长期带来更高收入还不得而知。

其他研究表明，再培训确实有帮助，但障碍是巨大的。援助项目受益者平均来说都更年长，也更难再次就业。大多数人在成立了工会的产业中工作，所以他们按同等工资水平找到工作的概率要小得多，特别是成立了工会的工作比例持续下降。制造业的失业情况大多数集中在小城镇，这些地方其他的就业机会非常少。新的工作往往需要搬迁至其他地方，而美国人出于很多原因，越来越没有搬迁的意愿。

联邦政府再培训计划谈不上是一个模式。对于劳工发展从来都没有一项国家计划；相反，国家层面和州层面零碎的计划混合在一起，根据多项指令运行。大多数其他发达国家做得更好。美国对“活跃劳工市场政策”的支出只占 GDP 的 0.1%——这些政策旨在让失业人员有更好的就业——这都不到经合组织（OECD）国家平均水平的七分之一。经合组织发现，大多数欧洲国家以及加拿大和澳大利亚的培训体系都比美国“更全面和稳定”。[①]

一个更好的模式应包含企业和工会，正如福特工厂的案例一样。但企业一直没有提供太多帮助。一项普遍的研究结论是，职业中培训比其他任何职业外培训都更具成本效益，这是在意料之中的，因为与其培训那些经济学家预测有需求的工作，还不如让工人在真实的企业获得真实的培训。但根据劳工部的数据，在过去 10 年中，将职业中培训与课堂教学结合的项目减少了 40%。很多企业不想支付培训的财务费用，希望政府给予支持，或害怕培训过的员工被竞争对手挖走。[②] 然而，今天的美国企业由于不能找到所需的技术工人而痛苦地抱

---

① Thomas J. Hilliard, “Building the American Workforce,” Council on Foreign Relations, working paper, July 2013, http://www.cfr.org/united-states/building-american-work force/p31120.

② Lauren Weber, “Apprenticeships Help Close the Skills Gap. So Why Are They in Decline?,” *Wall Street Journal*, April 27, 2014, http://online.wsj.com/news/articles/SB10001424052702303978304579473501943642612.

怨,进而埋怨教育体系。尽管商会和商界圆桌会等企业机构持续支持贸易援助计划,但这只是为了获得国会对贸易自由化的支持所做的一部分努力。

毫无疑问的是,再培训至少对于失业人员来说会带来巨大的改变。所谓中等技能领域的工作——需要社区大学或职校文凭——在未来 10 年将比低技能工作增加得更快,并与那些需要完整大学文凭的工作增幅相当。[1] 在获得一定帮助的基础上,大多数因贸易竞争而失业的人群可以达到这些要求。

背弃的诺言

贸易调整给出了美国的承诺,帮助工人应对日益激烈的国际竞争。在欧洲,给所有工人提供的更为慷慨的失业计划,外加雇主很难解雇工人的劳动法,则造成了意想不到的后果。数十年来,法国因高失业率苦不堪言,特别是年轻人的高失业率。德国在 21 世纪初对失业保险项目进行整改,降低福利水平,从而迫使失业工人返回职场。丹麦也许是与美国最相关的欧洲案例。与美国相似的是,丹麦的就业保护是薄弱的,但失业工人可以很快获得大量的经济支持和再培训。失业补助能抵补长达 4 年 60%的工资收入损失,但失业人群不是领着补助无所事事。相反,政府与企业和工会密切合作,对有需求的工作提供培训;失业工人需要加入再培训和求职项目才能保留补助资格。即使对失业的救助如此慷慨,丹麦过去 10 年的失业率也一直比美国低。甚至在 2010 年的深度衰退期,70%失业的丹麦人表示对找到新工作十分自信。但丹麦当然不是美国。这是一个规模小得多的国家,对税收的容忍度要高得多;工会代表 70%的丹麦工人,而美国仅为 11%。很难想象这样的制度在美国扎根。

对于一个正在从相对自给自足制到进一步融入竞争性全球经济的国家来说,给予面临进口竞争的工人调整援助被视为最为适当的可实现的目标。一个成功的项目即使不是完全防止,至少也可以预先制止工会阻碍自由贸易。它也可以帮助上千万美国工人度过从旧经济到新经济的痛苦转型期。如果项目没有达到这些目标,这便是美国在建立广泛共享福利的竞争经济过程中失败的地方。伯格斯滕在 1973 年写道,面临进口竞争扰乱的国家的选择仅有两个:限制进口,或帮助错位的企业和工人适应新的竞争。不幸的是,美国做出了第三个选择:依然对进口开放,但对那些受新竞争伤害的企业和工人的帮助很少或没有。

---

① Hilliard, "Building the American Workforce."

第六章

虎妈和失败的学校教育
——家庭的竞争挑战

蔡美儿(Amy Chua)在因虎妈出名之前是国际经济竞争专业的学生。在她2007年《帝国时代》(*Day of Empire*)一书中,这名耶鲁法学院教授谈道,充分的历史研究表明,最为成功的国度,从古罗马到现代美国,都通过对移民开放而繁荣,并成功地从很多国家吸收最优秀的人才。但她直到将这个理念运用到自己身上后,才为人们知晓。《虎妈战歌》(*The Battle Hymn of the Tiger Mother*)一书讲述了她对两个中美混血女儿的育儿经,书中有着睿智的教育方式,也有自嘲的语言,讲述了她培养超级优秀孩子时并不总是成功的经验。《华尔街日报》摘录了书中一部分内容,并冠以吸人眼球的标题:"为什么中国母亲更加优秀",之后这本书引起了全美讨论——有些人指责蔡美儿有虐待行为,还有一些人担心她可能想达到某种目的。该书出版于2011年,在过去的10年中,中国对美国贸易优势持续增加,而美国经济停滞。英国《卫报》指出,她关于中国母亲优越于西方母亲的观点体现了人们对"中国崛起和西方衰退的日益增加的不安全感"。[①]*Slate*杂志写道,蔡美儿"触及了美国家长和教育家所深深担忧的问题,也就是随着东方经济强国的崛起,美国的孩子越来越竞争不过其他国家的孩子"。[②]《华盛顿邮报》(*Washington Post*)的专栏作家亚历山大·佩特里

① Kira Cochrane, "The Truth about the Tiger Mother's Family," *Guardian*, February 7, 2014, http://www.theguardian.com/lifeandstyle/2014/feb/07/truth-about-tiger-mothers-family-amy-chua.

② Ray Fisman, "Mary Gates and Karen Zuckerberg Weren't Tiger Moms," *Slate*, February 9, 2011, http://www.slate.com/articles/business/the_dismal_science/2011/02/mary_gates_and_karen_zuckerberg_werent_tiger_moms.html.

(Alexandra Petri)写道:“关于虎妈的争论在全国范围内发酵,并不仅仅因为它涉及普通的育儿问题……而是因为涉及竞争性的跨文化育儿问题。我们希望我们的孩子参与竞争——只要他们能获胜。”①她引用了宾夕法尼亚州前州长埃德·伦德尔(Ed Rendell)的例子。费城老鹰队和明尼苏达维京人队之间的一场橄榄球比赛原定于 2010 年 12 月举行,但因为下雪被取消。伦德尔愤怒地说道:“我们国家充斥着胆小鬼。中国人在各方面都超过了我们。如果这件事发生在中国,你们觉得他们会取消比赛吗?他们已经在走向比赛场了,一路上还做着算术。”在他 2016 年参与总统竞选时,房地产大鳄唐纳德·特朗普(Donald Trump)哀叹道:“我们不再获胜了。我们输给了中国。我们在贸易和边境方面都输给了墨西哥。我们输给了每个人。”②

里根总统表示:“优秀需要竞争。没有比赛就没有冠军,没有人破纪录,也没有人能凸显出来——在教育或生活其他方面都是如此。”③历任总统都会推崇竞争的好处。克林顿总统在关于《北美自由贸易协定》的辩论中质问他的党派,并坚持认为美国必须对所面临的贸易挑战“迎头而上,而非撤退”。20 年后,奥巴马总统用了几乎同样的语言,鼓吹国会支持《跨太平洋伙伴关系协定》。他在耐克俄勒冈总部的演讲中说道:“我们不会让自己在世界市场中被孤立。我们应置身其中,并参与竞争。”

但美国是否做好了准备在竞争中获胜?1983 年,人们对日本日益增长的出口的担忧达到了顶点,国家科学院(NAS)组建的一流团队发布了题为“危难之中的国度”(A Nation at Risk)的报告,警告道,美国学生落后于世界其他地方的同龄人,这让举国震惊。数学教育超越了其他任意一项政府政策,推动美国达到世界领先地位,建造了世界上最精密的产业,并提供人力资源。到 20 世纪中期,美国孩子的入学率超过其他任何国家;1960 年,大约 70%的年轻人高中毕业,也超过了其他国家。但国家科学院研究小组表示,这些成就都是过去的事了,并警告道:“我们曾经在商业、工业、科学和技术创新领域无可匹敌的优越性已经被世界上的竞争者抹掉。我们社会的教育基础正被平庸腐蚀,这危害了我

---

① Alexandra Petri, “State of the Union: Competitiveness, the Super Bowl, and Amy Chua,” *Washington Post*, January 25, 2011, http://voices.washingtonpost.com/compost/2011/01/state_of_the_union_competitive.html.

② Edward Alden and Rebecca Strauss, “Is America Great? How the United States Stacks Up,” *Foreign Affairs*, February 1, 2016, https://www.foreignaffairs.com/articles/united-states/2016-02-01/america-great.

③ Ronald Reagan, “Remarks to the National Catholic Education Association, Chicago, Illinois,” American Presidency Project, April 15, 1982, http://www.presidency.ucsb.edu/ws/? pid=42399.

们国家和人民的未来。上一代人无法想象的事情开始发生——其他国家在大踏步前进,超越我们的教育目标。"尽管批评人士之后在肯定其价值的同时提出质疑,认为该报告过于危言耸听,但报告的销售量超过了 50 万份,使得《纽约时报》宣布其将教育问题"推向了政治辩论的焦点,带来了自 1957 年苏联卫星动摇美国公立学校信心以来从未感受过的紧迫性"。[①]

20 年后,在中国崛起之际,国家科学院组建了类似的团体,审视美国在科技方面的表现。由洛克希德-马丁公司(Lockheed-Martin)前总裁诺曼·奥古斯丁(Norman Augustine)担任主席,科学家、工程师和商业领袖组成的委员会在 2005 年"在风暴中崛起"的报告中表示:"随着许多其他国家不断蓄势,我们十分担心美国经济领先地位所基于的科学和技术基石正在受到破坏。"报告中继续写道:"我们很大一部分的劳动力与世界低薪工人直接竞争就业,世界上许多其他地方正在完成领先性的科学和工程事业。"为了在这样的世界中保持繁荣,"美国必须通过优化知识资源而竞争,特别是在科技领域,给新兴和重生的产业,以及所带来的高薪工作机会以最肥沃的土壤。我们已经看到资本、工厂和实验室做好了准备,将流向可能带来最大回报的地方"。[②]

尽管有时很难区分合理关切和自利的炒作,但批评人士愈加普遍认为美国在准备国际竞争方面远远落后了。美国土木工程师学会(ASCE)对美国基础设施条件,包括道路、大坝、桥梁和港口的评级为 D+。[③] 代表大型跨国企业的商界圆桌会认为,与除日本外的其他发达国家相比,美国政策更加排斥高技术移民。[④] 尽管美国仍然是世界上最鼓励创新的国家,但联邦政府长期的预算赤字——由于低税率,以及军事、卫生事业和老年人社保项目的支出——使得留给用于促进经济发展的研究和技术的资金更少。

彼得森在 1971 年致尼克松的备忘录中告知总统,美国能否在更具竞争性的国际经济中成功,最重要的一点在于本国的行动。更好的贸易准则可以开放新的市场,定价更合理的美元会帮助美国出口。没有对国际准则的改变和其他

---

① 在以下文章中被引用:Maris A. Vinovskis, "The Road to Charlottesville: The 1989 Education Summit," Department of History, Institute for Social Research, and School of Public Policy, University of Michigan, September 1999, http://govinfo.library.unt.edu/negp/reports/negp30.pdf, 10—11.

② *Rising above the Gathering Storm: Energizing and Employing America for a Brighter Economic Future* (Washington, DC: National Academies Press, 2005), http://engineering.columbia.edu/files/engineering/rising.pdf.

③ "2013 Report Card for America's Infrastructure," American Society of Civil Engineers, 2013, http://www.infrastructurereportcard.org.

④ "The State of Immigration," Business Roundtable, http://businessroundtable.org/state-of-immigration.

国家更负责任的行为，美国不管在国内做什么都很难在国际上竞争。但一个更公平、更平衡的国际体系只是一部分答案。除非美国采取措施，通过提高生产率、劳动力教育水平以及研究和创新的领先地位来提升自身经济的竞争力，不然美国还会继续败退。他写道(并用斜体进行了着重处理)："重要的是强调竞争实力的发展主要依赖于自身实力，而不是其他国家的行动。美国强有力的对外经济政策应从强大的国内经济出发。"他认为，提升美国人民的生活水平"更多依赖于对工厂和设备的新增投资，更大的研发力量，以及进一步培训合适的人才和人力，特别是随着社会走向更高的工业和服务水平时，美国工人所需的新技能"。①目标应该是"提升我们的竞争力、生产率，并从普遍意义上来讲，扩大美国相较世界上其他地方拥有比较优势的领域"。他表示，达到这个目标需要"有意识的深思熟虑的措施，使得我们的经济与其他国家相比更具竞争力"。彼得森并不建议美国盲目效仿其他国家。比如，他尽管仰慕日本的成就，但他认为美国提升竞争力的策略"并不意味着采取日本或其他特定国家的体系"。但他也认为，某种连贯性的国家策略是必须的。美国确实需要追寻自己的"长期经济和科技目标"，以提升其竞争力。

一项国家层面的竞争力战略

国家"竞争力战略"的概念在美国是有争议的。正如近期国家研究理事会报告指出的："美国属于那些一小部分工业化国家，其政策制定者从传统上都没有从战略角度考虑国家经济的组成。"②对很多批评人士来说，任何这种努力都带有政府指导经济的意味，"挑选出赢家和输家"，而不是让市场决定结果。尽管在19世纪和20世纪大部分时期，通过建造或资助道路、铁路等关键基础设施，促进科技创新，以及扩大教育面，美国政府在支持美国产业方面扮演了重要角色，但很多人现在还在质疑政府是否能有效地履行这些基本职能。关于挑选赢家和输家的争论一直是站不住脚的。美国政府一般来说出于经济竞争以外的原因长期偏好某些产业。美国农业一直获得大量补助，以确保安全可靠的食物供应和农村的发展；航空和电脑产业受到照顾，从而增强国防力量；汽车产业数次被拯救，以防止大规模失业；大型银行和小型存贷企业靠纳税人的钱救助，

---

① Peter G. Peterson, *The United States in a Changing World Economy* (Washington, DC: US Government Printing Office, 1971), 33—34.

② National Research Council, *Rising to the Challenge: U. S. Innovation Policy for the Global Economy* (Washington, DC: National Academies Press, 2012), xiv.

从而避免金融市场动荡。但很多时候政府的干预是临时的,没有彼得森提倡的清晰愿景,而且改变这一模式的阻力十分大。

认为美国需要国家战略来加强全球经济竞争力的观点在80年代初开始获得关注,那时来自日本的进口商品激增,美国制造业停滞,自此这一观点一直在影响着公共政策的辩论。讽刺的是,一直强烈反对美国需要这一战略的里根总统最有力地推动了竞争力的进程。到80年代中期,大批商界和政治领导人开始凝聚形成了肯特·休斯所称的"竞争力运动"。到80年代末,促进美国经济竞争力的目标成为美国政治宣传的主推理念。1987年,即将担任民主党众议院发言人的得克萨斯州人士吉姆·赖特(Jim Wright)宣称,竞争力是"20世纪最后几年主要的经济问题。如果没有处理好这一危机……那么可能使得未来几代美国人的生活水平逐步下降,最终在这片曾经富裕的土地上陷入贫穷的境地"。①之后在克林顿时期担任劳工部长的罗伯特·赖克(Robert Reich)写道,竞争力的概念"成为美国最大的国家级罗夏测验(Rorschach test)。从这个墨迹测验可以看出人们最大的希望和恐惧……我们在世界市场不再具有竞争力的想法慢慢导致了某种集体行为,每个人都想对此做些什么"。② 众议院民主党领导人理查德·格法特(Richard Gephardt)警告道:"全球竞争的快速加剧是国家自大萧条以来面临的最大经济挑战。如果我们不迎面应对这一挑战,就不能履行国内的责任和在国外的承诺。"③

有时,对"竞争力"的支持会渐渐变成贸易保护主义,但即使是保护主义支持者也基本上认同限制进口充其量只是个短暂的措施,让企业和工人重新准备,以更好地应对国外竞争。休斯写道:"与其对国际竞争置之不理,不如采取关注公共政策和私营部门实践的竞争性战略,这会使美国机构、企业和工人在世界舞台上具有竞争力。"④他们找到了一个良性的循环——例如,政府对研究更大力度的支持会引领创新和突破,从而提升美国出口、产生利润,给下一波创新融资。世界级的道路、铁轨和机场的基础设施建设,会确保美国产品快速运

---

① Stuart Auerbach, "Parties Vie to Embrace American Competitiveness: U. S. Competitiveness Trumpeted," *Washington Post*, December 21, 1986, http://search. proquest. com/docview/138755485/1376A914169575EF5E4/32? accountid=37722.

② Robert B. Reich, "The New 'Competitiveness' Fad," *New York Times*, January 14, 1987, http://search. proquest. com/docview/110610458/1376A914169575EF5E4/14? account id=37722.

③ Stuart Auerbach, "Competitiveness Moves to Forefront: Politicians Vie to Seize Initiative," *Washington Post*, December 7, 1986, http://search. proquest. com/news/docview/138856312/13751CAF6927D14EFD/2? accountid=37722.

④ Kent H. Hughes, *Building the Next American Century: The Past and Future of American Economic Competitiveness* (Washington, DC: Woodrow Wilson Center Press, 2005), 5.

往国际市场。改进过的教育、工人培训和有文化的高技能移民会带来科学和工程方面的劳动力，给一些精密企业提供人力。尽管某些企业是未来创新的基石，如半导体和可再生能源，也许需要特殊关注，但理念并非是创建由政府认定并支持的特定产业的国家工业计划。相反，政府的角色应该是帮助建立哈佛商学院教授迈克尔・波特和扬・里夫金（Jan Rivkin）所称的"商业共同点"，这会使企业和员工在美国繁荣发展——教育并培训有技能的工人，给公共基础设施提供融资，并支持基础科学研究。①

竞争力的概念是十分紧迫的。今天大多数的政治领导者至少口头上承认美国需要成为一个更具竞争力的经济体。两党的历任总统都拥护这一概念，尽管热情程度不一。1992 年，时任阿肯色州州长的比尔・克林顿宣传支持综合性的国家竞争力战略。② 乔治・布什总统拥护教育改革，并支持他所谓的美国竞争力倡议（ACI），这是一项 10 年计划，使得基础科学研究的联邦经费翻番，并培训了数万名新的科学和数学老师。在他的督促下，国会通过了《美国竞争法案》（America Competes Act），该法案旨在促进基础研究投资，鼓励学生走上科学和工程的职业生涯，并推进商业相关的创新。在奥巴马总统 2011 年国情咨文演讲中，他敦促国会共同支持一项"赢得未来"的计划，投资新的科技，从而帮助美国经济超越中国、印度和其他崛起的国家。他表示："我们需要比世界其他地方有更好的创新、教育和建设。我们必须让美国成为世界上最佳的从商之地。"③他创建了就业和竞争力委员会，里面的成员有很多是一流的总裁和专家，向白宫建议如何"确保美国的竞争力"，并做出大量努力来提升美国高端制造业。

这些努力的结果还是不完整的。好消息是随着美国在世界经济论坛（WEF）的年度排名在低至第七位后，主要由于其不断增强的创新领导力，又上升至第三位，紧随德国和日本。其他就只有瑞士和新加坡等小国家在整体排名中有所上升。④ 基于对企业高管调查的世界经济论坛排名，几乎只看一个国家的企业竞争力，美国企业做得很好。然而，若是关注美国人作为个体是否提升

---

① "The Strategic Context," *Harvard Magazine*, September-October 2012, http://harvard magazine.com/2012/09/the-strategic-context.

② Michael Kantor, *Building the American Dream: Jobs, Innovation, and Growth in America's Next Century* (Washington, DC: US Department of Commerce, 1996).

③ Sheryl Gay Stoltberg, "Obama Calls for Bipartisan Effort to Fight for U. S. Jobs," *New York Times*, January 25, 2011, http://www.nytimes.com/2011/01/26/us/politics/26speech.html.

④ "Competitiveness Rankings," World Economic Forum, 2015, http://reports.weforum.org/global-competitiveness-report-2014-2015/rankings.

了能力，在国际经济中得到发展，结果就颇让人担忧了。在蔡美儿推崇中式育儿一书出版的那年，国际学生测验结果表明，来自中国唯一被测试的城市上海的学生在三个核心领域——数学、阅读和科学——中均超过了其他任何国家的同龄人。美国学生数学的测验结果排在第 36 位（在立陶宛和斯洛伐克之间），科学排在第 28 位（在丹麦和立陶宛之间），阅读排在第 24 位（在丹麦和英国之间）。① 美国高中毕业率在上一代人是世界上最高的，但之后落后于许多国家，不仅包括日本、加拿大和韩国等领先国家，也包括几乎每一个西欧国家。2010年，教育部长阿恩·邓肯（Arne Duncan）告知外交关系委员会，当其他国家大步前进时，"我们只是原地踏步。我们停滞不前，失去了方向，而其他国家超越了我们"。② 教育改革在提升标准和问责方面做出了巨大改进，高中毕业率也在上升。但美国学生还是远远落后于表现最好的国家，改革的力度持续面临着来自州和地方的阻力。美国对道路、桥梁、铁路和港口等基础设施建设的投资快速下降，2002 年美国整体基础设施质量在国际上排名第 5 位，10 年后下滑到第 16 位。③ 想要增加开支的努力由于共和党反对加税或借贷而受挫。美国对基础研究的支出也在下降，尽管企业研发（R&D）填补了一些空缺，但企业倾向于关注能给股东提供短期回报的项目，而不是会带来更广泛社会福利的、具有未来突破性的技术。党派间关于联邦政府优先事项的斗争使得整改过时无效的政策变得很难，这些政策包括企业税收、权益支出和移民。

尽管两党都提到了让美国经济更具竞争力的重要性，但他们对所需要的事项意见相左，且在过去 30 年内分歧没有得到调和。自里根总统起，大多数共和党人就支持自由市场保守主义，主要关注通过减少监管、缩减政府规模、降低税收和削弱工会力量来降低企业成本。对于那些大多数不在国际上竞争的小企业的关注在共和党内有特别大的影响力。大多数民主党人希望政府在提升美国人生活水平方面扮演积极的角色，包括要求雇主提供医疗保险并提升最低工资，他们也希望提高税收来促进就业培训和基础设施方面的联邦支出。往往两党间的分歧会

---

① "Snapshot of Performance in Mathematics, Reading and Science," Organization for Economic Cooperation and Development, 2013, http://www.oecd.org/pisa/keyfindings/PISA-2012-results-snapshot-Volume-I-ENG.pdf.

② Thomas L. Friedman and Michael Mandelbaum, *That Used to Be Us: How America Fell Behind in the World It Invented and How We Can Come Back* (New York: Farrar, Straus and Giroux, 2011), 235.

③ Rebecca Strauss, "Road to Nowhere: Federal Transportation Infrastructure Policy," Council on Foreign Relations, January 2016, http://www.cfr.org/infrastructure/road-nowhere-federal-transportation-infrastructure-policy/p28419.

陷入僵局，甚至有倒退的情况。美国进出口银行于1934年由罗斯福总统创建，支持美国向发展中国家出口，2015年，由于众议院共和党人批评认为该银行给波音、卡特彼勒等很多大企业提供“企业福利”，因而国会强制该银行停止发放新贷款几个月时间。每个其他主要出口国都有类似的出口信贷机构，帮助企业向发展中国家顾客出售商品。①

不幸的是，大型企业曾经致力于改善美国内部商业环境，但即使是那些应该极力提倡竞争改革的企业也不再像以前那样如此关注。托马斯·弗里德曼(Thomas Friedman)和麦克尔·曼德尔鲍姆(Michael Mandelbaum)认为，美国企业已逐渐退出关于如何提升竞争力的“国家辩论”。他们写道，从历史上来说，人们可以依赖大企业在华盛顿游说，“不仅代表企业自身利益，也是在更广泛的意义上促进教育、基础设施、移民、自由贸易和准则，鼓励有建设性的风险承担行为”。但逐渐地，“企业领导人越来越不关注整体利益，而是仅仅在意自己那块蛋糕”。② 现实是大多数大企业有其他选择。如果美国没有足够的科学家和工程师来为企业研究实验室服务，那么随它去吧；这些企业可以将研发中心移至新加坡或印度。

最后，美国面临的许多挑战并不是不可克服的，但真的难度很大。例如，教育改革不仅涉及控制大多数资金的50个州，也包括成千上万个半自治的本地学区和成百上千项教师培训计划，更不用提学生和家长了。几乎国家四分之一的基础教育学校是私营的，招收超过10%的学生。即使采取十分坚决的行动，这样的体系发生改变也是很缓慢的，不会长久。另外举个例子，基础研究投资在长期是有意义的，但回报并不清晰且时间窗口不确定，那么当财政赤字处于高位且政策制定者反对增税时，对于这方面的投资很难被列入优先事项。当借贷成本低时，基础设施支出看上去是很说得通的，但与之相竞争的地方优先事项和地方建设经费政策意味着这笔钱往往流入错误的地方。阿拉斯加臭名昭著的“通向荒野之桥”项目带来的阴影——一个用于连接一个小岛上50位居民而提议的4亿美元项目——依然挥之不去。

尽管提升“竞争力”的概念被纳入国家议程已有30多年之久，但联邦政府的反应一直是零散的、不连贯的，也是非常无效的。对于美国有可能丧失竞争优势的恐惧引起了一场国家辩论，时至今日，仍在讨论关键美国机构——从教育、科学到政府的质量和效率。但在应对这些挑战方面还是有些进步的。提升

---

① “The Global Export Credit Dimension,” National Association of Manufacturers, http://www.nam.org/Issues/Global-Export-Credit-Dimension-Web.

② Friedman and Mandelbaum, *That Used to Be Us*, 139.

竞争力活动没有带来更好的结果也许在一定程度上体现了现代美国政策在更广泛层面上的无效性，也使得很多棘手的问题无法解决。但这也反映了美国从大型自给自足的经济体逐步融入全球经济过程中面临的特定挑战。大多数其他发达国家长期以来有在国际上竞争的需求，但对美国来说，这只是近期才有的挑战。尽管美国相比之前贸易更加开放，但与除进口极少的日本外的其他主要竞争对手相比，对于贸易的依赖程度要小得多。提升竞争力活动的核心论断——快速的政策变化必须有助于国家在国际市场上的成功，因此没有大多数其他国家来得那么重要，这些国家的整体繁荣在很大程度上依赖于贸易。

结果是，尽管的确有所进步，但彼得森对"竞争力战略"的愿景仍然没有实现，他希望美国在国际竞争的新时代居于领先。竞争力一直是国家政治言辞的内容，但所实现的成果远不如所给出的承诺。

竞争力活动——走两步，退一步

这要从 1983 年春的一场网球比赛说起。里根总统国内政策首席顾问埃德温·哈普(Edwin Harper)受邀在贸易委员会上发言，该委员会由大约 100 位国家重要高管组成。在加入里根的白宫前，哈普是艾默生电气(Emerson Electric)的副总裁，该企业于 1890 年在圣路易斯成立，一个世纪后成为美国最大的风扇、发电工具和其他电气设备的制造商。然后在哈普去华盛顿时，该企业处于困顿状态。来自日本和中国台湾的竞争者将价格降低了 30%，很快侵蚀了艾默生的市场份额。艾默生奋起反击，为抵制下滑趋势，将 3 000 多份工作搬迁至墨西哥和其他低薪国家，并关闭了其 250 家美国工厂的五分之一。[①] 哈普当时的双打对手是惠普总裁约翰·杨，惠普是硅谷的老牌企业，也是新兴个人电脑产业领头羊。尽管当时惠普的表现远远超过艾默生，但杨对他看到的趋势有些担忧，特别是日本和其他国家在电子消费品产业起到越来越大的主导作用。即使在半导体、飞机和通信设备等高科技产业，美国的市场份额也逐渐被日本和欧洲占有。在贸易委员会会议之外，两位高管——一生都是共和党人——开始交谈。[②]

---

① Bill Saporito and Cynthia Hutton, "Companies That Compete Best," *Fortune*, May 22, 1989, http://archive.fortune.com/magazines/fortune/fortune_archive/1989/05/22/72010/index.htm.

② 这一表述基于 Hughes, Building the Next American Century, and Max Holland, "Mr. Young Goes to Washington," Washington Decoded, December 5, 1999, http://www.washingtondecoded.com/site/1999/12/mr-young-goes-t.html。

哈普的老板并没有对美国存在的竞争力问题感同身受。在1983年2月，即使美国贸易赤字达到历史高位，失业率达到11%，处在第二次世界大战后的高位，里根总统的经济顾问委员会仍总结认为没有什么可担心的。他们在给总统的年度经济报告中写道："很多关于长期竞争力的顾虑是基于错误的看法。"尽管美元上涨带来了暂时的挑战，但"美国整体的表现……并不意味着存在竞争力的问题"。[①]总统顾问团反对任何形式有针对性的干预来应对特定部门的挑战。但如果里根凭冲动行事，什么都不做，那么政治将是另一种走向。共和党人在1982年国会选举中丢失了24个席位，总统自己的民意支持率下降至35%的水平。国会的民主党人越来越呼吁某种国家产业政策，可以大体效仿日本和德国的最佳实践。里根顾问团提议一项延迟策略——指派一个委员会研究这一问题。哈普立刻给约翰·杨打电话，在1983年6月，里根任命杨担任总统产业竞争力委员会主席。

一年半后，该委员会提交的报告是华盛顿思考竞争力问题的分水岭。这个委员会主要由企业领导人和学者组成，并且在杨的坚持下，还包括两位工会代表。哈佛商学院的迈克尔·波特负责指导具体事务，他被视为竞争力方面全国领先的研究人员。该委员会不仅考虑企业竞争的问题，也探讨美国人的生活水平。报告指出，仅仅让美国企业更好地面对海外竞争是不够的；同时，也需要让美国人过得更好。根据委员会的定义，竞争力指的是"一个国家在自由和公平市场条件下，生产能够通过国际市场检验的产品和货物的能力，同时维持或提高本国公民的实际收入"。后半句是关键；委员会写道，挑战"在于如何在日益竞争的世界环境中维持较高的生活水平"。[②]报告清晰地阐明，根据这些标准，显然美国经济面临长期的竞争挑战不是"错误的看法"。报告也明确了五大"削弱竞争力"的趋势：生产率提升落后于主要竞争对手，实际小时工资滞涨，制造业利润下降，贸易赤字达到高位，以及美国应该有竞争优势的高科技产业所占的全球市场份额缩小。

委员会的建议锁定在四项议题上：科技和创新，投资资本的可获得性，教育和人力资源，以及国际贸易。这四方面是紧密联系的。杨认为，技术是美国在

---

① "Economic Report of the President Transmitted to the Congress February 1983 Together with the Annual Report of the Council of Economic Advisers," American Presidency Project, http://www.presidency.ucsb.edu/economic_reports/1983.pdf, 52—53.

② John A. Young, "Global Competition—the New Reality: Results of the President's Commission on Industrial Competitiveness," Channeling Reality, http://www.channelingreality.com/Competitiveness/Global_Competition_New_Reality_typed.pdf.

国际经济竞争中最强大的优势，必须通过政府对研发的支持给予培养，来帮助大学和企业开发最新技术，并使之商业化。继新的突破后，以低成本获得资本可以让企业家启动新的企业，并扩张现有企业。教育和培训的改进可以带来科学和工程领导人物，并为产业提供技术工人。最后，一个公平的贸易环境可以帮助美国企业在世界市场上出售新的产品和服务。有批评人士认为，这会在一定程度上增加政府在经济中的影响力，杨不接受这一看法，他表示："委员会没有明确政府任何新的角色，而是想阐释清楚政府没有有效履行现有的合法角色这一事实。政府有责任创建良好的环境，让美国企业有效竞争。这项基本目标没有实现。"[①]委员会提出了一系列改革，包括建立新的贸易、科学和技术的内阁级部门。

然而，杨对里根的白宫内反政府情绪的默许是不足以赢得总统对他的提议的支持的。当他和波特在 1985 年 2 月初向总统和内阁汇报情况时，得到的反响并不一致。里根以绝对优势获得连任，经济也快速复苏，1984 年的增长率超过 7%，这是自 50 年代后期以来最强劲的增长。国务卿乔治·舒尔茨之前担任过财政部长以及行政管理和预算局长，并且将彼得森引荐给尼克松的白宫。舒尔茨问了一连串问题，但总统和内阁其他人都保持沉默。里根向舒尔茨传递了如下信息：如果美国真有这些问题，那为什么其他国家都想像美国一样？[②] 里根时期的幕僚长唐纳德·里甘告知杨，预算中没有资金来支持委员会提议的任何项目。而且报告公开时，是由商务部发布的，而不是白宫。[③] 杨因为反响平平而很沮丧，但没有气馁。与其默默承认他的心血只能躺在沾满灰尘的架子上，他宁愿自己推进这项工作。他用国家制造工人协会提供的启动资金创立了一个新的智库——竞争力委员会，从而推动竞争力议程。该委员会首任主席艾伦·麦格辛(Alan Magazine)之后表示，他在最初发表公开演讲时，都需指出竞争力委员会与奥运会无关。但一年后，他就不用这么做了。"我尝试问过观众：'告诉我谈到竞争力时我们应该关注什么？'观众会提到生产率、产品质量等，并接着谈下去。"[④]

相比里根的白宫，民主党掌控的国会给杨的议程提供了更适宜的环境。1987 年成立的国会竞争力核心小组在鼎盛时有大约 200 名成员，该小组呼吁

---

① Young, "Global Competition."

② Holland, "Mr. Young Goes to Washington."

③ Max Holland, *The CEO Goes to Washington* (Knoxville, TN: Whittle Direct Books, 1994), 12.

④ Holland, *The CEO Goes to Washington*.

“在研发、员工培训和知识产权等领域要有综合方案”。[①] 时任蒙大拿州参议员，并帮助创建该小组的马克斯·鲍克斯(Max Baucus)表示：“我们遇到的敌人正是自己。即使我们有公平竞争的平台，也需要超越并竞争过其他国家……人们开始意识到美国要在全世界竞争，必须做出基本的改变。”[②]1988年，国会通过了《综合贸易与竞争力法案》(Omnibus Trade and Competitiveness Act)，名字并非巧合。国会通过的上一个主要贸易法案被简单命名为1974年《贸易法案》；肯尼迪在1962年签署的贸易法案叫作《贸易扩张法案》。但1988年法案旨在将美国贸易表现与美国改革联系在一起，从而促进美国投资竞争和出口能力。除了一系列贸易相关的措施以及第三章中提到的影响美国贸易伙伴货币的行动外，1988年法案还指定商务部创建新的高科技项目，将研究基金提供给小企业，并给予研究企业启动资金。法案也创立了新的国家标准和技术研究所，给公民的技术研究提供联邦支持。[③] 此外，还设立了——尽管受到里根否决的威胁——一个新的顾问委员会，称为竞争力政策委员会(Competitiveness Policy Council)，主要负责“一项连贯、综合且长期的竞争力战略”。新的委员会包括企业、政府、工人和公共利益团体的代表，由总统和国会两党领导者同时任命，希望能积极达成应对挑战方面的一致意见。新委员会主席由一位资深人士担任：彼得森的朋友及前同事伯格斯滕。在1992年致国会的第一份报告中，伯格斯滕告知法律制定者：“在未来一段较长的时间，会有很多的责备，埋怨美国竞争地位的下降。现在的问题是国家作为整体是否能理解问题在根本上的严重性，想到有效应对挑战的补救措施，并就这么做达成和维持国内政治层面的统一意见。”

但委员会引领国家制定竞争力战略的努力从未真正有所进展。甚至在国会，虽然至少有一些成员的支持口号喊得很响，但实际政治支持十分有限。尽管工会是受益的，例如基础设施的巨大投资带来好处，但工会主要的目标是限制来自日本的进口。大型企业提供的支持有限，但更为优先的目标是通过《北美自由贸易协定》和乌拉圭回合减税和扩张贸易。委员会的首份大型提案——国会需要一份“竞争力影响声明”来评估新的美国竞争力法案的作用——从未被国会采纳。共和党人尤其保持警惕，认为几乎每一份提案都是不必要的政府干预经济的行为，有悖于里根时期认为政府会带来问题而不是提供解决方案的论述。例如，1991年，布什总统小心翼翼地提出了一项新的联邦倡议，帮助在开

---

① Hughes, *Building the Next American Century*, 187.

② Auerbach, “Competitiveness Moves to Forefront.”

③ Hughes, *Building the Next American Century*, 190.

发世界最快的超级电脑方面击败日本，并宣布了一项“国家技术行动”，从而使由能源部带领的国家实验室开发的新技术得到商业化应用。但布什对任何项目都比较忧虑，担心他党内的保守派批评人士认为这是政府在扰乱经济。在新技术项目启动后，他的一名官员恳求《时代周刊》记者不要将之称为“产业政策”。他说：就叫它“布什总统不可思议的前瞻性应用研发行动”。① 为抵制民主党人，布什在1989年任职后很快就成立了新的白宫竞争力委员会，由副总统丹·奎尔(Dan Quayle)担任副主席。但委员会的职责范围缩小了：“审查联邦机构发布的监管制度，从而确保不会过分有损美国企业竞争力。”批评人士指责奎尔的委员会是企业破坏环境和消费者保护法的秘密后门。过度监管和竞争力下降的联系也是有好处的——在过去15年中，美国企业的文件汇报工作量大约翻了一番，美国自80年代初就没有整改过监管体系。② 但奎尔这帮人不愿意从宏观层面看待竞争力问题。布什从来没有成功化解过政府内部对于如何处理竞争力问题的分歧。比如，总统签署了一份法案，要求白宫科技政策办公室给出一份“在民用和军工领域有广泛潜在应用性”的“关键技术”清单。但在发布前夕，副总统奎尔办公室的工作人员强烈反对政府在明确“获胜”科技方面的任何提议，白宫也就不再关注这份报告了。③

比尔·克林顿在担任南部州州长时，努力将投资引至较为贫困的州，他也许比前面各届总统都更了解适应更为竞争性的全球经济所带来的挑战。克林顿在宣布竞选入主白宫前，就于1991年夏让约翰·杨做简要汇报，杨之后离开共和党，并在1992年克林顿和布什的总统竞选中更支持前者。④ 克林顿在竞选前夕给北卡罗来纳州罗利的纺织工人发表竞选演说，他简要地提及了挑战。他说道，一代人以前，世界要简单得多。“美国工人、消费者和企业都完全在美国经济内部生存……由于我们是唯一的经济超级大国，我们可以支持自由贸易和开放的市场，同时维持高薪酬水平，我们自己的命运很大程度上由自己决定。”他表示，现在的世界再也不是以前的样子。北卡罗来纳州的纺织工人在与亚洲

---

① Kevin P. Phillips, “U. S. Industrial Policy: Inevitable and Ineffective,” *Harvard Business Review*, July-August 1992, https://hbr.org/1992/07/us-industrial-policy-inevitable-and-ineffective.

② Philip J. Hilts, “At Heart of Debate on Quayle Council: Who Controls Federal Regulations?,” *New York Times*, December 16, 1991, http://www.nytimes.com/1991/12/16/us/at-heart-of-debate-on-quayle-council-who-controls-federal-regulations.html; Rebecca Strauss, “Quality Control: Federal Regulation Policy,” Council on Foreign Relations, March 2015, http://www.cfr.org/corporate-regulation/quality-control-federal-regulation-policy/p36110.

③ Hughes, *Building the Next American Century*, 256.

④ Holland, *The CEO Goes to Washington*, 21.

的纺织工人竞争;“一辆‘美国’汽车里来自海外的零部件要多于在美国工厂组装的外国汽车里的海外零部件”。在这样的世界中,美国繁荣发展的唯一方式便是创造其他国家无法轻易复制的优势:高技能劳动力,不仅包括大学毕业生,也包括技术工人;更多投资于研发,“将实验室的想法付诸商业应用”;并控制企业成本,特别是医疗和能源开支。他表示:“现在的问题不是我们是否支持自由贸易或开放的市场。当然,我们应该这么做。真正的问题是我们是否要有一个国家层面的经济战略,确保我们获益。”[①]

但克林顿任职总统期间并没有推进综合性的竞争力战略,共和党保守派拟废除在80年代后期设立的几个联邦项目,克林顿很多时候都在反击此项需求。他签署的很多项目都面临巨大阻力。例如,在1992年竞选中,他建议除给工人培训项目提供资金的小企业外,对所有其他企业发放的薪酬增收1.5%的税。企业可以通过内部培训计划避税;政府设立标准,企业自身会开展实际培训。[②]但企业对新增税项抵触十分强烈,以至于克林顿在任职后便放弃了这一想法。[③]克林顿也希望大力增加基础设施支出——他的竞选后援团呼吁创建重建美国基金,每年联邦提供200亿美元的适量资金来鼓励私人和公共养老金投资收费公路和其他基础设施。但该项目被一些共和党人谴责为“对养老金的洗劫”,因而没有得到顺利开展。随着共和党人在1994年中期选举中快速接管国会,新任白宫发言人纽特·金里奇(Newt Gingrich)尝试解散一些政府部门,克林顿和其支持者依赖这些部门来提升更大的竞争力。堪萨斯州的新任众议员萨姆·布朗巴克(Sam Brownback)之后担任该州的州长,他也采取类似行动大幅减少政府支出,呼吁取消美国教育部、商务部和能源部。很多新阶层人士有从商经验,但几乎都在不参与国际竞争的小企业中。[④] 得克萨斯州的汤姆·迪莱(Tom DeLay)之后担任众议院共和党领导人,他最开始在休斯敦做检查员,他对该市法令要求他获得商业许可十分愤慨,以至于他获得得克萨斯州立法席位后通过法律废除了许可要求。[⑤] 他们的关切主要在于降低自己所在州的企业成本,包

---

① Bill Clinton, "Expanding Trade and Creating American Jobs," ibiblio, October 4, 1992, http://www.ibiblio.org/pub/academic/political-science/speeches/clinton.dir/c151.txt.

② Phillips, "US Industrial Policy."

③ John Judis, *The Paradox of American Democracy*, 209; James Risen, "Clinton Drops Plans to Impose Job Training Tax, Officials Say," *Los Angeles Times*, June 4, 1993, http://articles.latimes.com/1993-06-04/news/mn-43333_1_job-training.

④ Hughes, *Building the Next American Century*, 331.

⑤ Linda Killian, *The Freshmen: What Happened to the Republican Revolution?* (Boulder, CO: Westview Press, 1998), 124.

括税收、监管制度和文案工作,并不支持可以在全球竞争的产业。[1] 尽管金里奇一派的共和党人没有成功废除任何联邦部门,但他们在一件事情上取得了胜利——伯格斯滕的竞争力政策委员会。1996 年,众议院取消了资金支持,该委员会便关门不再运行。

类似这样的分歧也使得历任总统不再推进大刀阔斧的改革。奥巴马总统上任后提出了类似于克林顿的竞争力议程。他倾向于大幅整改联邦就业—再培训项目,推出新的工资保险计划,并创建国家基础设施银行,该银行可以使用联邦资金,引导私营部门投资道路、铁路和排水系统。2010 年选举成功的茶党共和党人是 1994 年金里奇一派的继承者,包括许多小企业主和自由论者,他们强烈反对任何带有扩大政府在经济中角色意味的政策。奥巴马在国会支持很有限的情况下,利用执行权力推进他自己规模更小的计划。奥巴马政府特别关注促进"先进制造业",从而发展信息技术、生物科技、机器人及其他发达产业,并给清洁能源等新兴项目提供补贴。即使在自己的支持者中,奥巴马也遇到了阻力。例如,在 2011 年国情咨文演说中,他呼吁减税,鼓励制造企业在美国投资和扩张,但他手下的经济顾问委员会主席给《纽约时报》撰文,谴责该提案对产业厚此薄彼。[2]

教育、基础设施和创新:竞争力的基石

竞争力运动的三个核心内容——教育、基础设施和创新——表明美国在重新指导国内机构更好地适应国际竞争时所面临的挑战。对其中每一项改革的提案都有大致相同的目标——提高美国企业在国际市场上发展的能力,同时提升美国人民生活水平。所有这三方面都旨在提高美国企业生产率,确保美国处在新技术突破口的前沿,并创造伴随成功而来的高薪就业。尽管在这些目标方面达成了强烈的政治共识,但进展依然缓慢。

教　育

在过去 40 年中,教育与就业市场的成功联系得越来越紧密。没有受过高

---

① Richard S. Dunham and Amy Barrett, "The House Freshmen," *Bloomberg Businessweek*, January 28, 1996, http://www.bloomberg.com/bw/stories/1996-01-28/the-house-freshmen.

② Christina D. Romer, "Do Manufacturers Need Special Treatment?," *New York Times*, February 4, 2012, http://www.nytimes.com/2012/02/05/business/do-manufacturers-need-special-treatment-economic-view.html.

等教育的人几乎找不到好工作。从 1970 年以来，学历仅为高中的男性工人实际收入的中位数几乎下降了一半。没有上过高中的男性工人情况更糟糕，是 1970 年收入的一半，一部分原因是其中有四分之一的人不再工作。① 甚至接受过大学教育的男性工人的工资也并未超过上一代，但至少保住了岗位。女性的情况稍好，受过大学教育的女性在 90 年代工资获得大幅提升，尽管在之前 10 年中一直保持平稳。② 在一个美国人的一生中，本科文凭者的收入大约比高中学历者多 100 万美元，拥有副学士学位的额外再增加 32.5 万美元。③ 然而，受教育程度在美国有所停滞，其他国家却继续向前发展。在芬兰、波兰和韩国等小国家的带头下，许多国家整改了课程设置和教育服务的产出，从而让公民受到更高教育，使其在更具竞争性的全球经济中成长。④ 正如麻省理工学院的迈克尔·格林斯通(Michael Greenstone)所写的，美国已经注意到"加强基础教育体系并提高大学毕业率……对提升我们后代的生活水平至关重要"。⑤

即使在许多其他国家想办法尽快发展时，美国学生的表现几十年来都没有太大进展。对于 55～64 岁那一代的美国人来说，美国的高中和大学毕业率在经合组织国家中分别排名第一和第三。25～34 岁一代的美国人与父辈差不多有同等教育水平，但上述排名分别跌至第十和第十三。这样的排名结果远远称不上糟糕，但却损害了美国曾经拥有的巨大竞争优势：拥有良好教育经历和技术的劳动力，给世界上最精密的企业配备人力资源。如今，特别是处在竞争性制造业的美国企业表示，在寻找所需雇员方面面临巨大挑战。近期，针对哈佛商学院高管校友的调查显示，在美国置业或扩张业务时的一个愈加严重的问题便是无法获得技术工人。令人震惊的是，对于考虑将企业移至海外的高管来说，31%的人将"更容易获得技术工人"作为移出美国的理由之一，而只有 29%

---

① Michael Greenstone and Adam Looney, "Trends: Reduced Earnings for Men in America," Milken Institute Review, 2011, http://www.brookings.edu/~/media/research/files/papers/2011/7/men%20earnings%20greenstone%20looney/07_milken_greenstone_looney.pdf.

② "Income," US Census Bureau, https://www.census.gov/hhes/www/income/data/historical/people.

③ Jaison R. Abel and Richard Deitz, "Do the Benefits of College Still Outweigh the Costs?," *Current Issues in Economics and Finance* 20, no. 3 (2014), http://www.newyorkfed.org/research/current_issues/ci20-3.html.

④ 详见 Amanda Ripley, *The Smartest Kids in the World: And How They Got That Way* (New York: Simon & Schuster, 2013).

⑤ Michael Greenstone and Adam Looney, "The Uncomfortable Truth about American Wages," *New York Times*, October 22, 2012, http://economix.blogs.nytimes.com/2012/10/22/the-uncomfortable-truth-about-american-wages.

的人认为这是留下来的原因。[1] 不同企业面临的情况不一样。不是所有企业都在寻找高级研究人员或最好的电脑程序员，尽管这些人员供不应求。相反，许多企业抱怨缺乏“软技能”，如沟通、团队合作和适应性。其他企业寻找在社区学校受过很好训练的技工，而不是大学毕业生。企业自身几乎都放弃培训自己的员工；学徒数量在过去 10 年下降率超过 40%，这给学校和社区大学更大压力来填补空白。[2] 大家对一个领域普遍达成一致意见，即改进基础教育对满足这些需求至关重要。

自里根以来的每一任总统都承诺让美国在受教育程度方面重新占据领先地位。乔治·布什总统在 1989 年任职后，在弗吉尼亚州夏洛茨维尔召开了有里程碑意义的教育峰会，50 个州长中有 49 个参会。这仅仅是美国历史上第三次由总统和几乎所有州长聚在一起探讨国家共同关心的问题——其他两次分别是 1908 年西奥多·罗斯福(Theodore Roosevelt)召集州长支持他的土地保护倡议，以及 1933 年就职的富兰克林·罗斯福(Franklin Roosevelt)寻求州长支持，采取应急措施使国家摆脱大萧条。[3] 大多数州长是为了促进本州的经济竞争力。南方各州州长是现代教育改革的早期领导者，其中包括以阿肯色州的比尔·克林顿为代表的自由派和以田纳西州拉马尔·亚历山大(Lamar Alexander)为代表的保守派，他们迫切想要说服制造企业将工厂搬到南方。尽管低工资水平、无工会环境的南方诸州对很多大企业具有吸引力，但这些州的教育状况在全国是最落后的。州长们担心，如果不能确保给予这些企业有技能的工人，那么企业就会寻求他处。[4]

造成美国教育水平下滑的原因有很多，但并不是所有都出在学校身上。即便是最好的学校都在应对越来越多的来自贫穷家庭的孩子，他们从上学之初起便缺乏各项学习能力，差学校更是被这一情况压得喘不过气。对于布什总统和州长来说，最适宜的解决方式是分化和问责制。美国长期以来都由当地来管理

---

① Edward Alden, “Why Companies Are Leaving the United States, and How to Get Them Back,” *Renewing America* (blog), Council on Foreign Relations, March 6, 2012, http://blogs.cfr.org/renewing-america/2012/03/06/why-companies-are-leaving-the-united-states-and-how-to-get-them-back.

② Robert Maxim, “No Helping Hand: Federal Worker-Retraining Policy,” Council on Foreign Relation, January 2016, http://www.cfr.org/labor/no-helping-hand-federal-worker-retraining-policy/p35885.

③ Stanley Meisler, “Governors Bring Years of Concern to Education Summit: Bush Calls a Meeting of All State Leaders for Only 3rd Time in History,” *Los Angeles Times*, September 27, 1989, http://articles.latimes.com/1989-09-27/news/mn-160_1_american-education.

④ Vinovskis, “The Road to Charlottesville,” 6.

教育，所以各州的教育内容和标准大相径庭。比如在马萨诸塞州和明尼苏达州，小学生数学和科学的测试水平超过了绝大多数国家，但其他州很少能达到这一水平。[①] 在夏洛茨维尔峰会上，总统和州长首次提出希望发展和执行一系列国家标准，从而在全国范围内提升教育水平。峰会最终声明表示："总统和州长共同认为，让人们获得更好的教育是美国持续发展和繁荣的关键。"尽管重申教育曾经是并且依然应该是本州的责任，并属于当地的职能，但他们认同"作为一个国家，我们必须有受教育的劳动力，并且是首屈一指的，从而在竞争日益激烈的世界经济中获胜"。因此，"我们相信时机已经到来，在美国历史上首次建立明确的国家层面的教育目标，这会使我们具有国际竞争力"。

在过去 30 年中，这一目标得以持续贯彻。克林顿总统在 1994 年将一项法案签署成为法律，要求各州规范学校的教育内容和教育水平，使得所有学生的学术水平有"持续且显著的"提升。[②] 他也支持学校鼓励竞争的决定，希望能促进公立学校发展，同时，他也倾向于建立新的特许学校。乔治·布什总统与国会民主党人紧密合作，于 2001 年通过了《不让一个孩子掉队法案》(NCLB)，设立目标，要求在 10 年内让所有学生在数学和阅读等核心课程方面达到"熟练"水平。与克林顿时期不同，布什的法律也尝试使用联邦基金促使学生有所进步；每年，学生测试后未能达到教育目标的学校将面临愈加严厉的惩罚，包括解雇员工甚至关闭学校。由于该法案被质疑设立了无法实现的目标且施加严厉的惩罚，作为回应，奥巴马总统尝试替换原先的法案而设立了"力争上游"(Race to the Top)计划，在该计划下，联邦政府提供慷慨的现金激励，奖励那些有更好的教师评价和效率的州和当地各区，采取了"大学预备"标准，如所谓的共同核心课程(Common Core)，密切跟踪学生表现，加强高质量的特许学校的竞争。即使在着重点方面有所不同，但这三位总统都承诺让美国与国际标准靠拢，用严格的测试和问责制来提升教育水平。在教育改革方面达成一致比在其他领域要容易得多，因为主要的问题不再是资金。美国在教育方面花费很大。在基础教育阶段，每个学生的支出每年大约为 1.2 万美元，超出经合组织国家平均水平 35%，而高等教育阶段每位学生的支出几乎是经合组织国家平均水平的两

---

① Rebecca Strauss, "Remedial Education: Federal Education Policy," Council on Foreign Relations, January 2016, http://www.cfr.org/united-states/remedial-education-federal-education-policy/p30141.

② Andrew Rudalevige, "The Politics of No Child Left Behind," *Education Next* 3, no. 4 (fall 2003), http://educationnext.org/the-politics-of-no-child-left-behind.

倍。[1] 争论焦点主要在于如何将教育资金有效地支出，而不是更多。

然而，20 多年来的教育改革结果还是喜忧参半的。尽管美国学生依然在国际测试中落后，但还是有一些积极的成果。学前项目入学率尽管仍然落后于同等水平国家，但相比 10 年前翻了一番。法国、德国、英国和日本的几乎所有 4 岁儿童都接受学前教育，但美国只达到了 70%。[2] 高中毕业率在缓慢上升，在 2014 年超过了 80%，达历史峰值。越来越多的高中毕业生选择升学。1980 年，只有一半的美国高中毕业生在之后 2 年进入大学。如今这一数字达到了 70%，尽管接受高等教育的人中有一半在 6 年后仍然无法毕业，而且美国的辍学率在发达国家中是最高的。这些数字掩盖了巨大的差异，特别是来自贫困家庭的美国学生在进入幼儿园时已经落后于他人，在接受正式学校教育时则进一步落后。尽管所有的学生都在获益，但富裕家庭的孩子将他们来自低收入家庭的同伴抛在了后面——高收入和低收入家庭孩子间的教育水平差异远远大于上一代人。2013 年，外交关系委员会关于联邦教育政策的一份报告指出："在美国，父母财富对于孩子教育表现的影响相比于其他发达国家更为深远。"[3]美国学校获得资金的方式更促进了这一分化：由于公立学校大部分收入来自当地房产税，因而富人区的公立学校相比那些贫穷社区的学校能获得更好的资源。在大多数其他发达国家，事实正好相反，政府对低收入社区学生的支出更多。国家教育改革并没有在解决这些问题方面获得进展。近期，针对 NCLB 的一项评估显示，该法案顶多是带来了很少的教育成果。[4] 2015 年 12 月针对联邦教育法的更新废除了 NCLB 的大部分内容，重新给予各州更多的权力，让州自行评估教育进展。

最后，在教育专家所认为的提高教育水平的关键问题方面——发展并再培训最好的老师，几乎没有进展。世界上最好的学校体系在教师培训方面有十分挑剔的准入要求，从大学里的优等生中招聘教师，通过慷慨的薪酬和工作场所的自由度来留住人才，但美国方式正好相反，教师往往不是大学里的优等生，工资水平较低，并且基于资历而非才华；在如何教课方面，教师面临着一系列不断变化的自上而下的要求。很多州在尝试开展更为严格的教师培训，一些学校所

---

① "Education Expenditures by Country," National Center for Education Statistics, May 2015, http://nces.ed.gov/programs/coe/indicator_cmd.asp.

② Strauss, "Remedial Education."

③ Strauss, "Remedial Education."

④ Michael Hout and Stuart W. Elliott, *Incentives and Test-Based Accountability in Education* (Washington, DC: National Academies Press, 2011), http://www.nap.edu/catalog/12521/incentives-and-test-based-accountability-in-education.

在的区采取了绩效工资，给最优秀的老师提升工资水平。但这些变化进展很缓慢，即使是一些已经实施的改革都面临着强大的阻力。州长们发起的共同核心课程标准旨在效仿世界上最佳教育体系的课程和绩效要求，但遭遇了很多州的强烈抵制，一些教师由于无法再忍受自上而下的要求也予以反对。教育水平的进一步提升很有可能是非常缓慢的。记录教育改革影响的作家斯蒂芬·比尔(Steven Bill)表示："今天我们为修正失败的公立学校所做的一切努力，要在15～20年后才有显著成效。"①

基础设施

道路、桥梁、铁路和机场是经济的动脉。一个经济体想要更具生产力，人们需要在当地及全国范围内获得便利的交通，企业需要将货物快速运至市场。情况良好的道路、快速的货运和客运铁路服务、高效的机场和海港以及安全的宽带网络都能帮助国家成为众人青睐的经商之地。但与教育类似的是，美国并没有跟上节奏，维持其曾经所拥有的竞争优势。21世纪初，世界经济论坛依然将美国基础设施的整体质量列为世界第五。但此后排名一路下降至第16位，不仅被加拿大、日本、韩国超越，甚至居于葡萄牙和西班牙之后。② 美国在基础设施方面的公共支出自70年代中期以来快速下降。从1950年至1974年，美国的公共投资以每年4.3%的速度增长；此后下降至每年仅为2%。③ 在公路、铁路和桥梁等交通设施方面，美国目前每年的支出仅占GDP的1.6%，在经合组织国家中居于末位。④

有些支出的减少是可以理解的。自从50年代国家公路体系建设以来，便不需要再开展同等规模的项目。中国和印度等发展中国家有很大的基础设施需求，这跟美国50多年前面临的情况类似，无疑需要增加支出。但即使考虑这一因素，美国在这方面的投入也太不够了。美国土木工程师学会(ASCE)预计到2020年，迫切需要重建或翻新的道路、桥梁和排水系统需要花费大约2万亿美元。在华盛顿，2008年，一条从波托马克河至城市的已有50年历史的水管破裂，许多汽车在一条主干道上被水围困，有9人不得不等待救援人员施救。在

---

① Steven Bill in "Education Reform and U. S. Competitiveness," Council on Foreign Relations, September 12, 2011, http://www.cfr.org/competitiveness/education-reform-us-competitiveness/p25816.

② Strauss, "Road to Nowhere."

③ Robert Pollin and Dean Baker, "Public Investment, Industrial Policy and U. S. Economic Renewal," Political Economy Research Institute and Center for Economic Policy Research, December 2009, http://www.peri.umass.edu/fileadmin/pdf/working_papers/working_papers_201-250/WP211.pdf.

④ Strauss, "Road to Nowhere."

国内很多地方，老旧的水管使得铅渗入家庭的饮用水中，可能危害儿童大脑，造成终身影响。美国土木工程师学会表示，许多城市的饮用水管道已“接近使用极限”。[①] 铁路货运在发展，但芝加哥等城市的交通堵塞过于严重，火车穿越城市要数小时的时间。美国铁路客运在世界上来说是很慢的，而中国和欧洲都在大量投资建设高速铁路。美国机场的载客量超过世界上很多国家，是位居第二的中国的两倍之多；但美国对于机场基础设施的投资——跑道、控制塔台、乘客航站楼——10 年来一直滞后。世界排名前 25 家机场中没有美国的，世界上最为准点的前 10 家航空公司中也不包括美国的。[②] 2011 年一份由纽约市长迈克尔·布隆伯格(Michael Bloomberg)、宾夕法尼亚州前州长埃德·伦德尔及加利福尼亚州前州长阿诺德·施瓦辛格(Arnold Schwarzenegger)带头撰写的报告表示：“我们让 50 年溜走，却没有设定国家层面的战略计划来提升我们的货运和客运体系。”[③]

美国未能维护并提升基础设施在经济和政治领域都是一个谜。从经济上来说，美国历史上很少有这样一段时期能有如此丰厚的回报。10 年来，长期利率处于历史低位，投资长期项目的借贷成本也是最低的。考虑到失业率还处于较高水平，劳动力参与度位于 70 年代最低水平，新的建设支出会创造高薪工作并提升经济。批评人士认为，公共基础设施支出会挤走私营部门投资，但其实没有证据表明有这种影响。[④] 多年来，企业投资水平一直不高，资本成本罕见地处于低位。从政治上来说，基础设施属于美国企业和工会少数完全达成一致的事项，商会和劳联-产联都支持大力增加基础设施支出。支持更多基础设施支出的人士也愿意考虑几乎每一项共和党批评人士能接受的财务选择，包括临时税收减免等一次性的措施，来鼓励企业将海外收益带回国内。然而，进一步往前几乎不可能。比如，10 多年来，国会没能找到新的方式投资高速公路建设。大多数公路方面的联邦支出来自每加仑汽油 18.4 美分的税收。即使随着现代汽车更加节能，这方面的政府税收收入在下降，但这一标准 20 多年来并没有提高。

基础设施支出显然受到了民众对政府信心减弱的不利影响。很长时间，联邦分配由政治而非经济的优先因素决定。联邦交通支出没有广泛覆盖全国来

---

① Alana Semuels, “Aging Pipes Are Poisoning America's Tapwater,” *Atlantic*, July 29, 2015, http://www.theatlantic.com/business/archive/2015/07/dont-drink-the-water/399803.

② Steve Markovich, “U.S. Aviation Infrastructure,” Council on Foreign Relations, June 2, 2015, http://www.cfr.org/infrastructure/us-aviation-infrastructure/p36579.

③ “Falling Apart and Falling Behind: Transportation Infrastructure Report 2012,” Building America's Future, 2012, http://www.bafuture.org/pdf/Building-Americas-Future-2012-Report-32013.pdf.

④ Pollin and Baker, “Public Investment, Industrial Policy and U.S. Economic Renewal.”

确保政治支持，而国会拨款委员会中有权力的成员可以向其青睐的项目派发更多资金。也许最恶劣的犯规人士是来自西弗吉尼亚州的民主党参议员罗伯特·伯德(Robert Byrd)，他10年来掌管参议院拨款委员会，并将联邦交通运输资金投给自己的州。甚至在今天，该州投资建造了一条以参议员伯德命名的山顶四车道高速公路，连接沃登斯维尔（人口为272）和埃尔金斯（人口为7 214），中间几乎没有其他站点。该高速公路建造费用为每英里2 000万美元，为美国最贵。其他多数高速公路项目都由州承担大部分成本，但这条新的公路几乎都由华盛顿拨款。理论上讲，新公路可能会将华盛顿和东部沿海城市的游客汇集到该州，但弗吉尼亚州拒绝将连接该州快速路和邻州的双车道高速公路拓宽。这一愚蠢行为的一个结果便是招致人们对联邦项目支出的抵制；众议院共和党人在2010年成功禁止了此类专款，但结果并不是更加理智的基础设施支出，而是支出总量的减少。

与教育一样，大多数基础设施建设的责任不在华盛顿，而在州和地方层面。超过90%的公共基础设施资金来自州和地方政府，高度负债的州政府无法像以前一样给耗资巨大的项目轻易放贷。① 但与教育不一样的是，联邦政府并没有做出努力增加支出，或使用资金来影响当地和州的优先事项。讽刺的是，人们反对更大的联邦角色的原因之一，便是避免侵犯当地和州的优先事项。然而，特别在交通运输方面，由于联邦政府确实占所有支出的三分之一，因而州和地方政府要发展项目是离不开华盛顿支持的。国会共和党人强烈反对增加汽油税这一最简单的诉求。但想找到至少维持现有支出水平的其他有创意的方式却很难。奥巴马总统提出建立国家基础设施建设银行，仅使用100亿美元联邦种子基金来鼓励私营部门的亿万美元资金投资于基础设施项目，但仍无法逃过共和党人的抵制。一些国会人士仅仅简单地反对新的联邦角色，认为许多州已有自己的基础设施银行。其他国家在面临类似的僵局时，成功找到了出路。英国保守党政府在启动2010年紧缩计划、减少政府部门预算的五分之一时，仍然承诺执行一项5年期的3 200亿美元的项目，投资于交通、能源、宽带和水利基础设施。②

各州、市政府和私营部门都填补了缺口的一部分。例如，在主要由私营部门建造的宽带领域，一项近期的调查将美国列在整体宽带速度排名表的第十

① Andrew Flowers, "Why We Still Can't Afford to Fix America's Broken Infrastructure," FiveThirtyEight, June 3, 2014, http://fivethirtyeight.com/features/why-we-still-cant-afford-to-fix-americas-broken-infrastructure.

② Robert Puentes, "Slashing Spending and Boosting Infrastructure in the U.K.," Brookings Institution, October 26, 2010, http://www.brookings.edu/blogs/the-avenue/posts/2010/10/26-transportation-puentes.

位，远远落后于日本和韩国等领先国家。① 理想的结合应是公共部门和私营部门合作。得益于一项当地政府的倡议，田纳西州查塔努加的互联网连接为世界上最快之一。② 谷歌通过自身的高速网络谷歌光纤也达到了同样效果。堪萨斯城是第一个给谷歌开放的城市，后续还有亚特兰大、纳什维尔、夏洛特、罗利-达勒姆和盐湖城。③ 印第安纳州的共和党州长米奇·丹尼尔斯(Mitch Daniels)在2005年启动了主要行动计划，在州内建造和维修道路，在10年内投资了大约30亿美元。该州将60年之久的印第安纳道路收费权出售给一家私营的西班牙和澳大利亚合资企业，从而获得融资；随着2014年经济衰退，以及缴纳的过路费数额下降，这家新的投资企业宣布破产，公路再次以57亿美元价格出售给另一家澳大利亚收费公路运营商。随着巴拿马运河扩张项目接近竣工，新一代的大型运输船只可以从东海岸港口航行至亚洲市场。因而，查尔斯顿和纽约等许多东海岸港口城市也有计划大力投入资金，深挖港口，但由于监管滞后以及缺乏华盛顿的资金支持，许多项目进展缓慢。④

创　新

2015年夏，位于华盛顿的美国国家历史博物馆新开设了45 000平方英尺的创新展区，很大一部分资金来自美国创新企业的捐赠，如英特尔、摩托罗拉和孟山都(Monsanto)。该展览非常完整地展示了美国创新史——从轧棉机到互联网。从很多不同的角度来看，美国长期以来并将继续会是世界上最具创新力的经济体之一。美国在研发方面的支出超过任何其他国家，其中大约三分之二来自私营企业，三分之一来自政府。美国与其他国家相比，获得了更多的高端科学研究成果，吸引了更多的来自全世界的顶尖科学家。美国在制药、信息技术和复杂制造业等领域一直名列前茅，创新则扮演了重要角色。2014年，知识密集型产业占美国经济的39%，远远超过欧盟和日本的30%，中国、印度等发

---

① Curt Woodward, "US 10th in Average Internet Speed Rankings, S. Korea Still No. 1," Xconomy, April 23, 2014, http://www.xconomy.com/boston/2014/04/23/u-s-10th-in-average-internet-speed-rankings-s-korea-still-no-1.

② James O'Toole, "Chattanooga's Super-Fast Publicly Owned Internet," *CNN Money*, May 20, 2014, http://money.cnn.com/2014/05/20/technology/innovation/chattanooga-internet.

③ Jamal Carnette, "Can You Guess Which City Is Getting Google Fiber Next? (Hint: It's Not Washington, D.C.)," *Motley Fool*, March 29, 2015, http://www.fool.com/investing general/2015/03/29/can-you-guess-which-city-is-getting-google-fiber-n.aspx.

④ Ryan Holeywell, "Panama Canal Expansion Has U.S. Ports Rushing," *Governing*, July 2012, http://www.governing.com/panama-canal-expansion-has-ports-rushing.html.

展中国家的 20%。[①] 美国年轻企业有富有活力的创业文化，希望通过新的想法发展企业。美国在创新方面获得成功并不出于单一的原因。2013 年，外交关系委员会的一份关于美国创新政策的报告显示："成功的创新体系是一个复杂的网络，需要大量投资，并将企业、大学和人力汇集到一起。很少有国家能够在这些领域的质量或规模方面挑战美国。美国政府的政策尽管有瑕疵，但在培育创新环境方面是值得赞扬的，并在私营部门做不到的领域直接推动创新。"[②]在创新方面，华盛顿找到了最佳位置，政府进一步强化而不是减弱私营部门的创新能力。

联邦政府在鼓励技术创新方面一直扮演着举足轻重的角色，尽管创新长期以来都由军事需求决定。波音的首批商用飞机样式参照的是给美国空军设计的机型。首台数字电脑是与美国军队签订合约设计的，并首先用于模拟氢弹爆炸，而 IBM 的首批商用电脑也是得到了空军支持。半导体产业和互联网的初期发展都由国防合约提供保障。[③] 在很多情况下，技术从军事到商业应用需要很多年甚至数十年。弗农·拉坦（Vernon Ruttan）指出，尽管国防部在 60 年代初委托开展最初的互联网研究，而互联网在 1972 年的国际会议上首次展示，但直到 1994 年网景通信公司（Netscape）才推出了第一代广泛应用的商业互联网浏览器。[④] 其间 30 年里的大部分时间，新技术的唯一真正的顾客便是国防部。但这样的"政府干预"被华盛顿两党广泛接受。正如经济学家安·马库森（Ann Markusen）所写的："国防之所以能够如此强有力地保障创新，并成为初期高科技产业可以依赖的市场，是得益于一项共识，即国防符合国家利益，可以提供靠单纯市场机制无法获得的公共福祉。"[⑤]

随着竞争力活动在 80 年代得到发展，主要的政策目标之一便是给予商业相关研发与军事研发同等的政府支持。克林顿总统上任后，他承诺将冷战结束后的大部分"和平红利"用于商业相关研究，在 4 年时间内支出 300 亿美元，用于机器人、智能公路、生物科技、机床和光纤通信等项目。[⑥] 克林顿的技术计划由约翰·

---

① National Science Board, Science and Engineering Indicators 2016.

② Rebecca Strauss, "Keeping the Edge: U.S. Innovation," Council on Foreign Relations, January 2016, http://www.cfr.org/innovation/keeping-edge-us-innovation/p37127.

③ Vernon W. Ruttan, *Is War Necessary for Economic Growth? Military Procurement and Technology Development* (New York: Oxford University Press, 2006).

④ 引用自以下文章：Pollin and Baker, "Public Investment, Industrial Policy and U.S. Economic Renewal," 19。

⑤ Pollin and Baker, "Public Investment, Industrial Policy and U.S. Economic Renewal," 20.

⑥ William J. Broad, "Clinton to Promote High Technology, with Gore in Charge," *New York Times*, November 10, 1992, http://www.nytimes.com/1992/11/10/science/clinton-to-promote-high-technology-with-gore-in-charge.html.

杨在两位科技产业高级总裁协助下起草，两位总裁分别是甲骨文(Oracle)的拉里·埃里森(Larry Ellison)和苹果公司的约翰·斯卡利(John Sculley)，该计划呼吁脱离以军事为导向的研发。[①] 克林顿的计划提出："美国不能继续依赖于从军事流出的技术。民用而非军事产业应成为当今高科技的推动力。只有通过加强民用军事基础，我们才能解决安全和经济竞争力的两难问题。"[②]

但初期的战斗十分打击支持者的积极性，克林顿很多时候是失败的。他在首份预算提议书中，大幅减少了对民用研发的支出，从而降低了上届政府遗留下来的预算赤字，国会给他的远没达到他所要求的。他支持宏大的伞形立法，即《国家竞争力法案》，这将提升政府对开发商业技术的支持。该法案理应可以大幅提升对 1988 年《贸易法案》下的两个新项目——高端技术项目和制造业扩张合作计划——的资金支持，给小型制造企业提供商业和技术建议。这是参照了美国农业扩张计划的模式，该计划长期以来给小农户提供类似服务。但该计划受到了共和党人的抵制。属于保守派的传统基金会质疑认为，这些新的倡议只会"大量产生新的政治意图的港口项目，从其他更具生产力的项目中吸走资金"。尽管个别项目以更小的规模存活了下来，但《国家竞争力法案》还是被国会拒绝。特定的倡议行动并不成功。例如，在克林顿的第一轮任期初期，政府成立了跨部门工作小组，提出开发具有全球竞争力的平板显示器产业，制造新一代的电视机和电脑屏幕，争取占有 15%的全球市场份额。美国在 50 和 60 年代首先发明并生产了平板数字显示器，但与其他技术一样，日本抓住了商业领先的机会。甚至这一领域都与国防有关联；飞机驾驶舱和坦克中越来越多地使用平板显示器，由于日本宪法限制武器出口，美国国防部无法依赖于日本供应商。[③] 即使国防部负责此项事务，国会还是给予了强烈抵制。政府制订了一项计划，资助商业领域研究平板技术，希望能够吸引新的美国企业回归商业。但这一想法被许多共和党人和支持者断然拒绝，认为这是政府不加掩饰地"挑选赢家和输家"的行为。[④] 如今，平板显示器的生产主要由中国台湾和韩国的企业主导。

然而，共和党人的反对意见并非一贯如此。随着 2005 年美国国家科学院

① Holland, *The CEO Goes to Washington*, 21.

② Broad, "Clinton to Promote High Technology, with Gore in Charge."

③ Hughes, *Building the Next American Century*, 307—8.

④ Hughes, *Building the Next American Century*, 307—8; Kenneth S. Flamm, "In Defense of the Flat-Panel Display Initiative," *Issues in Science and Technology* 11, no. 3 (spring 1995), http://www.freepatentsonline.com/article/Issues-in-Science-Technology/16864733.html.

发布题为“风暴前夕”(Gathering Storm)的报告,一个由两党组成的立法团体一起通过了2007年《美国竞争法案》(America Competes Act)。乔治·布什与克林顿的口吻一样,他在签署法案的时候表示:“该法案是最重要的国内优先事项之一,可以提供综合性的战略,通过加强我们的科学教育和研究,提升技术企业,并提供21世纪的就业培训,有助于美国成为世界上最具创新力的国家。”但他对国会民主党人创建的几个新项目提出疑问,包括质疑对“后期技术开发的资助,这让私营部门做更为合适”。① 保守派反对联邦政府在鼓励研究商业化方面扮演更重要的角色,但这方面是可以找到漏洞的。例如,1982年,里根总统签署了《小企业创新研究法案》,对于小企业研发首次给予了初期资金支持,目标是填补有时被称为“死亡之谷”的缺口,在好的研究想法并没有足够成熟的情况下,这可能无法吸引私人风险投资并带来商业成功。② 这一想法对两党都有广泛的号召力。在签署时,里根表示:“我们今天在这里相聚时,有一些人正在研究院或车库进行发明创造,这将使我们的未来更加健康、更具生产力、更为舒适。我相信这一法案认可了小型高科技企业对国家发展、生产力和竞争力的贡献。”③该法案一开始要求所有联邦部门将研发支出的1.5%用于小企业,之后通过国会的再授权,这一比例提高至2.8%,或大约每年25亿美元,每年在竞争的基础上资助6 000家左右的小企业。曾在80年代接受过该项目资助的小企业就包括苹果、英特尔和康柏;最近的一项调查表明,在获得资助的企业中,只有3%认为在没有政府支持的情况下,还可以继续发展。④

奥巴马政府进一步鼓励技术开发,这对于未来的竞争优势很重要。政府还启动了新的倡议支持美国高端制造业——如3D打印或纳米技术——提升可再生能源技术的商业推广。此外,政府创立了一系列研究所,被称为国家制造创新网络,该模式效仿了德国著名的弗劳恩霍夫研究所,旨在促进新制造研究的商业应用。这一模式也与里根政府推出的公私合作的半导体研发联合体(Sematech)相似,帮助美国半导体企业与日本竞争。首家制造业研究所关注3D打印,于2012年在俄亥俄州的扬斯敦成立,在第一年便吸引了76家成员企业,并与私营部门联合资助了7个项目。其他研究所关注下一代半导体(北卡罗来纳

① George W. Bush, “Statement on Signing the America COMPETES Act,” American Presidency Project, August 9, 2007, http://www.presidency.ucsb.edu/ws/?pid=75650.

② Strauss, “Keeping the Edge.”

③ Ronald Reagan, “Remarks on Signing the Small Business Innovation Development Act of 1982,” Ronald Reagan Presidential Library and Museum, July 22, 1982, http://www.reagan.utexas.edu/archives/speeches/1982/72282c.htm.

④ Strauss, “Keeping the Edge.”

州)，以及轻质金属和复合材料，来提供更为结实的民用和军用型节能汽车(底特律)。奥巴马总统提出在未来 10 年建立 45 家类似研究所的目标，以"确保下一代技术革命正好在美国发生"。在可再生能源领域——即使索林德拉太阳能公司倒闭了——该届政府成功获得了这方面资金的大幅提升。政府开发了新的能源前沿研究中心，在设计上与制造业研究所类似，并根据国防高级研究计划局的模式，创建了新的针对能源的高端研究项目中心。[①]

美国还需要做更多的努力来保持在创新领域的领先地位。在下一个 10 年的某个时刻，中国很有可能在研发总支出方面超过美国。美国企业在海外研发投资的增速超过了国内。美国企业在一段时间降低了对基础研究的支出，而更多关注于引人注目的产品。联邦政府对这个漏洞一直填补至 2005 年左右，但在此之后基础研究的联邦支出并未增加。美国在高端技术方面的大规模贸易赤字进一步刺激企业将研究移至海外。在 2002 年前，美国从这些产品中获得国际贸易顺差，其中包括电脑、半导体、机器人和生物科技。但之后这些产品的贸易逆差每年都在扩大，2015 年达到了 920 亿美元。[②] 随着全球供应链越来越分散，苹果、英特尔等许多美国企业即使其制造环节大多数在海外完成，但仍持续在美国进行创新研发，这也进一步带来了美国的技术赤字。但哈佛商学院的加里·皮萨诺和威利·史认为，在很多产业中，研发会自然而然随着制造进行。新的技术创新经常来自制造过程中的经验以及早期技术的开发，使得丧失制造能力的国家在重压下保持创新的领先地位。威利·史曾经工作过的柯达公司就是经典的例子。普遍的说法是，柯达没有看到从胶片到电子照相的转型。事实上，该企业一直在开发数字技术，并于 1994 年率先制造了面向消费者的数码相机。但柯达在 60 年代就在很大程度上退出了照相机产业，(当时非常符合逻辑地)认为真正的利润在胶片。照相机产业移至了日本。因此，当柯达决定开始在美国制造数码相机时，并没有供应商网络；所有关键零部件都在日本制造。1998 年，柯达关闭了在罗切斯特的数码组装线，并为了更靠近供应商将其移至了日本。[③]

---

① Strauss, "Keeping the Edge."

② "Trade in Goods with Advanced Technology Products," US Census, https://www.census.gov/foreign-trade/balance/c0007.html.

③ Edward Alden, "Why Manufacturing Really Matters: Gary Pisano and Willy Shih on Innovation," *Renewing America* (blog), Council on Foreign Relations, February 4, 2013, http://blogs.cfr.org/renewing-america/2013/02/04/why-manufacturing-really-matters-gary-pisano-and-willy-shih-on-innovation.

难以达成的共识

彼得森曾希望美国通过国内改革，制定促进竞争力的国家策略；但实际的结果证明，在政治上无法让华盛顿围绕这一目标达成并维持共识。对强势利益团体而言，其他优先事项更为重要。拥有全球足迹的美国跨国企业一度是竞争的强有力支持者。但一般来说，相较于支持公共倡议，使美国成为更具竞争力的经商场所，这些企业更加关注降低税收和开放贸易机会，让其在全球层面发展。工会尽管支持更多的基础设施支出，但它将剩余的政治力量主要用于抵制额外的贸易协议。作为美国企业主要组成部分的小企业更多关注小范围而不是世界的竞争。因而，尽管在某些领域有所进展，几十年来华盛顿一直深陷于最基础的辩论，争论政府在支持更具竞争力的经济体方面该扮演的合适角色。

2011 年末，奥巴马总统的就业和竞争力委员会在解散前向总统提交了最后一份报告，再次敦促联邦政府采取更广泛的竞争力策略。“随着其他国家提升自己，美国重振的进程不会偶然推行。我们需要一项策略。在公共和私营部门促进下一轮发展方面，我们需要达成新的实际的共识。我们也需要有紧迫感，如果坐以待毙，就会被抛弃。”[①]但在该报告的引言中，该委员会主席兼通用电气总裁杰夫·伊梅尔特(Jeff Immelt)公开质疑这一共识的前景，他写道：“我们不能说就业和竞争力应得到国家紧迫感的支持。如果是的话，我们还有很长的路要走。”[②]

---

① “Road Map to Renewal,” 2011 year-end report, President’s Council on Jobs and Competitiveness, http://files.jobs-council.com/files/2012/01/JobsCouncil_2011YearEndReport1.pdf, 9.

② “Road Map to Renewal,” 5.

第七章

如何思考经济竞争力

如今，到处都在谈论竞争力。每年在瑞士达沃斯主办峰会并邀请全球商业和政治精英的世界经济论坛发布了一份年报，给出了每个国家的竞争力排名。一些州政府加入其中：佐治亚州有自己的竞争力倡议，亚利桑那州提供竞争力一揽子计划，加利福尼亚州给出了竞争力议程，明尼苏达州也有国际竞争力倡议。这些努力都基于一个前提，政治领导人对此非常清楚，并尝试吸引投资和就业——在日益融合的国家经济中，国家繁荣在很大程度上依赖于出口货物和服务、鼓励投资，并与进口商品成功竞争。这对于 50 年前的美国并非如此，但今天肯定是这样。这些关切并不仅限于美国。欧洲委员会发布了关于欧洲的年度全球竞争力报告，该报告超过了 200 页。

那么把一个国家称为"具有竞争力"或是没有到底意味着什么？美国若想制定并实施真正的竞争力策略，重要的是清楚地知道"竞争力"的含义。但给出很精准的定义是很难的。首先，对于美国是否真正在跟其他国家竞争这一概念，许多经济学家都表示质疑。[1] 大多数经济学家坚定认为，基于比较优势理论，增长的贸易和投资让所有国家更加富裕，所以没有必要讨论竞争来区分哪些国家获胜、哪些失败。他们认为，贸易谈论的是双赢，而非竞争。其次，即使有些人认同在一定程度上国家之间有经济竞争，但他们认为这与评估谁是赢家、谁是输家有明显差别。那我们是否应该关注贸易赤字、相对生产力、整体生

---

① Paul Krugman, "Competitiveness: A Dangerous Obsession," Foreign Affairs, March-April 1994, https://www.foreignaffairs.com/articles/1994-03-01/competitiveness-dangerous-obsession.

活水平、政策环境？最具权威性的世界经济论坛发布的《国际竞争力报告》使用了有 123 个不同变量的指数，给出 148 个国家的相对竞争力评级。这是非常综合性的，但也无助于解决定义的问题。最后，即使对于国家竞争力的定义、测算和评估方式达成更广泛共识，但对于国家应实施什么样的政策来提升竞争力仍存在较大的认知和政治分歧。国家在竞争力方面超越其他国家不只有一种方式，我们时代核心的经济政策争论很大程度上都关于这些选择。

国家之间是否存在竞争？

体育赛事中的竞争含义一目了然——更优秀的团队获胜，实力较弱的一方认输。竞争对于自由经济市场中的企业也是比较清晰的——若企业以顾客愿意支付的价格提供符合需求的产品和服务，则会繁荣发展，而那些做不到的企业会衰退甚至破产。类似地，我们很容易理解个体之间在经济方面的竞争——那些拥有社会需要的知识、技能或工作习惯的人会比其他人获得更多回报。这方面竞争的失败意味着一辈子只能从事低薪且不稳定的工作。当然也有灰色区域——在体育项目中，如果更优秀的团队由于裁判水平不佳或有偏见而输掉比赛，那么是不公平的。在市场中，我们设定规则，防止企业串通或操控价格来赶走优秀竞争对手。按需提供的大学奖学金、助学贷款和平权行动计划（尽管不是非常成功）都旨在确保在教育和技能竞争方面，普通家庭和富裕家庭的儿童在起跑线上获得公平待遇。但竞争普遍被视为好事；有更佳才能、更优秀的职业道德的团队、企业和个人会成功，而那些不具备这些品质的则会失败。确实，竞争是社会进步推动力的理念是现代资本主义的重要原则。

但国家竞争是否和体育团队、企业及个人间的竞争一样呢？当 80 年代美国面临与日本的竞争时，直觉的答案是确实如此。莱斯特·瑟罗（Lester Thurow）所著的畅销书《齐头并进：美国、日本和欧洲间即将来临的战斗》（*Head to Head: The Coming Battle among America, Japan, and Europe*）将世界描绘成巨大的经济实力竞技场，权力和财富会流向获胜者，失败者则不得不落后。确实许多政府的行为就如同处于这样的竞争中。德国总理每年都要有几次带领企业领导人赴海外促进德国制造产品的出口。美国政府有时也干预外国政府，尝试说服别国航空公司购买美国制造的波音飞机，而非欧洲空客。加拿大安大略省购买《经济学人》整版广告，鼓励企业来投资。

即使很多政府被说服，但经济学家仍持怀疑态度。诺贝尔经济学奖得主保罗·克鲁格曼在 90 年代撰写的著作中，对国家应该像“危险仇敌”般竞争的观点给予了全盘否定。这一观点出自最为简单的思维,完全没有意识到贸易是互利的,而不是零和。克鲁格曼在 1994 年所写的一篇著名文章中表示:“世界主要国家互相之间并没有展开激烈的经济竞争,它们主要的经济问题也不能归因于在世界市场上的竞争失败。”克鲁格曼近期更多地关注贸易竞争的负面影响,但他坚持认为,一个国家在国际经济竞争中的成功或失败并不是决定其健康发展的十分重要的因素。① 他认为,贸易和国际投资不像体育竞争那样,有明确的获胜者和失败者。通过贸易,即便是无效率且低生产率的国家也比单打独斗来得好;这些国家可以专注于做得最好的领域,同时,以比本国生产成本更低的价格进口货物。所以与体育不同,全球经济中完全可以有许多获胜者和很少的失败者,而且失败者通过参与贸易也比一开始就不参与来得好。这一点是无可争议的。

克鲁格曼也认为国家与企业完全不同。例如,可口可乐和百事可乐“几乎完全是竞争关系”,一方的成功主要以另一方为代价;但国家之间不是这种情况。这里他很可能夸大了他的案例。例如,波音和空客是世界上仅有的两家生产大型客机的企业,它们在每次销售订单竞争时都势均力敌。然而,只要整体市场是增长的,那么两家企业都可以发展,即使失去了个别订单。2015 年波音获利超过 70 亿美元,空客获利超过 40 亿美元;显然市场够大,可以让两家共同发展。类似地,尽管百事可乐和可口可乐公司因市场份额竞争,市场还是在发展壮大的。在过去 10 年中,即使美国消费在下降,全球饮料市场规模几乎翻了一番,让两家企业都做得很好,尽管可口可乐的领先地位远远超过百事可乐。企业间显然是直接竞争关系,但并非完全是零和游戏。对于企业和国家而言,即使有一些做得更好,但都是水涨船高的。

克鲁格曼当然是正确的,但企业间的竞争和国家间的竞争还是有差别的。缺乏竞争力的企业可能会破产并不复存在,每年有许多都是如此。经济方面不成功的国家可能会踟足前行,且民众的生活水平下降。有时国家也可能濒临破产,如 2001 年的阿根廷或 2008 年经济危机后的冰岛。但与企业不同的是,最不具竞争力的国家也不太可能消失。正如理查德·哈斯(Richard Haass)和其他人所强调的,一个更为现实的威胁是,经济方面不成功的国家在国际事务中的影响就小,在军事方面更加脆弱,而且在安全问题方面依赖其他国家。② 在竞争对手发展更快时,即使一个国家的经济在壮大,其在国际事务中的影响力也

---

① Paul Krugman, “Competitiveness and Class Warfare,” *New York Times*, August 11, 2015, http://krugman.blogs.nytimes.com/2015/08/11/competitiveness-and-class-warfare.

② Richard Haass, *Foreign Policy Begins at Home* (New York: Basic Books, 2013).

会相对更弱。

企业和国家第二个较大的差异是企业销售的几乎任何货物都面临竞争，不管竞争对手是在同一条街道或在另一个国家都是如此。真正的垄断企业是非常罕见的。但国家并非如此。任何一个国家的大部分产业——特别是像美国这样的大国——并不直接面对国际竞争。最佳估计表明，美国就业的四分之一是在直接面临国际竞争的产业；确实，21 世纪最初 10 年美国制造业的大量失业使得贸易产业中的就业人员占比相较 20 年前要小得多。① 住房和办公建筑建造以及大多数政府设施并未在很大程度上受海外竞争影响。国际竞争在教育，特别是高等教育，以及卫生方面愈加激烈，现在医疗旅游的情况也越来越多。大多数时候，美国的学校和医院不跟国外直接竞争——尽管教育和医疗价格影响所有在美国经营企业的整体成本。现代电脑和通信技术使得许多以前完全是本国内部的活动被外包出去，如后台会计和病人 X 光片的分析。尽管这一影响会逐渐扩大，但现在还是很小的。经济学家布拉德·延森(Brad Jensen)建议，70%的企业服务——主要在高薪产业，如电脑编程、出版、互联网服务、金融保险以及法律和咨询服务——可以跨境开展。这些企业服务已占美国就业的 25%，是制造业的两倍，而且这一比例还在扩大。② 经济学家艾伦·布林德(Alan Blinder)预计，面临国际竞争的服务业工作数量——主要由于数据自由跨境流动——最终可以达到制造业就业数量的两至三倍。③ 所以美国制造业面临的竞争挑战在未来会更加严峻。成功适应这一竞争所面临的挑战会持续存在。

在这些国际竞争型产业，国家与企业有较多共同点。如果一家快餐连锁店提高了汉堡价格，价格较低的本地竞争对手会抢占销售份额。但顾客不会预订从墨西哥运输过来的汉堡。然而，如果波音工人薪酬过高或生产率较低，阻碍了飞机的及时发货，空客则会抢占一部分销售，减少美国的经济活动(尽管空客也增加了在美国的投资)。波音甚至会选择在另一个国家组装飞机，并且已经外包了大部分零部件的生产。类似地，如果美国制造的汽车过于昂贵或性能不

---

① Lawrence Edwards and Robert Z. Lawrence, *Rising Tide: Is Growth in Emerging Economies Good for the United States?* (Washington, DC: Peterson Institute for International Economics, February 2013), 62.

② J. Bradford Jensen, "Globalization and Business Services: A Growth Opportunity?," Georgetown University McDonough School of Business, November 2009, http://www.gcbpp.org/files/EPV/EPV_Jensen-ServiceExports_1109.pdf.

③ Alan S. Blinder, "Offshoring: The Next Industrial Revolution?," *Foreign Affairs*, March/April 2006, http://www.foreignaffairs.com/articles/61514/alan-s-blinder/offshoring-the-next-industrial-revolution.

好，美国人会转而购买进口汽车，这会减少美国就业岗位，降低美国企业利润。如果企业认为华尔街金融监管机构的要求过于严苛，则会搬迁至伦敦或中国香港，而不是留在纽约。

因此，竞争对于那些将业务主要或部分设于美国的大型产业是个问题，它们与其他国家类似企业面临直接竞争。在这些产业中，美国与其他国家在投资、出口、就业及有商业价值的创新方面竞争。出口货物或服务以及面临进口竞争的企业必须持续关注如何与国际竞争对手抗衡。包括美国在内的许多国家到最后互相竞争来发展、留住并吸引在国际市场中成功的企业。信息技术和产业基金会的罗布·阿特金森(Rob Atkinson)写道："竞争力只与一个国家贸易产业的经济健康有关"，贸易产业每天都与美国之外的类似实体竞争。[①] 阿特金森认为，这方面竞争的成功意味着发展、吸引并留住更多在国际市场中具有竞争力的生产力。

需要强调的是，竞争不只是留住和吸引现有企业。正如霍夫曼基金会的研究所表明的，美国自 1980 年以来几乎所有的就业净增长都来自新企业，即 5 年以内的企业。[②] 竞争型经济最重要的特征是有能力培育新的企业；在这方面，美国在创新领域的领先地位提供了帮助，尽管最近几十年新企业形成的速度在减缓，这有些让人不解和担忧。[③] 但企业成功后的表现也至关重要。这些企业的不同选择给美国民众带来完全不同的影响，如是否选择持续在美国扩张，将美国作为平台来服务世界市场，抑或将大部分经济活动搬迁至海外。在 1971 年前，通用汽车可能是最成功的美国企业，在巅峰时期直接雇用了超过 60 万的美国工人，并另外支持数十万人在汽车零部件和相关产业工作；苹果可能是最成功的现代美国企业，直接雇用了大约 5 万名员工，并另外间接支持大约 30 万人。[④] 然而，苹果实际的生产主要在亚洲，创造的大多数就业机会也在亚洲。这并不是要削减苹果的巨大经济影响力——其产品创造了很多附加产业，来开发相关应用并提升企业和员工的生产率，正如通用汽车和卡车使得美国人出行更方便高效；但苹果在美国的足迹范围要比半个世纪前的通用汽车小得多。

---

① Robert D. Atkinson, "What Really Is Competitiveness?," *Globalist*, September 20, 2013, http://www.theglobalist.com/really-competitiveness.

② Dane Stangler, "Where Will the Jobs Come From?," Ewing Marion Kauffman Foundation, April 30, 2011, http://www.kauffman.org/what-we-do/research/firm-formation-and-growth-series/where-will-the-jobs-come-from.

③ Robert Litan, "Start-Up Slowdown," *Foreign Affairs*, January-February 2015, https://www.foreignaffairs.com/articles/americas/2014-12-15/start-slowdown.

④ "Creating Jobs through Innovation," Apple, http://www.apple.com/about/job-creation.

留住并吸引大型成功企业并不足以确保强劲的经济增长，但却是十分重要的。总部在美国的跨国企业，如波音、IBM、卡特彼勒、亚马逊及许多其他企业占据了美国所有私营部门就业和产量的约四分之一，占私营部门投资的 40%，以及私营部门研发支出的 80%。这些大企业（有超过 500 名员工）支配了出口和进口，占美国出口的三分之二、制造业出口的 80%。[①] 这些跨国企业相应支持了很多国内供应商，其工资水平也远超仅在本土运营的企业。

这些企业在美国规模的扩张或缩小对经济整体健康状况，特别是最具创新力的领域有重大影响。相比国内产业，如在零售方面获得成功，这些企业在国际竞争领域获得成功的影响力来得更大。吉恩・斯珀林（Gene Sperling）在奥巴马总统的第一轮任期内担任白宫国家经济委员会主席，他是这样描述的："如果一家汽车企业开业，沃尔玛可能会随之而来。但反之并不一定成立——沃尔玛的开张并不一定会带来一家汽车企业。"[②]外交关系委员会下的 2011 年美国贸易和投资政策独立观察小组表示，这些跨国企业比单纯的国内企业"规模更大、资金更雄厚、技能更扎实，也更具生产力"。

卡特彼勒方式

为了更好地理解国家间如何竞争来获得经济利益，让我们进一步关注位于伊利诺伊州皮奥里亚的卡特彼勒公司，这是世界上最大的建筑和矿产设备制造商，也是美国最大的向发展中国家出口的企业。从任何角度来讲，卡特彼勒都是在国际市场中成功竞争的企业。该公司在 2014 年美国生产产品的出口额达到了 150 亿美元，并覆盖了世界上几乎所有地区。[③] 它也是成功逆转的典型，从破产边缘摇身一变成为过去 10 年美国发展最快的大型企业之一。去许多国家旅游都会看到卡特彼勒推土机在工作，旁边可能还有日本的小松和日立挖掘机，或是瑞典的沃尔沃。建筑设备是高度竞争的市场，卡特彼勒很可能踏上有些企业的老路，如真力时、RCA 及其他彩电制造商，这些企业在 80 年代被亚洲和欧洲竞争对手驱逐出市场。1978 年，RCA 和真力时在世界彩电生产领域分

---

① "A Profile of U. S. Importing and Exporting Companies, 2009—2010,"US Census Bureau, April 12, 2012, http://www. census. gov/foreign-trade/Press-Release/edb/2010/edbrel. pdf.

② Gene Sperling, remarks at the Conference on the Renaissance of American Manufacturing, March 27, 2012, Whitehouse. gov, https://www. whitehouse. gov/sites/default/files/administration-official/sperling_-_renaissance_of_american_manufacturing_-_03_27_12. pdf.

③ Caterpillar annual report, December 31, 2014, http://s7d2. scene7. com/is/content/Caterpillar/C10428589.

别排名第三和第四位；到 1997 年，前十位中没有一家美国企业，日本和韩国企业主宰了这个市场。卡特彼勒的日本竞争对手小松在 80 年代初期成为劲敌。这家企业在低成本的“精益生产”技术领域是创新者，日元走弱促使卡特彼勒离开部分海外市场，甚至让小松在美国获得了市场份额。① 未能快速调整的卡特彼勒公司开始遭受越来越多的损失，包括 1984 年最大的损失，达到 4.28 亿美元，之后启动了转型。毋庸置疑的是，作为一家企业，卡特彼勒长期与制造类似产品且目标客户相同的外国企业直接竞争。如今，卡特彼勒在全球建筑和矿产设备市场所占份额大约是小松的两倍、沃尔沃的四倍。②

但竞争不仅仅限于企业间。美国也与许多其他国家就推土机制造地的选择而竞争。卡特彼勒在 80 年代初处于困境时，需要美国政府帮助其重新获利。1985 年的《广场协议》是里根政府推进的用于逆转美元长期升值趋势的国际协议，为卡特彼勒扭转局势提供了帮助。在一年时间内，美元相对日元贬值了 40%，该企业发展记录者克雷格・布查德(Craig Bouchard)和詹姆斯・科赫(James Koch)认为，这给企业提供了“喘息的机会，得以重生”。重新塑造部分意味着成为更加国际化的企业。卡特彼勒长期以来都属于美国最国际化的企业——即使在 60 年代初外国客户仅占其收入 40%时也是如此。如今，该企业超过 60%的收入来自海外，满足发展中国家对道路、排水、水利及其他大型建筑项目设备的巨大需求。

极度简化地来说，卡特彼勒在服务快速发展的海外市场方面有三个选择。一是在美国制造机器并出口；二是在临近终端市场的地方制造，在世界范围内分散生产；三是仅在海外制造，并通过出口回美国来服务美国市场。实际上，它三个选择都做了。如今卡特彼勒在美国有 50 个生产基地，但在海外有超过 60 个，包括日本、中国、巴西和印度。驱动因素主要是海外市场的快速发展及大型机械适合在最终交付地附近生产的经济逻辑。布查德和科赫写道：“卡特彼勒不再是向海外顾客销售的传统美国企业。它经过转型成为一家全球企业，总部正好在美国。”

正如卡特彼勒在与小松或沃尔沃竞争海外市场份额一样，美国也在与日本、中国、韩国、瑞典及其他国家竞争作为推土机设备制造地带来的就业和经济附加利益。卡特彼勒在近几年将部分生产从日本撤回的决定被称为成功“回

---

① Eric N. Berg, “Thinking Long Term Is Costly to Caterpillar,” *New York Times*, November 24, 1989, http://www.nytimes.com/1989/11/24/business/thinking-long-term-is-costly-to-caterpillar.html.

② Craig Bouchard and James Koch, *The Caterpillar Way: Lessons in Leadership, Growth and Shareholder Value* (New York: McGraw-Hill, 2013).

归”,奥巴马总统也赞赏其决定。① 尽管美国作为该企业的总部所在地获益颇多,但美国获得的份额占比在缩小。从 2005 年至 2014 年,卡特彼勒在北美地区的就业数从 4.4 万上涨至超过 5.1 万,尽管 2015 年企业由于全球需求减少宣布过一轮裁员,但同一时期该企业在海外的就业增长是令人瞩目的,尤其在亚洲翻了两番,从 6 000 名员工上涨至 2.5 万多名。② 2005 年,卡特彼勒员工中的一半在北美,包括加拿大的工厂;如今下降至 45%左右。在很多情况下,这些数据都是“双赢的”——企业在国际上的成功有助于其在美国和海外创造更多的就业。美国经济因而变得更好,其他国家也是如此。但国家间仍然为获得更大份额的利益开展竞争,美国在慢慢丢失领地,即使在绝对意义上是受益的。

得益于国际就业竞争,卡特彼勒等企业可以向政府施加很大影响,政府经常被企业施压做出让步,来保住现有的工作或吸引未来投资。例如,2011 年,卡特彼勒宣布在美国建立新的重型设备工厂和分销中心计划,将日本工厂搬迁至更接近于美国和欧洲的核心市场。此项通知触发了美国几个州之间激烈的竞标战,最后佐治亚州获胜,给出的优惠政策是 4 500 万美元的税收减免和补助,以及新的就业培训计划,而当地另外给予了 3 000 万美元的免费土地和新的道路建设。③ 新的重型设备工厂和分销中心临近佐治亚州的雅典城,预计到 2018 年雇用 1 400 名员工。

卡特彼勒对于美国来说是特别成功的案例;如果关注过去 10 年总部位于美国的跨国企业,则会发现所有的就业增长都在海外。为这些企业工作的美国就业人数与 10 年前相当,在 2 200 万～2 300 万之间。但海外分支机构的就业人数从 900 万上升至 1 200 多万;在过去 20 年中,这些基于美国的跨国企业在美国雇用人数占比从 80%下降至 65%。④ 如果认为这一比例变化只是反映了

① Mina Kimes, “Caterpillar's Doug Oberhelman: Manufacturing's Mouthpiece,” *Bloomberg Businessweek*, May 16, 2013, http://www.businessweek.com/articles/2013-05-16/cater pillars-doug-oberhelman-manufacturings-mouthpiece.

② 对于 2007 年员工数据,详见卡特彼勒 2007 年年报,网址:http://www.slideshare.net/finance5/caterpillar-2007-annual-report;对于 2014 年员工数据,详见“Number of Caterpillar Employees in FY2014, by Region,” Statista, http://www.statista.com/statistics/267818/number-of-caterpillar-employees-by-region。

③ Laura Diamond, Misty Williams, and J. Scott Trubey, “Landing Caterpillar Plant a Major Economic Victory for Georgia,” *Atlanta Journal-Constitution*, February 17, 2012, http:// www.ajc.com/news/business/landing-caterpillar-plant-a-major-economic-victory/nQRQ3.

④ Thomas Anderson, “Summary Estimates for Multinational Companies: Employment, Sales, and Capital Expenditures for 2011,” Bureau of Economic Analysis, April 18, 2013, http://www.bea.gov/newsreleases/international/mnc/2013/_pdf/mnc2011.pdf;“Activities of U.S. Multinational Enterprises, 2009-2013,” Bureau of Economic Analysis, http://www.bea.gov/international/di1usdop.htm.

发展中国家不断繁荣,美国企业适时回应了新的市场机会,也是合理的。但这也给美国带来了巨大挑战。这些都是最高薪的工作,而且企业也具有最强的研究能力。如果美国持续在这些投资的竞争方面失势,成本是巨大的。

评估国家竞争力

在竞争投资和就业时,我们如何知道哪些国家获胜?如何保证得分?尽管美国政治领导人经常将其偏好的政策视为促进经济竞争力的方式,但对此很难进行评估,这需要对如何评估进展方面至少有一些最基本的认同。

一种可能的方式是累计一个国家在国际市场上的货物销售量与其他国家相比的超额部分。通过这一计算方式,世界上最具竞争力的国家是中国,其在2015年的货物出口总额达到了2.3万亿美元,其次是美国。[①] 如果竞争力意味着一个国家的出口超过进口——也就是说,有巨大贸易顺差——那么最具竞争力的国家是德国,之后是中国和荷兰;根据这一定义,美国则是最不具竞争力的国家。[②] 或者另一种方式是计算最大贸易顺差占国家经济规模的比重。如果是这种情况,那么科威特是世界上最具竞争力的国家,其次是文莱和卡塔尔,这三个国家都是大型石油出口国;美国则位于后半区间,在加拿大和危地马拉之间。[③]

但这些是测量竞争力的好办法吗?当然,很少有美国人愿意将本国经济与名单上的任何国家交换,可能德国是个例外。尽管中国是制造业强国,有越来越高端的产品,工人薪资水平也在提升,但中国主要的竞争优势是规模庞大且成本较低的劳动力。

贸易平衡

贸易平衡当然至关重要,尽管经济学家就如何达到贸易平衡还在激烈争论。随着美国开始关切竞争力的问题,这一争论越来越紧迫,部分原因是美国贸易逆差随着美国加速融入全球经济而急速增加。从1900年至1970年,美国仅有一次贸易逆差——1935年大萧条时期。1970年后,仅有两次贸易顺

---

① "Country Comparison: Exports," CIA World Factbook, https://www.cia.gov/library/publications/the-world-factbook/rankorder/2078rank.html.

② "List of Sovereign States by Current Account Balance," Wikipedia, http://en.wikipedia.org/wiki/List_of_sovereign_states_by_current_account_balance.

③ "List of Countries by Current Account Balance as a Percentage of GDP," Wikipedia, http://en.wikipedia.org/wiki/List_of_countries_by_current_account_balance_as_a_percent age_of_GDP.

差——1973年和1975年。贸易逆差在GDP中的占比在80年代后期超过了3%,在90年代初期回落至1%以内,在2006年达到峰值6%,在2008～2009年衰退期后又回落至3%以内。自此,该比重尽管随着美元走强也开始再次上涨,但一直低于3%。罗伯特・布雷克(Robert Blecker)认为,美国长期贸易逆差的原因至少来自三方面:一是美国储蓄率相比国内投资处于较低水平,使得向顺差国家借贷成为必须,这些国家的储蓄率水平普遍较高;二是外国央行大量购买美元,主要以国债形式,这是顺差国家的一种策略;三是随着越来越多的生产在海外进行,美国在制造业和其他贸易产业的竞争力处于弱势地位。[①]经济学家就哪个因素起主导作用以及贸易逆差是否为严重的问题还有很大分歧。但普遍的共识是,贸易平衡就其本身而言,并不是衡量美国竞争力特别好的指标。它在一定程度上随着不同经济体的健康程度而波动。强劲的美国经济吸入更多的进口商品,而海外增长走弱则减少出口。反之,当美国经济陷入衰退而其他国家强劲增长时,逆差则会消失。[②] 这也是为什么2009年的深度衰退将贸易逆差与GDP之比降低至3%以下,是90年代中期以来的最低水平。唯一能够持续降低贸易逆差的是美国的经济衰退,这减少了对进口货物的需求。如果认为2009年的美国经济比10年前逆差较高时更具竞争力,则是颇为奇怪的论断。反复衰退并非是经济竞争力的良药。逆差的涨跌,就其本身而言,并不足以衡量竞争力,显然还受到美国产业竞争力的影响。布雷克认为,在其他条件一样的情况下,促进美国产业竞争优势的创新可以增加出口、降低进口,并提升工资和企业利润,从而增加美国储蓄并降低贸易逆差。[③]但仅是比较国家间逆差的话,所得出的关于国家潜在竞争力的结论只是片面的。

对于政策制定者来说,需要考虑是否将降低贸易逆差设为政治目标。答案必然是否定的,因为那些可以最大力度降低贸易逆差的政策——进口保护,大刀阔斧使美元走低,或故意放慢经济增速来减少进口——将伤害美国经济,并使美国民众的处境更糟。但长期贸易逆差是问题的征兆,需要加以解决。

---

① "The Trade Deficit: Is It a Problem or Not?,"Council on Foreign Relations, March 9, 2015, http://www.cfr.org/budget-debt-and-deficits/trade-deficit-problem-not/p36375.

② Daniel Griswold, "Are Trade Deficits a Drag on U. S. Economic Growth?," Cato Institute, March 12,2007,http://www.cato.org/publications/free-trade-bulletin/are-trade-deficits-drag-us-economic-growth.

③ Robert A. Blecker, "The Trade Deficit and U. S. Competitiveness," in *Competitiveness Matters: Industry and Economic Performance in the U. S.*, ed. Candace Howes and Ajit Singh (Ann Arbor: University of Michigan Press, 2000).

海外投资流动

如果贸易平衡本身不能很好地衡量竞争力，另一个选择是关注投资的流动。相比贸易平衡，企业直接投资可能是更好的竞争力衡量指标。随着资本流动日益增加，企业所做的关于工厂和设备选址，以及对其他公司收购的决定，反映了公司高管层对不同选址潜在回报的判断。根据这一指标，美国表现得更好。在过去 10 年，美国是外国直接投资（FDI）最大的单一接受国。[①]

然而，这一成功在很大程度上只是归因于美国经济的体量。调整体量后，美国外国投资回流与 GDP 之比大约处在发达国家的中间位置，而且在过去 10 年落后于其他富裕经济体。美国占全世界外国直接投资的比重从 2000 年的 37%下降至 2013 年的 19%。[②] 大多数外国直接投资是通过更高效的、能带来价值的现有企业收购、管理改善以及新市场来实现，并不一定通过增加经济活动来完成。最大的收益来自所谓的新建投资，如大众汽车于 2011 年在田纳西州的查塔努加建立组装基地，雇用了 2 000 名美国工人制造帕萨特车型，还有西门子在北卡罗来纳州的持续扩张，这家德国巨头在那里建造了多项设施，产品包括燃气涡轮和医学影像设备。但过去 10 年，这种新建投资快速下滑，在 21 世纪初以每年 6%的速度下滑，表明美国的表现不尽如人意。[③] 为了对国家进行比较，加拿大咨议局评估了发达经济体在吸引外国直接投资方面的表现，并将经济体规模考虑在内。2011 年，美国在 16 个同等国家中排名第十，位于英国、加拿大、瑞典、澳大利亚和爱尔兰之后，但略微领先于法国和德国，并远超日本。[④]

但考虑到投资往往跟随发展机会而来，因此投资作为衡量竞争力的方式也是有误导性的。因而美国和欧洲等增速缓慢的老牌经济体的份额相比增长更快的新兴经济体会逐渐下滑。过去 10 年，外国投资增加最强劲的地方不出意外是在发展中国家；2012 年，主要流向中国和巴西等发展中国家的外国直接投

---

① "Foreign Direct Investment in the United States," Department of Commerce and the President's Council of Economic Advisers, October 2013, http://www.whitehouse.gov/sites/default/files/2013fdi_report_-_final_for_web.pdf.

② Edward Alden et al., "Trading Up: U.S. Trade and Investment Policy," Council on Foreign Relations, January 2016, http://www.cfr.org/trade/trading-up-us-trade-investment-policy/p31813.

③ Luke A. Stewart and Robert D. Atkinson, "Restoring America's Lagging Investment in Capital Goods," Information Technology and Industry Foundation, October 2013, http://www2.itif.org/2013-restoring-americas-lagging-investment.pdf, 24.

④ "Inward Foreign Direct Investment (FDI) Performance Index," Conference Board of Canada, 2011, http://www.conferenceboard.ca/hcp/details/economy/inward-fdi-perfor mance.aspx.

资额首次超过了流向发达经济体的投资额。[①] 而且在过去几年，非洲的外国投资增长速度最快。但如果用此数据推断非洲是当今世界上最具竞争力的企业选址是有些奇怪的。

与出口一样，政策制定者应该关注鼓励企业投资的政策，不管来源于海外还是本土，包括改革企业所得税，简化重复性监管制度，以及改善培训和移民政策，提高劳动力技能和教育水平。外国投资水平在这一方面是成败的良好指标，但其本身不足以指导竞争力战略。

国际排名

由于很难找到国家竞争力的单一衡量标准，最为大胆的想法是走向另一个极端，即依赖于多个衡量标准。两项主要的竞争力评级标准——达沃斯世界经济论坛的《全球竞争力报告》，以及管理发展研究院（IMD）的《世界竞争力年鉴》都依赖于详尽的指标，将客观经济数据与对商业领导人的观察调查结合。世界经济论坛的报告是最为人所熟知的，成为国家竞争力排名的“米其林指南”。世界经济论坛围绕这一排名建立了一个完整的产业，最大亮点是每年 1 月主办年度达沃斯论坛，邀请商界和政界领导人就全球经济展望分享观点。

世界经济论坛的指标计算 123 个变量的加权平均数，这些变量来自 12 个“支柱”类别，从而得出 148 个国家的综合评级。“支柱”包括国家机构的质量（如政府监管制度、腐败问题）、宏观环境、基础设施、教育、金融服务、技术精密度及其他。管理发展研究院使用分布于九大“因素”的 333 个变量，来给 59 个国家评级。两项指标都在很大程度上依赖于对企业高管的调查，询问其对不同国家商业投资吸引力的看法。

这些指标的理论基础十分薄弱。在还没有明确概念来判断国家竞争力如何变化的情况下，世界经济论坛和管理发展研究院都努力使指标尽量涵盖更大范围。但这些竞争力排名和一个国家的经济发展展望似乎没有多大关系，这意味着排名没有多少预测价值。此外，对于尝试提升国家竞争力的政策制定者来说，排名也起不到指导作用，除了能指出显而易见的事实，即许多政策可以提升国家竞争力，也有许多可以削弱竞争力。

---

① *World Investment Report* 2013：*Global Value Chains*：*Investment and Trade for Development*, United Nations Conference on Trade and Development，2013，http://unctad. org/en/PublicationsLibrary/wir2013_en. pdf.

生产率

最为广泛接受的衡量国家竞争力的方法或多或少会关注生产率。正如克鲁格曼所说的:“生产率不代表所有,但在长期几乎就是一切。一个国家逐渐提升民众生活水平的能力几乎全部依赖于能否提高每个工人的产出。”哈佛商学院的迈克尔·波特在其所著的《国家竞争优势》(*The Competitive Advantage of Nations*)一书中写道:“国家层面唯一有意义的竞争力概念是国家生产率。生活水平的提高依赖于国家企业达到并不断提升高水平生产率的能力。”[①]生产率——让每位工人带来更多产量,主要归功于对技术的投资,以及生产或交付程序的改进——是生活水平的主要决定因素。假定对管理层、投资者和雇员的回报分配比例保持相对不变,那么只有在生产率提升时工资才会上涨,货物价格才会下降。

国际贸易和投资应加快生产率提升。互相关联的全球经济下,更细化的分工有助于提升生产率。这对于在出口市场竞争的企业以及面临新进口竞争的企业来说都是如此。市场越大,企业将面临越大的竞争压力,成功的回报也会越大。在这种环境下,生产效能低的企业则会破产,而更强劲的竞争对手将屹立不倒。成功的高回报和失败的高成本将进一步诱导企业对更高产能和更低成本进行投资,也就是提升生产率。例如,对 1989 年《美加自贸协定》签署后加拿大制造业的研究表明,受关税降低影响最大的产业有最显著的生产率增长。[②]

对于美国来说,生产率数据喜忧参半。在过去 30 年中,美国劳动者生产率与其他发达国家相比是很不错的。甚至有几个时期的发展比较强劲——特别是从 1995 年至 2004 年,很可能是由于对新信息技术的大力投资;还有几个时期处于停滞,特别是 70 和 80 年代。日本一直到 80 年代后期都有较高的生产率增长水平,大约每年 6%,但在整个 90 年代快速下滑。从第二次世界大战后至 1995 年,欧盟核心国家的劳动者生产率增速都超过美国,但在之后有所停滞,而美国有所改善。[③] 从 2007 年至 2013 年——从大衰退开始一直到随后的缓慢复苏——美国平均每年生产率增长 1%,最近的表现更加疲软。但即使是

---

① Michael Porter, *The Competitive Advantage of Nations* (New York: Free Press, 1990), 6.

② Douglas A. Irwin, *Free Trade under Fire* (Princeton, NJ: Princeton University Press, 2002), 50—55.

③ Robert J. Gordon, “Revisiting U. S. Productivity Growth over the Past Century with a View of the Future,” National Bureau of Economic Research, March 2010, http://www.nber.org/papers/w15834.

这些微小的增长都略好于欧洲和日本。① 经过购买力调整后，美国的单个工人产量超过除少数欧洲经济体外的所有国家。②

如果与自身作比较，美国的生产率发展历程并不十分显著。根据劳工部数据，1947～1973 年，美国是相对的自给自足经济，当时的非农生产率增长为 2.8%，明显高于之后的数据，除了 90 年代末和 21 世纪初个别时期的飙升。③ 70 和 80 年代的生产率增速是前一个时期的一半左右。经济史学家罗伯特·戈登(Robert Gordon)表示，未来的生产率增长相比 1973 年之前的时期会更为疲弱，即使很可能好于 70 和 80 年代。④

有助于提升美国生产率的政府政策会给各方面带来利益，包括经济中的贸易和非贸易产业。但戈登也表示，很难知道哪类政策能够最有效地提升生产率，在实践中，过去最大的生产率提升都是因为突破性的一次性创新，如铁路、电以及汽车。在最后一章中会提到，政府能够也应该做一些努力来提高生产率，包括增加教育机会，投资基础设施，支持有助于未来创新的研究项目。但仅仅把生产率作为目标来提升国家竞争力是不够的。

什么使得一个国家具有竞争力？

竞争力是手段而不是目标。让美国成为更具竞争力的商业选址是十分有好处的，这有助于鼓励参与全球竞争的企业带来更多投资。这些企业能创造超过其在高薪工作中所占份额的价值，并在开发和商业化推广新的有价值的货物和服务方面扮演主导角色。一个生产率高的经济体——工人有较高的技能和效率，创新很容易应用于市场，良好的基础设施让货物和人员更便捷地流动——对于吸引和留住这些投资是十分重要的。确实，生产率提高吸引了新投资，新投资转而又带来更高生产率，这是良性循环。最终的目标是提高美国民众的生活水平。

但在参与贸易产业的竞争时，即使是生产率较高的国家可能都无法得到必

① "2014 Productivity Brief—Key Findings,"Conference Board, 2014, https://www.conference-board.org/pdf_free/economics/TED3.pdf.

② "List of Countries by GDP (PPP) per Hour Worked," Wikipedia, http://en.wikipedia.org/wiki/List_of_countries_by_GDP_(PPP)_per_hour_worked.

③ "Labor Productivity and Costs," Bureau of Labor Statistics, August 11, 2015, http://www.bls.gov/lpc/prodybar.htm.

④ Robert J. Gordon, "Is U.S. Economic Growth Over? Faltering Innovation Confronts the Six Headwinds," National Bureau of Economic Research, August 2012, http://www.nber.org/papers/w18315.

要的优势。一个国家可以有很高的生产率,同时有很高的经商成本。高税率、繁重的监管制度、不具竞争力的工资以及医疗的高额成本都会让企业不愿意在高生产率国家投资或扩张。在国家经济研究局最近的一份论文中,迈克尔·波特和同事尝试解决这一问题,他们认为有竞争力的国家“提供与潜在生产率相比更低的要素成本”,潜在生产率指每个工人的高产出以及较高的劳动力参与率。[①] 该论文关注影响国家对投资者潜在吸引力的一系列因素,包括政治机构的稳定,宏观经济政策,以及支持国家经商环境的更为针对性的政策。随后,这些指标与在这个国家的经商成本放在一起比较。在一开始使用这一方法时,波特和同事获得的结论从直觉来看十分正确。潜在竞争力(高生产率以及高劳动力参与率)最高的 3 个国家是瑞典、瑞士和芬兰。美国排在第 20 位,在法国之后、日本之前。当这一指标经过经商成本(用每小时工人成本作为衡量标准)调整后,有较高劳动成本的高生产率国家,如丹麦和挪威仍处于前列。美国也排名较前,与德国齐平,领先于法国和英国,主要是其劳动力成本低于大型欧洲国家。但低成产率国家,如印度、马来西亚也处于前列,因为与工人产出相比,这些国家的成本较低。

这个方法很好,抓住了政策制定者在建立更具竞争力的经济体时的核心挑战。一个国家如果尝试维持高工资和慷慨的社会保障项目,但没有同时提升整体的劳动力生产率,那么它的竞争力就会下滑。例如,法国对雇员来讲是很不错的,每周工作时间为 35 小时,有 6 周的强制休假,并且有法律保护,让解雇员工的行为十分困难。但对雇主来说,并不是理想之地:雇主的个人所得税接近一个普通员工总工资的一半,整体的税负在欧盟国家中是最高的,监管障碍给竞争设立了一系列限制。根据《全球竞争力报告》,法国在“雇佣和解聘做法”方面排在 148 个国家中的第 144 位,在“鼓励投资的税收激励影响”方面排在第 137 位,在“政府监管制度负担”方面排在第 130 位。在这样一个国家,提高竞争力需要降低成本,大力提升生产率,或是两者兼顾。实业家路易·伽罗华(Louis Gallois)在 2013 年致法国总统的报告中总结道,法国需要“竞争力冲击”,包括大幅降低个人所得税。类似地,如果印度这样的低成本国家不能提高生产率,其工厂和未来投资被吸引至成本更低的国家,如越南和印度尼西亚,那么其竞争力也会下滑。具有竞争力的经济体的最佳平衡点是工人产量和参与度都处于较高水平,同时经商成本较为适度。

---

① Mercedes Delgado et al., “The Determinants of National Competitiveness,” National Bureau of Economic Research, Working Paper 18249, July 2012, http://www.nber.org/papers/w18249.

这个方法的另一个价值体现在抓住了政府竞争力争论的焦点。当政治家和商业领导者探讨提升美国竞争力时,几乎总是在讨论如下两者之一:提高生产率或降低成本。当然,这两者对其他国家也都是相关的:例如,如果一国因为工资提高或政府对企业补助的限制而成本提高,这意味着美国在与该国竞争时的实际成本下降。但这只是提高竞争力仅有的两个选择——以同样的成本或在成本更低的情况下,提供更多更好的产品和服务。两者间良好的平衡以及达到这一平衡的最佳方式在很大程度上决定了美国对竞争力的辩论结果。

如何竞争:两条道路

此处的论断是国家间确实需要竞争,尽管美国大部分的产量来自不与外国经济体直接竞争的产业。这种竞争与体育竞争不同,贸易和外国投资带来双赢,赢家会多于输家。同时,也与企业间的竞争不同,因为国家间的竞争方式并不完全与企业一样,而且国家并不面临破产和解散的问题。但与企业相似的是,国家也在争抢国际贸易相关产业的投资、出口、就业、创新及其他经济利益的份额。经济体相对竞争力的最佳指标是成本调整后的生产率,也就是与该国经商成本相比的每个工人的产量,以及适龄工人在劳动力市场上的数量。

在实际中竞争是如何发生的呢? 宽泛来讲,企业可以按照两种方式竞争:一是通过开发比竞争者更好的产品和服务在质量方面竞争,或设计新的产品和服务,开辟新市场;二是通过降低成本在价格方面竞争,从而比销售类似产品的竞争对手的价格更为低廉。两个典型现代企业的例子是苹果和亚马逊。两家企业都被誉为美国创新力的典范,根据这一衡量标准,两家都是十分具有竞争力的。苹果完善了新的产品种类,如数字音乐播放器和平板电脑,做得很成功,可以对每笔销售设定较高的价格并获得巨额利润。即使三星、谷歌和微软等企业开发了竞争型产品,苹果的高质量使其依然获得超额回报。反之,很多年来亚马逊的利润都很微薄,但亚马逊增长速度很快,排挤掉了许多其他的零售商,回报不断增加,每年线上销售增长率为10%～25%,这主要归功于大幅促销和高效的分销网络。[①]

国家可以按照类似方式竞争,降低本国的经商成本或提高其他优势,使得

---

① David Streitfeld, "Amazon's Revenue Soars, but No Profit Is in Sight," *New York Times*, October 24, 2013, http://www.nytimes.com/2013/10/25/technology/amazons-revenue-soars-but-no-profit-in-sight.html.

高成本合理。[1] 关于竞争力的争论正是关于这样的选择——美国竞争的重点是质量和创新，还是价格，或是两者兼顾？换句话说，美国通过降低经商成本，完全可以使其成为更具竞争力的投资目的地——降低员工工资，减少企业或个人所得税，减轻雇主承担的社保压力，并限制给企业施加高成本的监管制度。政府给企业的补助有类似效果——降低企业成本，同时将可以用于教育、道路、治安和防火的纳税人资金用到别处。所有这些行为使得企业成本降低，让其在这个国家经营更有利可图。

也有人认为美国不应该在成本方面竞争，而应该成为高生产率的国家，这样企业可以支付更高工资和税收，化解监管制度和社保项目的成本，同时依然觉得这个国家是理想的经商之地。但如果美国——或任何国家——想以这种方式吸引企业，就必须提供某些福利，来抵消高额成本。这包括受过良好教育和高技能的员工，鼓励创新的知识和政策环境，优质的道路和其他基础设施将产品快速推向市场，稳定和可预计的法律环境，降低进出口成本的一系列贸易协议，帮助企业融资的高度发达的金融体系，以及帮助创新者抵制剽窃的完善的知识产权准则。

关于国家竞争力的讨论很少直接谈及“成本还是生产率”的选择，因为这一选择并不容易。惠普总裁约翰·杨受里根总统任命，主管 1983 年美国产业竞争力委员会，他简单地说道：“作为一个国家，我们不会降低工资来竞争。我遇见的人中没有一个主动提出为了大局降低自己的收入。”该委员会试着将提升生活标准作为竞争力定义的核心内容。但很有可能的是，企业通过压低工人薪酬可以具有较强竞争力。例如，卡特彼勒公司没有幻想过高工资会在一定程度上提升其竞争优势。在整个 90 年代，该企业一直被卷入一系列劳工诉讼中，为了压低工资和福利成本，封锁了旧员工，用新员工替换。这一斗争延续至今。2012 年 1 月，该企业不许 450 名员工进入其位于安大略省伦敦市的柴油机车厂，并在一个月后由于工会拒绝降薪 50%而关闭工厂，取消了企业明确的养老计划，并削减了额外福利。2012 年下半年，卡特彼勒管理层强迫伊利诺伊州乔利埃特工厂的 800 名工会工人——该工厂生产水利零部件，如软管、气缸和泵——接受 6 年滞涨的工资和养老金，以及由员工支付更贵的医疗保险，即使当时企业利润接近历史最高水平。该企业并不认错。总裁道格·奥伯赫尔曼(Doug Oberhelman)表示，如果卡特彼勒没有压制工会的话，很可能会走底特律

---

[1] Laura D'Andrea Tyson, "Economic Competitiveness in the U. S. ," in *Proceedings: Technology and Governance in the 1990s*, ed. US Congress, Office of Technology Assessment. OTA-A-564 (Washington, DC: US Government Printing Office, April 1993).

三大汽车企业的老路。

咨询公司同样也没有幻想用工资增长来提升竞争力。例如,被广泛引用的2011年波士顿咨询公司关于美国制造业竞争力的研究预计,美国制造业会迎来复苏,部分原因是"美国一些州,如南卡罗来纳、亚拉巴马和田纳西,会成为工业国家中最廉价的生产基地"。[①] 这3个州的人均收入在50个州中分别排在第48、42和34位。[②] 这些州确实是极具竞争力的企业选址,但并未像约翰·杨希望的那样成为"提高居民真实收入"的领军者。

谈到选择,显然任何一个国家都倾向于走高生产率/高工资的道路来提升竞争力,而不是其他方式。但达到这一目标并不是直截了当的。更高的生产率来自受过更高教育的人群,支持企业的现代化基础设施,以及带来商业领域成功创新的基础和应用型科学研究。但每一项都需要时间,而且投资回报是不确定的。同时,国家——甚至更多的州和地方政府——每天都在竞争跨国企业的投资,这些企业的选址决定对于微弱的价格优势十分敏感,不管是劳动力成本、税收还是监管负担。不愿在成本方面竞争的国家获得的投资份额不断减少,这会减缓经济增长,减少给提高生产率的投资进行融资的税收收入。如果某一个国家的经商成本过高,那么这样的方式对其自身是不利的。

两条道路——一条关注提高生产率并鼓励创新,另一条关注控制成本——有时被称为通向国际竞争力的"高路径"和"低路径"。但实际没有必要如此简单化,而且这对于创建更具竞争力的美国经济并非十分有帮助。支持增加就业和基础设施支出以及让政府扶持研发的民主党人是有道理的;如果美国不对高生产率经济体的基础进行投资,那么就不能提升人民的生活水平。同时,对税收、财政赤字、政府监管及工会抱怨的共和党人也是有道理的;如果成本过高,美国则无法吸引和留住创造就业和提高生活水平所需的企业投资。

成功的竞争策略在于尝试找到两者的完美平衡点。这需要美国奉行国际化的竞争政策,做出更多努力设立公平竞争条款。美国应更激进地参与投资和出口竞争,在向世界推广自身及产品时付出更多。政府应投资更容易带来高生产率和劳动力参与度的领域,特别是教育、工人再培训、现代基础设施和创新配

---

① Harold L. Sirkin, Michael Zinser, and Douglas Hohner, "Made in America, Again: Why Manufacturing Will Return to the U. S.," Boston Consulting Group, August 2011, http://www.bcg.com/documents/file84471.pdf.

② "A Chart and Map Book of Population and Selected Economic Indicators for the U. S. and States," vol. 1, no. 3. University of New Mexico Bureau of Business and Economic Research, December 2012.

套支持。政府应注重控制企业经营成本,特别是企业所得税等成本,这些直接在政府的控制范围内,对于投资选址有重大影响。

没有积极的联邦政府角色,这些都不可能成功。但在现在的政治环境中,直接脱离华盛顿来制定和实施这样的策略也有些遥不可及。如今在国内有太多怀疑的声音——主要来自共和党,尽管不是全部——质疑华盛顿发挥主导作用的能力,可能会浪费纳税人的钱或纵容裙带关系。但还有另一种方式。州和地方政府在民主党和共和党州长及法律引领下,越来越拥护经济发展战略,旨在参与投资竞争和培育能够在全球市场脱颖而出的企业。他们需要华盛顿给予的是一个坚定支持他们的联邦政府。

第八章

在全球化世界竞争的策略

与许多美国工业化城市一样,水牛城在过去半个世纪也经历了艰难时期。该城市的建立得益于廉价的能源和良好的交通。1825 年完工的伊利运河连接伊利河与哈得逊河,使水牛城成为关键枢纽,将中西部农产品运输至纽约、其他东部沿海城市以及欧洲市场。该城市成为美国的磨坊业中心,包括通用磨坊(General Mills)、品食乐(Pillsbury)等企业在此设立工厂,到 60 年代时所生产的面粉提供给三分之一的美国人。[①] 由于地理位置离尼亚加拉大瀑布很近,这也意味着电力成本在美国城市中较低,吸引了钢铁、铝业、汽车和汽车零部件等能源密集型产业。在 50 年代,通用汽车在水牛城有 7 家工厂,福特有 1 家,总共雇用了 2 万多人。城市快速发展,到 1950 年人口达到了 58 万。但到 50 年代后期,水牛城的好日子便到头了。加拿大在 1957 年开辟了圣劳伦斯航道,提供了从五大湖到欧洲的更廉价通道,水牛城的人口开始下降。在 70 年代,当地经济继续受到新型竞争的冲击,这些竞争来自亚洲和欧洲钢铁、汽车和汽车零部件等产业,以及具有更低经商成本和更优良气候的美国南方各州,这些州敦促企业搬迁。仅在 10 年内,有 10 万多居民离开了水牛城。到 2010 年左右,总人口缩小至 27 万,不到 50 年代鼎盛时期的一半。政府政策也没有提供帮助。1975 年,根据选址咨询公司 Fantus 对 48 个州首次做出的"经商环境"排名,纽约州排在了末位,很大程度上是因为该州的高企业税收和劳动力成本。水牛城

① Mark Goldman, *City on the Lake: The Challenge of Change in Buffalo, New York* (Buffalo, NY: Prometheus Books, 1990), 171.

的市政物业税也处于较高水平。① 尽管这种排名至少在一定程度上是咨询公司的自利行为来鼓励企业搬迁至南部，但水牛城没有能力吸引新的产业来弥补损失的部分。②

如今，水牛城希望将未来建立在一种新能源基础上。2013 年 11 月，美国太阳能板制造商西乐伏(Silevo)宣布将设立西半球最大的太阳能板工厂，选址为此前的共和钢铁公司，该钢铁厂在整个 70 年代不断缩小规模，并在 1984 年永远关闭了大门。半年后，西乐伏被加利福尼亚州的太阳城(SolarCity)收购，该企业负责人埃隆·马斯克(Elon Musk)同时也执掌电动汽车制造商特斯拉(Tesla)及商用航天企业太空探索技术公司(SpaceX)。太阳城敦促新企业在 2017 年运营，计划雇用大约 1 500 名新员工，另外帮助本地经济创造 2 000 个配套工作。预计这些工作的薪酬范围从制造行业的每年 4.5 万美元至工程师职位的 10 万美元不等——在这个被《福布斯》称为美国"最负担得起"的城市中是很可观的工资水平。③ 当地社区大学给半导体制造业提供新的证书项目，来解决预计对技术工人的需求。④

太阳城之所以选择像水牛城这样冷门被遗忘的城市来开展最大型的项目，是因为一系列趋势汇集在一起，最终会促进美国的竞争优势。美国 90%的太阳能板依赖进口，主要来自中国。但美国的太阳能市场也在爆发式增长，2010～2014 年，光伏安装增长了 7 倍。2014 年，美国商务部决定对中国大陆和中国台湾的生产商施加新的进口关税，至少在短时间内提升了太阳能板进口的成本。太阳城主要是一家安装企业，如今供应超过三分之一的美国居民家庭，所使用的太阳能板依赖于进口。水牛城工厂是一场博弈，希望依赖传统硅材料但使用创新生产方式的西乐伏技术可以生产更高效的太阳能板、成本更低，质量可与中国抗衡。太阳城承诺，在未来 10 年，所有的安装都包括电池备用系统，电池的主要供应商为位于内华达州的特斯拉新超级电池工厂。⑤

---

① Edward L. Glaeser, "Can Buffalo Ever Come Back?," *New York Sun*, October 19, 2007, http://www.nysun.com/opinion/can-buffalo-ever-come-back/64879.

② Greg Leroy, *The Great American Jobs Scam: Corporate Tax Dodging and the Myth of Job Creation* (San Francisco: Berrett-Koehler, 2005), chap. 3.

③ Erin Carlyle, "America's Most Affordable Cities," *Forbes*, March 11, 2014, http://www.forbes.com/sites/erincarlyle/2014/03/11/americas-most-affordable-cities.

④ David Robinson, "SolarCity Aims to Create 1,460 jobs," *Buffalo News*, July 13, 2015, http://www.buffalonews.com/business/solarcity-aims-to-create-1460-jobs-20150713.

⑤ Zachary Shahan, "Every SolarCity Customer Will Get Battery Backup within 5-10 Years," *CleanTechnica*, September 22, 2014, http://cleantechnica.com/2014/09/22/every-solarcity-customer-will-get-battery-backup-within-5-10-years.

然而没有州和地方政府的积极参与，新工厂就不会成为现实。在被太阳城收购前，西乐伏只是想扩张其在中国与地方市政府合作运营的现有工厂。但企业管理层希望使选址多元化，北美太阳能应用的快速发展使其成为符合逻辑的选择。该公司雇用了选址咨询顾问征询方案，之后将范围缩至 3 个州：新墨西哥州、亚利桑那州和纽约州。纽约州已经做好了准备。作为州长安德鲁·科莫(Andrew Cuomo)推崇的水牛城十亿计划的一部分，该州选择水牛城开展项目测试，考察有针对性的政府激励机制是否能重建城市经济。该州的目标是明确并鼓励某些产业，促进水牛城医学院附近的医疗产业群，发挥依然廉价的水力发电优势。西乐伏高管与纽约州经济发展机构——帝国开发公司官员会晤，这些官员试着给西乐伏的高管推销这个城市。水牛城符合太阳城的三项核心标准：相比加利福尼亚州和亚利桑那州成本更低的立即可获得的技术工人，优质的研究和工程大学，以及廉价的水力发电。[①] 该州给予了更多优惠，同意全额承担收购共和钢铁厂的费用，并购买生产设备，防止企业在未来重新选址。来自纽约州纳税人的总投资将接近 7.5 亿美元，而企业声称会投资 50 亿美元。

这种协议的风险是很高的，但潜在的回报也很丰厚。水牛城的政府开发项目长期以来都表现不佳，包括将数十亿美元用于建造公共房屋、重新开发滨水区以及建造地铁系统。[②] 没有一个项目有助于形成城市的就业基础，只是提供了临时性的建筑工作而已。政府给予太阳能企业的支持在此前也不力——奥巴马政府发放 5.35 亿美元贷款给太阳能企业索林德拉，这是一个十分失败的赌注，该企业的技术未经验证。据调查员的报告，该企业高管误导了能源部，赢得了联邦贷款担保。[③] 马萨诸塞州投资常青太阳能公司，损失了大约 6 000 万美元，该公司受到价格更低的中方竞争冲击被迫关闭。太阳城的客户群体更庞大并不断增长，看上去是更好的赌注，但远远不是确定的事情。科莫州长正在面临政治偏袒的指控，他将水牛城的合同分派给为其政治竞选提供帮助的企业，包括整修一幢市中心的大楼提供给 IBM 和其他技术企业。[④] 即使在施工

---

① Adam Bruns, "Multiple Visions," *Site Selection*, October 2014, http://siteselection.com/onlineInsider/solar.cfm.

② Glaeser, "Can Buffalo Ever Come Back?"

③ "Solyndra Misrepresented Facts to Get Loan Guarantee, Report Says," *Wall Street Journal*, August 26, 2015, http://www.wsj.com/articles/solyndra-misrepresented-facts-to-get-loan-guarantee-report-says-1440632222.

④ Jim Heaney, "Watchdog Report: Buffalo Billion's Lack of Transparency," *Democrat and Chronicle*, June 21, 2015, http://www.democratandchronicle.com/story/news/2015/06/21/buffalo-billion-andrew-cuomo-solarcity-transparency/29054685.

时，由于投资者担忧项目的成本，太阳城的股价更多的是下行而非上扬。但目前，市和州政府官员对于前景都较为乐观。一名伊利县官员表示："现在当人们想到水牛城时，他们不仅想到鸡翅、比尔队和雪，还会想到西半球最大的太阳能板生产基地。"①

水牛城在许多美国城市参与的经济计划热潮中是个后来者。它也遵循了一个老套的方式，通过定向政府投资，提升美国在研究和高技能劳动力方面的竞争优势，帮助州和城市建立和吸引参与全球竞争性产业的企业。得克萨斯州的奥斯汀市在80年代末被选为半导体制造技术联盟的总部，这是一个旨在从日本手中夺回微芯片设计领导地位的国防部/产业研究联合体，之后该城市将自身建造成高技术中心。奥斯汀市进一步强化它的天然优势——温和的气候和得克萨斯州立大学——提供物业税退税等开发激励措施，吸引技术企业。在技术企业随2001年互联网泡沫破灭而衰退前，该城市的发展甚至超越了硅谷、达勒姆和凤凰城的辉煌成就。② 俄勒冈州波特兰市长期以来是电脑和电子产品出口的领导者，因为英特尔位于附近的希尔斯伯勒，另外也有围绕耐克建立的强大的体育和户外产业。几十年来细心的城市规划也使其成为美国最环保的城市之一，有最高的自行车上班族比例，市中心也满是节能建筑。所以2012年，该市启动了"我们建造绿色城市"的营销和商业平台，说服其他国家的城市采用其建筑、工程和清洁技术企业来开展类似计划。波特兰选中了与其有紧密贸易联系的四个国家——日本、哥伦比亚、中国和巴西。2014年，位于东京北部的日本柏市雇用3家波特兰工程企业，为其设计并建造新的"环境特区"。③

在过去几十年中，美国政府不断加大力量促进国家的经济竞争力。政府提供税收激励政策来吸引大型制造企业的投资；建造道路和桥梁，深挖海港，从而将产品快速运往国内外市场；设立培训计划确保公民的技能适应新工作；启动孵化器并创立风投基金，鼓励小企业创业；甚至还在海外设立办公室，吸引外国投资并促进出口。但这些行为很少来自华盛顿。相反的是，尽管国家资本还陷

---

① "SolarCity Investing $5B in Buffalo, Creating 3,000 jobs," WIVB News 4, September 23, 2014, http://wivb.com/2014/09/23/solarcity-investing-5b-in-buffalo-creating-3000-jobs.

② Michael Oden, "Building a More Sustainable Economy: Economic Development Strategy and Public Incentives in Austin," Livable City, May 2008, http://www.soa.utexas.edu/files/csd/FinalIncentiveStudy.pdf.

③ Brad McDearman and Ryan Donahue, "The 10 Lessons from Global Trade and Investment Planning in U.S. Metro Areas," Brookings Institution, May 27, 2015, http://www.brookings.edu/research/reports/2015/04/21-global-trade-investment-planning-us-metro-areas-mcdearman-donahue; Aimee Rawlins, "Is Your City the Next Portlandia?," *CNN Money*, October 7, 2014, http://money.cnn.com/2014/10/07/smallbusiness/portland-export-kashiwanoha.

入僵局,无法确定政府在经济中的适当角色,美国州和地方政府已经率先尝试吸引外国投资、促进出口、鼓励创业,并为新工作培训员工。这些努力跨越了政党的界限,来自各政治派别的民主党和共和党州长、立法者及市长都积极拥护。如今,大多数州政府和许多大型市政府花费大量时间和资源明确和提升比较经济优势,不仅针对国内其他地方,也面向全世界。政府与企业密切合作,雇用经济学家和咨询师来明确经济的长处和弱点,并与大学共同开发和推广新技术,也就是制定竞争力战略。

这不是州和地方政府之前所寻求的角色。彼得·艾辛格(Peter Eisinger)在描述美国州层面经济崛起的全面历史时写道:"大多数经济发展史是缺乏计划的。"①在历史上,州政府并不寻求有意识的发展战略。但随着 70 年代全球经济竞争愈加激烈,许多州政府做出了与华盛顿不同的决定。不是假设全球市场会自行调整来有利于美国,他们担忧自己所在州会面临什么样的局面。制造业如钢铁、汽车、纺织、电子产品及其他曾经的高薪产业中就业的丢失,使得许多州和地方政府开始仔细思考,未来的工作应来自哪里,并如何为自己分得一杯羹。很多时候的策略是通过承诺更低的劳动力和监管成本,并提供减税和其他补贴来吸引其他州的企业。但久而久之,许多州和城市在明确和促进有潜在竞争优势的产业时变得更加老练。新战略更多依赖于帮助企业家和年轻企业,培训有技能的员工,并抓住新的市场机遇。② 如今,各州和城市努力在国际市场中获得更明确的定位,鼓励可以拓展的产业在国际竞争。这种新的地方积极主义诞生于 80 年代初期,以应对愈加激烈的海外经济竞争对国内许多地方制造业的冲击。在这种经济形势中,各州不仅互相竞争,而且也跟其他国家竞争,不得不将有限的资源用于鼓励最有可能带来就业增长的产业。现在几乎每个州都有这样的计划。③

各州都认为自身在与其他州、地区及世界直接竞争投资、出口和就业,尽管竞争并不是有限的,但也绝不是无限的。尽管在特殊情况下有所不同,但大多数采取了有意识的策略,在吸引或发展最能促进州和城市繁荣的产业方面获得优势。对于地方和州经济发展的承诺并不只是某个特定政党才有的。有时,鼓

① Peter K. Eisinger, *The Rise of the Entrepreneurial State: State and Local Economic Development Policy in the United States* (Madison: University of Wisconsin Press, 1988).

② Mark Drabenstott, "Rethinking Federal Policy for Regional Economic Development," *Economic Review*, Federal Reserve Bank of Kansas City, First Quarter 2006, https://www.kansascityfed.org/publicat/econrev/PDF/1q06drab.pdf.

③ Drabenstott, "Rethinking Federal Policy for Regional Economic Development," 21.

励增长的方式不同——例如，共和党倾向于降低税率，民主党热衷于投资基础设施或教育——但目标是一样的。令人惊讶的是，这些倡议都在意识形态之上。例如，尽管华盛顿的共和党人猛烈攻击奥巴马政府的新能源补贴计划，但得克萨斯州的共和党人的确成了美国最大的风能生产商，很大程度上是因为州政府补贴及对传输线路的新增投资。①

州和地方政府尝试填补华盛顿未能应对全球经济竞争的漏洞。彼得森在45年前致尼克松总统的备忘录中，凭借超凡的洞察力预见了美国在适应全球经济中将面临的经济挑战。他认为，有效的应对方式需要有两个因素：第一，协商更好的准则使得全球经济竞争条款尽量公允；第二，努力确保美国民众准备好在更具竞争性的世界中发展。彼得森坚信，睿智的公共政策会带来很大的不同，决定了美国在面临新竞争时会更加繁荣还是凋谢。然而，在过去半个世纪中，美国——特别是联邦政府——经常在彼得森所指出的挑战方面做得不够。美国政府并未努力帮助民众适应不断增加的经济竞争压力。教育和员工再培训无法满足对高技能劳动力的需求，半个世纪前制定的移民政策阻挡了很多技术移民。美国在基础设施方面投资过少，企业所得税政策是在投资竞争很少的时期制定的，已不合时宜。联邦政府直到最近才做了一些努力，鼓励其他国家在美投资。

但地方主导的经济竞争战略成熟后可以给整个国家提供出路。各州和城市凭着实用主义和热情拥护这些政策，尝试吸引或培育能支付高工资并在全球市场成功竞争的企业。经济计划的地方革命是更广泛层面国家经济竞争战略的基础，国家战略建立在地方和地区的努力基础上而不是取代。与意识形态所关注的政府角色不同，让联邦政府在促进经济竞争中扮演有限的角色是合理的。州和地方政府更接近在社区中经营的企业，也能更好地理解企业面临的竞争挑战。地方政府可以塑造物理环境——道路、运输系统、公园、骑行道路——使所在州和城市成为适宜工作和生活的地方。州政府是社区大学和研究型大学最大的资助者，也进行了大多数的基础设施投资。竞争力战略中的很多部分都在州和地方上。

然而，这些政府为促进本地区竞争力所能做的努力是有严格限制的，更不用说加强整个美国的竞争力了。地方政府几乎没有能力制定国际经济竞争条款。例如，州政府可以提供减税并培训本地劳动力来吸引企业，纽约州在说服

---

① Roger Real Drouin, "How Conservative Texas Took the Lead in U. S. Wind Power," *Yale Environment* 360, April 9, 2015, http://e360.yale.edu/feature/how_conservative_texas_took_the_lead_in_us_wind_power/2863.

IBM 和 AMD 等半导体企业驻扎、进行芯片设计和制造时就是这么做的。但纽约州对国际半导体贸易准则没有任何影响力。它无法参与最新一轮开放高科技产品贸易的新信息技术协议谈判，也不能影响中国本土的创新政策。中方想要发展本土产业，减少半导体进口，这会潜在影响大型芯片制造商在选址方面的决定。同时，纽约州也无法保护企业的技术知识产权免受剽窃，没有能力限制其他州提供更多的补贴或减税来吸引同样的投资，也无法影响货币的价值。如果美元上涨过多，降低了企业在纽约州可获得的利润率，该州和其民众都会受到损失，但州政府根本无法参与货币管控。简言之，州和地方政府缺乏为促进宏伟的经济发展目标所需的许多工具。只有联邦政府有能力解决更大的竞争挑战。

而且，若没有国家政府的支持，各州很难避免与其他州及海外竞争对手的逐底竞赛。通常，各州最容易鼓励企业留下或重新选址的方式是减税，放松政府监管，颁布抑制工会行为的工作权利法，以及设置工资上限。正如上一章所讨论的，这样的策略降低了企业运营成本，肯定可以促进一个国家或地区的竞争力。但对于州政府而言却成本高昂，大幅减少了可用于教育、基础设施或研究的税收收入，这些领域在长期有助于促进州经济。作为协议的一部分内容来吸引或留住投资，州政府如今放弃了 800 亿美元的税收收入。[①] 作为一项提高生活水平的策略，这很有可能是失败的。如果成本开始上升，单纯受成本驱动的企业更有可能再次搬迁。美国电影产业便是臭名昭著的例子，从加利福尼亚州搬至纽约，再搬至加拿大，以及中间的任何地方，只为追逐当地税收激励政策，在激励机制耗尽或其他地方有更好的条件时，便收拾行囊再次搬迁。2005 年，由于当地政府官员提供税收的大幅减免优惠，亚马逊被成功说服在得克萨斯州艾文市开设了新的全国范围的分销工厂。所提供的就业比较普通——1 小时 11～15 美元。但在 2011 年，亚马逊突然关闭了工厂，而不是向得克萨斯州支付 2.69 亿美元的营业税，该企业在向得克萨斯州顾客销售时，从未附加过这项税收。[②] 通往竞争力的低成本道路至今对于各州来说都不是很成功。尽管得克萨斯州有很好的创造就业记录，但相比其他许多州通过税收激励政策及其他降低企业成本的承诺来激进地参与竞争，这所带来的利益没有那么显而易见。通过承诺低成本成功吸引企业置业的南部州——如南加利福尼亚州、田纳西

① Louise Story, "As Companies Seek Tax Deals, Governments Pay High Price," *New York Times*, December 1, 2012.

② Louise Story, "Lines Blur as Texas Gives Industries a Bonanza," *New York Times*, December 2, 2012.

州、亚拉巴马州和密西西比州——根据中位数收入排名，都位于全国范围的最后十名。[①]

美国各州和城市若想从竞争力战略中获得最大利益，则需要华盛顿的支持。这种"自下而上"的竞争力计划需要基于两个要素。第一，美国政府的国际贸易和投资谈判战略应确保州和地方政府在促进有国际竞争力企业和供应商在本地区投资方面面临最少障碍。在制定华盛顿的国际谈判优先事项时，联邦政府应给予州和地方开发官员更大话语权。如今，美国政策制定者征求的很多建议均来自总部位于美国的大型企业。但这些企业的全球战略并不一定契合美国更广泛层面的利益，即吸引和留住创造就业的投资。州和地方官员相比跨国企业的代表，更致力于这项使命——身处的位置能够更好地理解美国谈判立场给予的是支持还是阻力。

第二，华盛顿需要鼓励州和城市开展逐优竞争而非逐底竞争。在最坏的情况下，某些州的策略仅是从邻州挖走企业和工作。得克萨斯州前州长里克·佩里(Rick Perry)甚至在加利福尼亚州发布电视广告，鼓励企业"将业务移至得克萨斯州"。[②] 从国家的角度来看，抢夺资源的行为完全是浪费——这不给国家带来净利益，而且对于丢失投资和吸引投资的州来说都增加了税收支出，主要依赖于鼓励政策的规模。联邦政府热衷于促进整个国家的州和地方竞争力战略，而不仅仅有利于个别州。越来越多的州在缩减激励计划，转而投资于培训员工、鼓励出口、开展商业相关的研究以及帮助初创企业。联邦政府应支持这种行为，并鼓励企业开创新业务，创造新的就业机会，而不是只做搬运工。

华盛顿如何提升州和地方竞争力

随着竞争在全球开展，在国家没有采取应对措施的情况下，州和地方的竞争战略是对资本不断流动的直接反应。随着企业更加方便地将所有或部分运营部门在全国以及之后在世界范围内迁移，州和地方政府可以影响选址的决定。没有一个州希望在协议中处于错误的位置。经济咨询师大卫·罗宾逊(David Robinson)写道："由于美国不同地方之间有输赢之分，且经济发展战略

---

① "List of U. S. States by Income,"Wikipedia, https://en. wikipedia. org/wiki/List_of_U. S. _states_by_income.

② Arlette Saenz, "Rick Perry in California to Lure Businesses to Texas," ABC News, February 11, 2013, http://abcnews. go. com/blogs/politics/2013/02/rick-perry-in-california-to-lure-businesses-to-texas.

缺乏国际层面的协调,经济发展因而成为州和地方层面的竞争。”[①]竞争首先由南部各州发起:密西西比州在 20 世纪 30 年代建立了平衡工农业项目,给工业资助计划起了好听的名字,第一个成功的案例便是吸引了瑞莱斯(Reliance)公司,这是一家基于芝加哥的男士衬衫和睡衣制造商,地方政府提供 8.5 万美元,帮助其建造新工厂及培训本地工人。另外十多家企业也随之效仿,大多数是提供低薪的纺织和服装企业。[②] 1936 年的《密西西比工业法案》建立了一项大规模的新兴企业补贴计划,称为工业收入债券。低息债券可用于建造或购买工厂,但由于这些债券由政府为发展经济的公共目的而发行,因而是免征联邦税的,就像为建造交通设施或学校的市政债券也是免税的。州政府之后将设施租赁给私营企业,由于房屋归政府所有,因而企业免交物业税。[③]

密西西比的项目引起了北方工业州的抱怨,但直到全球竞争开始后,更多的州才开始效仿。在 80 年代以前,只有少数几个州,主要在南方,设立计划促进对州经济意义重大的产业;在 1983～1985 年间,在北方的密歇根州、威斯康星州、纽约州和宾夕法尼亚州的率领下,17 个州首次设立了这样的计划。[④] 密西西比的债券计划很快被田纳西和亚拉巴马等邻州采纳,并在 70 年代后期和 80 年代北方一些州也纷纷效仿。[⑤] 经济发展使命对于州来说也越来越国际化。1980 年,只有 4 个州政府在国外有办事处。纽约州于 1954 年在欧洲开设了第一家办事处;如今,该州在 28 个国家设有超过 175 个海外贸易办公室。例如,南卡罗来纳州在上海、东京和慕尼黑设有用于吸引投资的永久办公室;佛罗里达州在 13 个国家设有国际办事处。[⑥] 美国各州将中国视为最主要的目标,在华设立了 28 个州级贸易办公室,紧随其后的是日本和墨西哥,各有 19 个。[⑦]

---

① David Robinson, *Economic Development from the State and Local Perspective: Case Studies and Public Policy Debates* (New York: Palgrave Macmillan, September 2014), 38.

② Connie Lester, "Economic Development in the 1930s: Balance Agriculture with Industry," Mississippi History Now, May 2014, http://mshistorynow.mdah.state.ms.us/articles/224/economic-development-in-the-1930s-balance-agriculture-with-industry.

③ Leroy, *The Great American Jobs Scam*, 71.

④ Eisinger, *The Rise of the Entrepreneurial State*, 28.

⑤ Leroy, *The Great American Jobs Scam*, 84.

⑥ Thomas Stringer, "How U. S. States Are Targeting Foreign Direct Investment," *Area Development*, 2015, http://www.areadevelopment.com/LocationUSA/2015-US-inward-investment-guide/how-us-states-target-fdi-strategies-2727261.shtml.

⑦ Jennifer Burnett, "State Overseas Trade and Investment Offices, 2013," Council of State Governments, June 18, 2013, http://knowledgecenter.csg.org/kc/content/state-overseas-trade-and-investment-offices-2013.

讽刺的是，80 年代最详细的经济规划被投票者否决，这是因为该州将发展计划交给公投，这是很少出现的情况。80 年代初期，罗得岛州委任一名私人经济发展顾问伊拉 · 马加奇纳(Ira Magaziner)制定该州新的经济战略。他是布朗大学毕业生，投入大量时间参与这个项目，之后在克林顿执政期间扮演重要的角色，制定了同样命运不佳的克林顿医疗计划。马加奇纳团队给出了长达 976 页题为“温室合约”(Greenhouse Compact)的报告，这被称为“迄今为止，针对单个州经济情况最为全面的研究”。[①] 该报告得到了该州企业领导人及劳联-产联负责人的支持，罗得岛州立法两院都表示赞成。温室合约(当时“温室”指的是孵化新企业，而不是现在对全球变暖的关切)提议，该州在 7 年时间内支出 2.5 亿美元用于创建新的本地风投项目、建造研究中心、启动新的小企业加速器以及给就业培训项目融资。目标是创造 6 万个新的高薪工作，这会使罗得岛州接近完全就业水平。但该州的投票者在公投中否决了这项提案，认为这是州强加给他们的昂贵计划。

温室合约以巨大的失败告终，但却是超前的行为。许多州之后拥护类似马加奇纳建议的战略。通过税收减免和低成本劳动力吸引企业的密西西比模式在如今依然很流行。确实，一个巨大的“选址”产业出现，律师和咨询师代表大企业谈判，从州和地方政府获得最大幅度的税收优惠和其他补助。但一段时间后，各州越来越关注于建造新的企业，并且只有在企业在国际市场有所优势的情况下才给出激励机制。以出口为导向的产业与不在国际市场上竞争的产业相比更具优势。在国际市场上竞争的企业普遍更具生产力，比其他企业支付更高的薪酬，并且承担了大部分的企业研发，开发促进经济发展的新产品和程序。这带来强劲的乘数效应，支持了本地零部件供应商并服务产业网络。更多州试着吸引或建立特别是研究密集型的“高新产业”，如制药、汽车、航天、软件制造和通信；列入名单中的产业包括制造业和具有国际竞争力的服务业，如建筑工程、电脑系统设计和医疗诊断。[②] 如果我们关注哪些企业获得了州和地方激励政策，就会发现政府多么重视具有国际竞争力的大型企业。在州提供的前 25 项最慷慨的补助计划中，有 18 项都旨在吸引或留住在汽车、航天、半导体和钢铁产业中的大型跨国制造企业。[③]

---

① Dan Weisman, “Greenhouse: Why a Good Plan Failed,” *Labor Research Review* 1, no. 9 (1986), http://digitalcommons.ilr.cornell.edu/cgi/viewcontent.cgi? article=1086&context=lrr.

② Mark Muro et al., “America's Advanced Industries,” Brookings Institution, February 2015, http://www.brookings.edu/research/reports2/2015/02/03-advanced-industries#/M10420.

③ “Subsidy Tracker,” Good Jobs First, http://www.goodjobsfirst.org/subsidy-tracker.

关注地区发展的经济学家长期以来都在区分服务本地和服务出口的企业。在地区或本州外销售产品或服务，或进行海外出口的企业以各种形式将资金带回，如支付工人工资和福利，创建本地供应企业，并且也有可能重新投资社区。信息技术和产业基金会的罗布·阿特金森和斯蒂芬·爱泽尔(Stephen Ezell)列举了总部位于艾奥瓦州牛顿镇的美泰克(Maytag)公司的案例，该企业在2007年被基于密歇根州的惠而浦(Whirlpool)收购后便关闭了大门。小镇中四分之一的具有劳动力的居民曾在该洗衣机企业工作。当地服务产业——干洗店、理发店、餐馆、五金店和保龄球馆——都受益于该工厂工人拿到的工资。如果这些小企业中的一家或多家关闭，对于整个社区的影响很有限；只要需求还在，新的配套企业会迅速成长并取而代之。但美泰克的消失使得工人无法再领到工资，这立刻伤害了所有的本地企业。[①] 自工厂关闭后，牛顿镇的复苏计划明确地关注于吸引新的出口服务企业，给出了税收减免和其他激励机制，并通过州和联邦贷款鼓励新的初创企业。受联邦税收优惠的鼓励，该镇成为生产风力涡轮机的中心。[②] 失业率曾在2011年突然上升至10%，远远超过艾奥瓦州平均水平；现在低于5%，预计在未来还有强劲的就业增长。

不幸的是，为企业重置提供的税收激励和其他补助确实影响了许多企业的选址决定。陶氏化学公司(Dow Chemical)总裁安德鲁·利韦里斯(Andrew Liveris)表示，在决定新工厂位置时最大的顾虑便是要尽量降低股东的风险。如果政府站出来并提供资金援助——如税收减免、低息建设贷款或能降低原产品投入价格的补贴——"这就让我不再面临巨大风险，相比在美国其他地方投资更为安全，能把我的顾虑消除。"[③]确实，越来越多的化工产业搬迁至政府支持最大的国家。1980年，美国和欧洲占有60%多的全球生产，而新加坡、印度使用直接补贴、对研发和教育投资以及保护主义策略来获得更多生产份额。自1980年起，美国在全球市场中的份额减半，从32%降至16%。[④] 美国选址顾问罗纳德·波利纳(Ronald Pollina)认为，若没有激励措施，美国各州会处于严重不利地位，不管是互相之间竞

---

① Robert D. Atkinson and Stephen J. Ezell, *Innovation Economics: The Race for Global Advantage* (New Haven, CT: Yale University Press, 2012), 273.

② Charles Riley, "Iowa's Turnaround Town," *CNN Money*, January 3, 2012, http://money.cnn.com/2012/01/03/news/economy/Iowa_Newton.

③ Andrew N. Liveris, *Make It In America: The Case for Re-inventing the Economy* (Hoboken, NJ: John Wiley & Sons, 2011), 62.

④ Jaap Kalkman and Alexander Keller, "Global Petrochemicals—Who Is Really Benefiting from the Growth in the New World?," Roland Berger, November 2012, https://www.rolandberger.com/media/pdf/Roland_Berger_Global_Petrochemicals_20121113.pdf.

争，还是与墨西哥、中国、越南、巴西等其他国家竞争。①

对于一些州来讲，它们的经济发展计划的开始与终结都源于旨在抢夺邻州业务的税收激励政策。例如，新泽西州仅在2010年就花费40亿美元，用于吸引基于曼哈顿的企业跨过河流来经营。例如，新泽西经济发展公司甚至提供3 400万美元的激励资金，鼓励纽约人寿保险将325名员工从新泽西州的帕西帕尼搬迁至泽西城，以防企业被吸引至纽约州。② 对于一些州来讲，这种激励机制是极其昂贵的。2012年的一期《纽约时报》总结道，俄克拉何马州和西弗吉尼亚州放弃的税收收入达到州预算的三分之一左右。③

但许多州采取更加积极的策略。如今，许多当地政府奉行的策略转而关注于鼓励新的初创企业、培训员工、支持企业开拓新市场以及与大学合作研究鼓励创新。④ 例如，弗吉尼亚州是第一个大力反对抢夺策略、支持经济多元化的南方州。2013年，该州启动了先进制造业联邦中心，让该州大学与制造企业合作，对先进制造业的某些领域开展应用型研究。该州也列出了地区产业优先清单，综合分析该州10个区的竞争优势，之后与大学、公共和私营企业合作，进一步扩大这一优势。弗吉尼亚州也提供员工再培训资金，补助给员工提供再培训的企业。该州给企业的直接激励有所下降。纽约州有类似的宏大计划，特别是创建了一系列孵化器，在创业—纽约项目下鼓励新的初创企业。孵化器位于该州的大学校园里，给新企业提供场所、技术支持和资金。田纳西州通过提供税收激励和就业培训项目，瞄准大众和日产等大型制造企业，措施是十分激进的，但它也越来越关注于培育新企业。田纳西州还大力促进出口和海外投资，在墨西哥、英国、德国和中国设立了出口办公室，并在加拿大和日本设立了投资招募办公室。国家州长协会列出了州在开发过程中的最佳实践。这些做法说起来容易，做起来难，但都有助于创建良好的经商环境，主要得益于有竞争力的税收、透明的制度以及置于经济日程之首的企业家精神。目标是将小企业培育成高

---

① Ronald R. Pollina, "In Defense of Business Subsidies," *Renewing America* (blog), Council on Foreign Relations, May 19, 2014, http://blogs.cfr.org/renewing-america/2014/05/19/in-defense-of-business-subsidies.

② "New York Life Weighs Move to Goldman's Jersey City Tower," *Bloomberg Businessweek*, April 15, 2015, http://www.bloomberg.com/news/articles/2015-04-14/new-york-life-weighs-move-to-goldman-s-jersey-city-tower.

③ Story, "As Companies Seek Tax Deals, Governments Pay High Price."

④ Erin Sparks, "Top Trends in State Economic Development," National Governor's Association, August 2013, http://www.nga.org/files/live/sites/NGA/files/pdf/2013/1308TopTrendsinStateEconDevPaper.pdf.

增长企业，并帮助其在州、国内和海外开发新客户。[①]

这些州的行动计划并非完全确定。所有州都面临政治压力，例如，需要将福利扩大至整个州，而不是仅仅关注于最有可能成功的区域和产业。如纽约的创业计划覆盖了 71 所院校，但目前仅吸引了 120 多家企业。[②] 更加成功的创业孵化器集中于小范围内，鼓励开发新的创业群。未来肯定会有一些高调的项目最后以失败告终，使得对州经济开发项目的审查比之前更为严格。许多州可能最后都在追逐同样的"高端制造业"项目，这也意味着肯定会对在这些产业没有明显竞争优势的某些地区进行过度投资。例如，密西西比州在 10 年时间里耗费数亿美元吸引新的"清洁科技"企业，但成功案例寥寥无几。[③] 尽管很多州在转变方向，但没有迹象表明这些州会放弃开发和实施宏大的竞争力战略。

自下而上的竞争力战略

即使是最好的发展战略也不会在很大程度上对私营部门投资决定产生影响，这些决定主要是由经济成本和机会驱动的，大多在政府控制之外。对今天的美国来说，一个好消息是许多大趋势都有利于美国。波士顿咨询公司的研究表明，从 2004 年至 2014 年，相对于另外 9 个大型货物出口国，包括中国、德国和日本，美国制造业成本都有所下降。在这 10 个国家中，美国目前是位列第二，仅次于中国的低成本区域，且与中国的差距在过去 10 年内显著缩小。即使是在前二十五大出口国这一更大的范围来看，美国的成本比除了中国、墨西哥、印度、泰国和印度尼西亚的其他国家更低。虽然滞涨的工资对于美国劳动力来说并非好事，但却降低了成本，而中国的工资水平在快速上涨。经生产率收益调整后的中国工资水平是 10 年前的 3 倍，而美国仅上涨了 25%。[④] 页岩气和石

---

① Erin Sparks and Mary Jo Waits, "Making Our Future: What States Are Doing to Encourage Growth through Innovation, Entrepreneurship and Investment," National Governors' Association, January 2013.

② Andrew M. Cuomo, "Opportunity Agenda: End of Session Report 2015," Office of the Governor of New York State, June 2015, https://www.governor.ny.gov/sites/governor.ny.gov/files/atoms/files/2015_End_of_Session_Report_FINAL.pdf.

③ Becky Gillette, "Mississippi Gambles on Technology Developments Some Deem to Be Too Risky," *Mississippi Business Journal*, January 18, 2013, http://msbusiness.com/2013/01/mississippi-gambles-on-technology-developments-some-deem-to-be-too-risky.

④ Harold L. Sirkin, Michael Zinzer, and Justin R. Rose, "The Shifting Economics of Global Manufacturing," Boston Consulting Group, August 2014, https://www.bcgperspectives.com/Images/The_Shifting_Economics_of_Global_Manufacturing_Aug_2014.pdf.

油使得美国能源成本低于大多数国家;特别是欧洲的能源成本远高于美国。美国制造业工人生产率也高于其他处于前列的出口国。

尽管这些趋势是振奋人心的,但正如过去 40 年的历史留给我们的惨痛教训一样,美国也会很快失去成本优势,尤其是汇率可以快速变化,伤害美国的竞争地位。为了利用这些机会,美国需要一项能帮助其适应这些趋势并做出调整的竞争力战略,并尽可能地发展其竞争优势。但正如本书中一直所说的,美国政府从未采取过一项连贯的竞争力战略,足以影响美国的国际谈判地位和国内经济发展策略。当对经济竞争力的关切与外交或安全优先事项冲突时,便不得不退居次要位置。后续政府很少坚持执行提升美国能力的贸易、货币和投资准则,来创建、吸引和保留有国际竞争力的企业。即使联邦政府拥护竞争力战略的内容,但对于华盛顿是否可以设定理性的国家优先事项,或将纳税人的钱合理配置,还是存在较大的疑问——国会的反对声可以体现这一点。只要焦点还是在于华盛顿会做什么、不会做什么的话,这些做法就不太可能会改变。

但随着各州和城市扮演越来越重要的角色,决定自身在全球经济中的未来,这也提供了另一条道路——“自下而上”的竞争战略,在这一战略下,联邦政府更积极地支持美国州和城市吸引并开发竞争性产业。华盛顿也应试着影响这些州和当地的战略——以及国际贸易伙伴——以避免逐底竞争。联邦政府应鼓励州和城市开展高端竞争,提升生活水平的同时,使得美国产品和服务在国际市场中具有竞争力。在自下而上的战略之后,应推出一系列联邦行动建议。建议的内容并不需要涵盖所有或十分详尽。竞争的一大好处是可以提升和改进现有的表现;你可以从错误中学习并做得更好。在过去 30 年中,尽管有过错误,但美国各州学到了很多,知道如何更有效地使用政府工具发展竞争性产业。改进联邦政府表现的最佳方式是让华盛顿也对此事认真对待,使美国在国际经济中更具竞争力。

成本竞争

为了建立和吸引能支付较高工资并在国际市场竞争的企业,州和城市清楚地知道自身需要利用每一项优势。但在竞争时,它们却经常被拖后腿,不但没有从华盛顿得到所需的帮助,反而需要提供更为慷慨的本地刺激计划,仅是用来抵消华盛顿政策带来的阻力。

最大的阻力也许来自企业所得税。正如第四章中所讨论的,企业所得税在企业做选址决定时愈加重要,美国在这方面的征税体系经常回馈在海外投资的美国企业。在过去半个世纪中,这些基本准则都没有发生大的变化。尽管联邦企业税率在 80 年代后期下降至 35%，但目前这一税率在发达国家中处于最高水平，这是因为美国的竞争对手都采取了更为激进的减税政策。尽管美国企业的整体税负与其他经合组织国家的企业处在一个水平，但这主要是因为美国企业更多地在海外投资，延缓了税收义务，将利润转移至低税辖区来降低在美国应缴的税。① 这一结果对双方都是最糟糕的——较高的法定税率抑制了在美国投资，税收准则鼓励美国企业在海外投资，并采取激进的避税计划。许多州和城市不得不提高企业的减税标准来抵消较高的联邦税率。尽管两党在华盛顿达成共识，需要降低企业税率，使其与其他发达国家更为一致，但在细节方面仍然有很多分歧。共和党人支持将税率降至 25%，奥巴马总统提议降至 28%，但这仍然使美国成为仅次于日本和法国的第三高税率国家。两党将通过取消一些减免以及有效增加对海外盈利的征税来抵消所减少的税收。②

关于企业所得税的争论纠结于两项互为竞争的优先事项。一项是确保美国企业可在全球层面竞争，不逊于来自欧洲、日本、中国和其他新兴市场的竞争对手。另一项是重新平衡税收准则，使得企业在美投资所获得的条件不逊于其他国家。挑战在于收入中性的企业所得税改革经常失败；税率降低的作用经常被抵消，或是由于国内税收减免幅度降低，如加快贬值，或是由于海外所得税率提升，如减少延期或对海外收益征收新的最低税。一个更好、更简单的解决方式是，简单地将税率降至经合组织国家平均水平，通过其他税收弥补由于降低企业所得税带来的收入减少。这同时需要美国支持经合组织和许多欧洲国家在遏制大企业避税策略方面的努力。当然，降低企业所得税的每一次努力都会招致没有承担相应税负的企业的反对。但多年来的现实一直是企业所得税在国家税基中的份额越来越小；这一比例在 70 和 80 年代显著降低，在之后企业利润处于历史高位时都没有反弹。在美国，企业所得税仅占整体税收的 11%。③ 最高的税率由相对固定的企业支付，如塔吉特和沃尔玛等零售商，或采矿和建筑企业。竞争性的贸易产业中资本流动性较强，使得对这些企业的有效征税十分困难，这对于更公平的税收体系的呼吁者来说是十分沮丧的。

但有一种显而易见的方式可以弥补收入的损失，提升而不是削弱美国在国际市场的竞争力。美国依然是经合组织国家中唯一一个不使用增值税（VAT）

① Edward Alden and Rebecca Strauss，"Standard Deductions：U. S. Corporate Tax Policy，" Council on Foreign Relations，January 2016，http://www.cfr.org/tax-policy/standard-deductions-us-corporate-tax-policy/p32655? co=C044801.

② Alden and Strauss，"Standard Deductions."

③ Alden and Strauss，"Standard Deductions."

的国家。增值税是对企业每个生产环节征收的消费税，并在最终销售时转嫁给消费者。在大多数经合组织国家，消费税是最大的税收来源，占总收入的三分之一或更多。税率变化很大——最低水平为加拿大和日本，征收5%，最高一直到许多欧洲国家的20%。增值税相对于企业和个人所得税来说有三项优势。首先，很容易征收和管理。2011年哈佛商学院对担任美国企业高管的校友开展调查，他们给出的最多建议便是简化税收制度，促进美国竞争力（减少企业所得税是第三大建议）。① 其次，在世贸组织准则下，企业在出口商品或服务时，所上缴的增值税会自动抵扣，而对进口的商品和服务却要征收增值税。逻辑是如果进口商品可以避税，或出口的商品在海外市场竞争的对手无需缴纳增值税，那么征收增值税的国家处于竞争劣势。但对于美国这样的无增值税国家，这项税收是很大的劣势：例如，美国至法国的出口商品面临20%的税率，而法国企业出口至美国时得到增值税抵扣。美国如果降低企业税率并用少量的增值税替换，从而弥补损失，就会马上成为更具吸引力的投资和出口目的地。这项税收给予美国的最后一个优势是通过提高到消费者手中的商品和服务的最终成本，消费税很自然会降低消费。美国已经是世界上最依赖于消费的国家，消费支出超过GDP的四分之三。正如中国需要降低经济中的投资和出口比例，增加消费比例一样，美国正好需要做相反的事情。通过压制消费，提供新的减税政策鼓励出口投资，增值税有助于经济再平衡。

华盛顿可以关注的另一个节约成本的领域是联邦监管制度。普遍而言，美国企业面临的监管压力并不大于欧洲和日本竞争对手，当然，随着新兴市场大型企业的崛起，这一指标不再那么有意义。但美国落后的地方是没有审视——并在需要时取消——不再能够达到目的的旧制度。澳大利亚、加拿大和英国都会主动审视旧的制度和体系，更好地检查新制度的成本效益。英国甚至采纳了“一进二出”的政策，在加入一项新制度时必须取消两项旧制度。② 罗布·阿特金森和斯蒂芬·爱泽尔都提议白宫对新建议的制度开展“竞争力筛查”，审视这

① Michael E. Porter and Jan W. Rivkin, *Prosperity at Risk: Findings of the Harvard Business School's Survey on U.S. Competitiveness*, Harvard Business School, January 2012, http://www.hbs.edu/competitiveness/Documents/hbscompsurvey.pdf.

② Rebecca Strauss, "Quality Control: Federal Regulation Policy," Council on Foreign Relations, January 2016, http://www.cfr.org/corporate-regulation/quality-control-federal-regulation-policy/p36110.

些制度对面临国际竞争的美国企业的作用，并考虑减少任何负面影响。[①] 更广泛地说，国会应重新审视自90年代初期以来伯格斯滕的提议，发布“竞争力影响声明”，评估主要的新法规对美国竞争力的影响。

投资竞争

即便是美国最大、最富有的州，在单独为投资竞争以及尝试建立出口导向型企业时都面临很大的劣势。很多时候，它们不是和其他州而是和国家政府竞争。可以参考英特尔，一家基于加利福尼亚州的世界最大的半导体制造企业。即使这个产业逐渐将制造部门移至亚洲，英特尔仍在美国制造四分之三的芯片——工厂位于亚利桑那州、俄勒冈州、新墨西哥州和马萨诸塞州，但竞争十分激烈。该企业表示，外国政府提供的激励政策内容——包括更低的税收、特定的税收激励、免费场地和工人培训——可以省掉建设新工厂大约50亿美元成本中的10亿美元。[②] 英特尔前总裁保罗·奥特里尼(Paul Ottelini)表示，举例而言，在中国建造新工厂的成本优势与低劳动力成本并无多大关系。相反，90%节约的成本来自中国政府给英特尔提供的资金和设备资助、免税期及其他激励政策。[③] 类似地，英特尔在以色列的投资超过70亿美元，但从以色列政府获得12亿美元补助；在越南，英特尔获得了企业所得税4年免征期，后续9年50%的税收减免，以及在这之后永久性享受仅为10%的税率。[④] 美国没有一个州可以独自与国家政府提供的这种激励机制竞争。

联邦政府不应该效仿以色列或中国台湾，但应给予直接参与这种投资竞争的美国各州更大帮助。在未来，企业利润很可能被压缩，因而企业越来越坚定地与尝试吸引投资的政府激烈地讨价还价。[⑤] 州和地方政府确保不浪费纳税人

---

① Stephen J. Ezell and Robert D. Atkinson, “Fifty Ways to Leave Your Competitiveness Woes Behind: A National Traded Sector Strategy,” Information Technology and Innovation Foundation, September 2012, http://www2.itif.org/2012-fifty-ways-competitiveness-woes-behind.pdf.

② Noel Randewich, “Insight: As Chip Plants Get Pricey, U.S. Risks Losing Edge,” *Reuters*, May 1, 2012, http://www.reuters.com/article/2012/05/01/us-semiconductors-manufacturing-idUSBRE8400N920120501.

③ Richard McCormack, “Intel CEO Says U.S. Would Lose No Tax Revenue by Providing Companies with Tax Holidays to Open Plants and Hire Workers,” *Manufacturing and Technology News* 17, no. 17 (October 29, 2010), http://www.manufacturingnews.com/news/newss/intel102.html.

④ Atkinson and Ezell, *Innovation Economics*, 174-75.

⑤ Richard Dobbs et al., “Playing to Win: The New Global Competition for Corporate Profits,” McKinsey Global Institute, September 2015, http://www.mckinsey.com/insights/corporate_finance/the_new_global_competition_for_corporate_profits.

钱的唯一方式是为这样的谈判做出比现在更好的准备,想要实现这一点的唯一途径是联邦政府充分参与。好消息是,在过去 10 年中,联邦层面的投资促进政策经历了不为人所察觉的但十分巨大的转变。由商务部下的一个小部门,称为"选择美国"率领,在现代历史中,美国政府首次开始积极鼓励外国投资者来美。"选择美国"部门在布什政府期间创立,一开始人员很少,现在在华盛顿和海外有 60 多名员工。该部门与州长和经济发展机构密切合作,吸引外国投资,并与其他国家主动竞争以获得投资。"选择美国"有三个使命:一是把美国作为投资目的地进行营销和推广,二是促进交易,三是扮演"政府官员"角色,梳理阻碍特定交易的问题。该部门建立了所有州和联邦的激励政策数据库,可供外国投资者参考,这给选址顾问和企业自身在比较美国和其他国家时提供了便利。美国政府现在也主办"选择美国"年度峰会,向外国投资者推广美国,让来自 70 多个国家的企业与美国政府高层以及地方经济发展官员接触。

"选择美国"已经取得了几项重大成就。2014 年,德国航空公司的下属部门汉莎科技在比较了墨西哥后,选择波多黎各作为新的航空维护和修理工厂总部所在地。[①] 新工厂将在岛上雇用大约 400 名员工,该岛此前受到了债务危机重创,并由于 2006 年联邦税收减免到期而面临制药行业规模缩小的问题。波多黎各大学已在工厂旁建立了新的技术学院来培训工人,汉莎科技认为这一点在达成协议方面是至关重要的。[②]

联邦政府加大马力带来了连锁反应,同时可以吸引或留住美国企业的投资。如果亚利桑那州和纽约州在为一家 IBM 工厂的选址竞争,"选择美国"部门则不会干预;如果竞争涉及一个国外的选址,华盛顿则会代表相关参与竞争的州施加影响。这些行动也包括收集关于外国政府在吸引投资方面的公开情报,并与州和地方经济发展官员共享。在某些情况下,政府高级官员,包括商务部长,甚至副总统,都会游说企业投资美国。

尽管这些行动是振奋人心的,但联邦政府的努力迄今为止只是迈出了一小步。美国州和地区如今越来越发现自身不仅是与其他州竞争,同时还与外国政府竞争,这些政府在投资竞争方面有更多的资源和经验。华盛顿需要在任何可

---

① Danica Coto, "Lufthansa Plans Puerto Rico Aviation Facility," *USA Today*, April 14, 2014, http://www.usatoday.com/story/todayinthesky/2014/04/14/lufthansa-unit-plans-puerto-rico-aircraft-maintenance-facility/7692305.

② Bill Carey, "Lufthansa Technik Set to Open New MRO Base in Puerto Rico," Aviation International News Online, July 14, 2015, http://www.ainonline.com/aviation-news/air-transport/2015-07-14/lufthansa-technik-set-open-new-mro-base-puerto-rico.

能的时候站在州的立场施加影响，这包括进一步在国际层面宣传美国是一个适合投资和经商的国家。在协商特定协议时，联邦政府应收集并与州分享另一方提供的筹码——企业所得税率、特定激励机制、土地协议、当地补助以及其他任何可能影响企业选址决定的因素。如果没有其他区域，如中国台湾或韩国经商成本的准确数据，以及在特定协议方面的情报，美国州和城市很难开展有效竞争。在某些情况下，联邦政府高级官员可以也应该直接找到公司高管，鼓励他们选择美国。对于很多州和地区来说，越来越多的商业协议是国际协议。例如，如今在大凤凰城地区，被吸引至该区域的新企业中有 25%属于外资，而 10 年前不到 1%。① 若没有联邦政府帮助，在该区域竞争则非常困难。

华盛顿也可以在其他方面给予州相关支持。正如在汉莎—波多黎各协议中，员工培训对于吸引大企业投资至关重要。联邦员工培训资金应该被用于帮助那些尝试达成协议的州。基础设施升级，如新的高速公路连接系统也十分重要，联邦经济发展部为促进社区发展，有大量专项资金用于支持这些项目。联邦政府也在帮助州和城市明确其在投资竞争优势方面扮演的更重要的角色。许多州和城市缺乏美国在国际市场上优劣势的基础数据。许多这方面工作现在都是由城市来做，而不是私营部门雇用的顾问或布鲁金斯/摩根大通全球城市倡议等智库。② 联邦政府应帮助填补这一漏洞。

出口竞争

2010 年，奥巴马政府启动了国家出口行动（NEI），设立的目标是在未来 5 年使美国出口量翻番，并支持 200 万份新工作。这一目标过于脱离实际：尽管出口在经济走出衰退后强劲增长，但随着美元升值以及欧洲和中国等大型出口市场走弱，出口在过去几年中有所放缓。然而，该计划确实积极影响美国政府持续关注促进出口的目标，给企业提供帮助，特别是那些试着闯入出口市场的中小企业。奥巴马政府在最高层面开展行动，并以克林顿时期商务部长罗恩·布朗（Ron Brown）建立的模式为基础。奥巴马政府第一任国务卿希拉里·克林顿（Hillary Clinton）发起了一项称为“经济方略”的新倡议，动用美国外交资源，包括 300 多个海外使馆和领事馆组成的网络，帮助促进美国出口并吸引外国在美投资。在 2011 年纽约经济俱乐部的演讲中，希拉里表示：“美国经济的优势以及我们的全球领导力是一揽子交易。强劲的经济是美国在世界地位的

---

① Telephone interview with Chris Camacho, executive vice president, business development, Greater Phoenix Economic Council, September 2015.

② 详见全球城市倡议：http://www.brookings.edu/about/projects/global-cities。

支柱。”因此，她认为，美国外交政策的核心目标应是“帮助推动国内经济革新”。[①] 正如罗恩·布朗在90年代所做的一样，希拉里赴多国访问，为美国企业敲定了几项协议，如说服澳大利亚购买美国制造的通信卫星，让日本购买洛克希德-马丁战斗机。[②]

国家出口行动作为一项联邦倡议，与越来越多的美国州和地区的优先事项紧密联系。如加利福尼亚州长期以来在出口和外国投资方面处于美国领先地位，但来自其他州的竞争迫使其在2014年制定了首个州层面的国际贸易和投资战略。布鲁金斯学会(Brookings Institution)为许多美国城市制订出口计划，来明确并促进每一个地区最具竞争力的产业。许多州在支援那些进入出口市场时面临巨大挑战的中小企业。拥有使馆和领事馆网络的联邦政府已做好准备，向外国市场敞开大门，这对于达成这些目标至关重要。

但华盛顿对于促进出口的承诺依然过于软弱，且缺乏有效的制度体系。美国竞争对手，如德国，长期以来执行这种商业外交政策，在中国保留了4个政府资助的德国产业和商务办公室，唯一的使命是帮助德国对华出口。[③] 仅上海办公室就有100多名员工。德国总理默克尔每年率贸易代表团访华，帮助德国企业在华达成交易。与此相反的是，在奥巴马总统任职的前6年，仅在2009年访问了一次中国，且没有贸易代表团。虽然德国经济只是美国经济总量的四分之一，但德国对华出口达到美国对华出口的三分之二。

美元竞争

美国应该用“竞争性美元”政策替换“强势美元”政策，彰显其确保美元合理估值的决心，这样便于美国货物和服务在国际竞争。正如里根总统的经济顾问委员会前主席马丁·费尔德斯坦所认为的，目标应是“与世界其他主要货币相对应的竞争性汇率：这一汇率使得美国货物更能吸引外国购买者，并让美国消

---

① Hillary Clinton, "Secretary Clinton's Speech at Economic Club of New York," Bureau of International Information Programs, US Department of State, October 14, 2011, http://iipdigital.usembassy.gov/st/english/texttrans/2011/10/20111014172924su0.9650494.html#axzz3BnMylUOo0.

② Elizabeth Dwoskin, "Hillary Clinton's Business Legacy at the State Department," *Bloomberg Businessweek*, January 10, 2013, http://www.businessweek.com/articles/2013-01-10/hillary-clintons-business-legacy-at-the-state-department#p1.

③ "U.S. Export Competitiveness in China: Winning the World's Fastest-Growing Market," Viewpoint, American Chamber of Commerce in Shanghai, September 2010, http://www.amcham-shanghai.org/ftpuploadfiles/publications/viewpoint/us_export.pdf.

费者和企业选择美国制造的货物和服务”。[①] 与强势美元政策相似，竞争性美元政策既有口号又有实质性内容：它向市场及美国贸易伙伴发出信号，如果美元上升到一定程度，严重影响美国作为商业目的地，美国政府会做好准备采取行动。尽管批评人士关注他国的货币操纵，但美国政府本身经常无视美元被高估带来的后果。里根政府在 80 年代中期由于国会不断增加的压力，下决心压低美元，调整很快发生。

当美国开始认真对待美元被高估一事时，其他国家也倾向于做出调整。伯格斯滕认为：“没有美国作为表率，就不会有国际货币合作的成功案例。”[②]但美国很少能够严肃看待此事。最好的方式是靠持续的国际合作来解决货币错位问题。前财政部长詹姆斯·贝克是 1985 年《广场协议》的奠基人，有效压低了美元估值，并在 90 年代初期帮助消除美国贸易逆差，他在 2006 年的回忆录中写道：“当今对于激进的经济政策协调的需求比 1985 年更加严峻。”[③]他一语中的地指出，这种协调“对于所有参与的国家来说都面临政治上的难题”。没有国家想对其货币、国内财政或汇率政策加以限制。确实，现在及未来很多时候，国内经济官员会将其他经济目标置于管理美元估值之前，如提高利率、抑制通胀，或允许更高的预算赤字来刺激经济。但美国不能忽视汇率波动对其竞争力的影响。贝克在 2006 年所写的如今仍然适用：“美国有让美元估值下降的政策，并非完全‘善意忽视’，但对于此事说的或做的都不多。我们的贸易伙伴似乎更关注相对于美国的贸易优势，而不是货币稳定。”[④]结束这种忽视是第一步。

现在更有可能的方式是采取目标更明确的行动——在适当的时候获得美国执行活动的支持——抑制外国政府人为压低本国货币的干预行为。关于这项协调事宜由谁来牵头长期以来众说纷纭，如国际货币基金组织，或七国集团、二十国集团等高层协调机构，或在《跨太平洋伙伴关系协定》等贸易协定框架下进行。最好的答案是“所有都是”。国际货币基金可以扮演更严格的监管角色，监督货币操纵问题；也应坚决主张将这一事项列为七国集团和二十国财长及领导人会谈的重点议事日程；同时，应将货币问题纳入贸易协定中。振奋人心的

---

① Martin Feldstein, “The Case for a Competitive Dollar,” remarks to the Economic Summit of the Stanford Institute for Economic Policy Research, March 3, 2006, http://www.nber.org/feldstein/siepr319.pdf.

② C. Fred Bergsten, “Time for a Plaza Ⅱ?,”Baker Institute of Public Policy Working Paper, October, 2015.

③ James A. Baker, *Work Hard, Study... and Keep Out of Politics!* (New York: G. P. Putnam's Sons, 2006), 432.

④ Baker, *Work Hard, Study... and Keep Out of Politics!*, 433.

是，尽管奥巴马政府不同意国会要求在贸易协定中加入约束性条款，但也在敦促合作伙伴在《跨太平洋伙伴关系协定》的贸易谈判中单独设立成员国委员会，讨论货币操纵的指控问题。[①] 这起码会带来更大的透明度。最后，货币问题只是更广泛的国际上关于再平衡讨论的一部分，而且应在这样的背景下应对。其他国家的举措——例如，中国、德国、日本和其他国家——如提高 GDP 中消费占比，因而减少贸易顺差，增加国际需求，也会在很大程度上缓减货币估值的压力。[②]

面对除明确的货币操纵行为外的其他情况，政府官员也不得不承受让其采取行动的政治压力。例如，一些美国汽车公司敦促对日本的货币宽松政策采取行动，这一政策使日元走弱，其实这与美国走出大萧条后采取的行动几乎无异。降低利率来刺激经济与干预汇率压低本国货币价值是完全不同的，前者倾向于刺激经济增长，鼓励进口且有利于贸易伙伴，而后者是典型的以邻为壑政策，将外国竞争者的支出转移给本国生产商。[③]

这种措施会扰乱市场，正如伯格斯滕和加农所写的，美国的大规模干预措施"会影响人们所认为的美元是国际体系中唯一且被动的货币这一传统观念"。更为积极的美国态度会使利用货币进行贸易的行为比过去更无法预测，这也是美国引入新的政府干预行为而带来的副作用。

新的贸易和投资议程——减少市场扭曲

即使美国加大力度更为激进地参与投资竞争并支持出口产业，它也需要率先尝试减少市场扭曲行为，导致这些扭曲的原因包括政府补贴、歧视制度、知识产权剽窃和当地激励机制等。华盛顿应拥护新的国际贸易和投资谈判议程，旨在减少扭曲，允许美国各州和城市在真正公平的平台上竞争。在过去半个世纪中，美国贸易和投资协商议程在很多方面十分成功，如取消国际商务和投资壁垒，刺激有利于国家发展的国际竞争，以及降低世界消费品成本。但这种传统的贸易议程很大程度上已完成使命。贸易谈判在取消关税和配额等可见的国际贸易壁垒时十分有效。随着发达国家的大多数关税已经在个位数水平，发展

① "Treasury Says It Is Negotiating on Currency in Context of TPP," *Inside U. S. Trade*, July 29, 2015, http://insidetrade. com/daily-news/treasury-says-it-negotiating-currency-con text-tpp.

② Michael Pettis, *The Great Rebalancing: Trade, Conflict, and the Perilous Road Ahead for the World Economy* (Princeton, NJ: Princeton University Press, 2013), 214.

③ Joseph E. Gagnon, "Foreign Exchange Intervention since Plaza: The Need for Global Currency Rules," Baker Institute for Public Policy Working Paper, October 1, 2015, https:// bakerinstitute. org/ files/9793.

中国家的许多关税也没有更高，推动传统贸易自由化所能获得的益处越来越少。所有权限制等大多数传统投资壁垒也被取消或变得宽松，如今大多数国家急于吸引而不是阻止国际投资，但结果是隐性的扭曲政策，如政府制度、税收激励和补贴，这在决定国际经济竞争胜负方面扮演了更重要的角色。①

美国贸易政策在未来应优先关注于减少这种竞争扭曲行为，并促进公平竞争平台，支持所有国家平等竞争。现在有一些振奋人心的迹象表明，这种方式已在一些近期的贸易谈判中显现。例如，《跨太平洋伙伴关系协定》（以下简称《跨太平洋协定》）有单独一章阐述可以逐步采取一些方式，以确保在新兴市场中占据很大比例的国有企业与其他企业公平竞争，不享受特殊的政府补贴或监管优惠。相比此前的贸易谈判，《跨太平洋协定》更关注于制度扭曲，以及促进知识产权制度的执行。

但开辟新路径的最佳机会是现在与欧洲开展的《跨大西洋贸易与投资伙伴协定》（以下简称《跨大西洋协定》）。几十年来，美国和欧盟是设定国际贸易准则的主要参与者。但随着中国、印度、巴西等新兴经济体的崛起，美欧制定国际贸易优先事项的影响力愈加减弱。世贸组织多哈回合谈判长达 15 年未能结束，这意味着传统贸易大国和新兴对手之间陷入了长期僵局。但《跨大西洋协定》会使美国和欧盟重拾 20 年前丢失的部分影响力。②

《跨大西洋协定》谈判主要关注确保政府制度尽可能地没有歧视性，同时尊重政府从消费者健康安全和环保出发拥有的监管权力。在制度方面达成一致意见有助于提高全球标准。正如美国前贸易官员（也是外交关系委员会成员）托马斯·波利基（Thomas Bollyky）所表示的，大多数产品和服务的分类生产和全球供应链的建立，意味着模糊、过度或重复的制度可能带来高昂的经济成本，尤其会阻碍小企业进入出口市场。在其他国家，消费者健康和安全越来越依赖于监管标准，但很难监测。《跨大西洋协定》和其他包括《跨太平洋协定》在内的大型地区协定是鼓励国家采取国际标准的重要工具，这些国际标准符合监管目标，并减少歧视和重复。波利基认为，这些行动会“避免制度方面的逐底竞争”。③

---

① Shanker A. Singham, “Freeing the Global Market: How to Boost the Economy by Curbing Regulatory Distortions,” Council on Foreign Relations, October 2012, http://www.cfr.org/world/freeing-global-market-boost-economy-curbing-regulatory-distortions/p29123.

② Edward Alden, “With TPP and TTIP, U.S. and EU Reassert Control over Rules of Global Trade,” *World Politics Review*, December 19, 2013, http://www.worldpoliticsreview.com/articles/13454/with-tpp-and-ttip-u-s-and-eu-reassert-control-over-rules-of-global-trade.

③ Thomas Bollyky, “Better Regulation for Freer Trade,” Council on Foreign Relations, June 2012, http://www.cfr.org/trade/better-regulation-freer-trade/p28508.

《跨大西洋协定》也应解决贸易扭曲的问题。欧盟在抑制投资和税收扭曲方面领先于其他地区。它的《国家援助法案》作为促成欧共体设立的1957年《罗马条约》一部分,严格限制政府使用投资激励政策。成员国只能在特定条件下给予个别企业补助,如在可以惠及经济衰退区域或符合环境目标的情况下提供补助。大多数补助必须事先经欧洲委员会同意,该委员会根据具体情况开展成本效益分析,也定期统计和审视现有的补助制度,并要求国家政府和地方在网上列出补助清单以及受惠很大的企业名单。违反《国家援助法案》的成员国会面临罚款和其他惩罚措施,企业会被要求归还资金补助。[①] 欧洲委员会对几个国家——爱尔兰、卢森堡和荷兰的态度较为严厉,这些国家提供给苹果、菲亚特和星巴克等企业税收优惠。[②] 美欧协议也会将这些限制延伸至美国,因而美国和欧盟都有相似的准则,规定投资补助何时被允许或被抵制。这样许多美国和欧盟参与的双边投资协定和地区协定会参照这一标准。

为鼓励这一投资和贸易政策的新方向,美国政府需要更多关注州和地方经济发展官员,这些人每天忙碌地为就业和投资竞争。国会应建立联邦—州国际贸易和投资委员会,作为华盛顿和州层面关于贸易问题的新的协调工具。美国贸易代表办公室(USTR)跨政府贸易政策顾问委员会(IGPAC)于10年前首次提出了此项建议,这是唯一允许州和地方政府参与到贸易和投资协商程序中的顾问团体(几乎所有其他委员会仅代表企业利益,仅有一小部分工人和非政府组织代表)。该顾问委员会成员在呼吁建立新委员会时表示:"州和地方政府在国际市场的前线。"他们很大程度上负责协助企业参与国际竞争,执行员工培训和援助项目,以及降低贸易竞争的影响。在制定联邦贸易政策时应该更多地发出这些声音。新顾问委员会应该由来自州和华盛顿的两党领导,包括来自联邦政府、国会以及州和地方政府的贸易和经济发展高级官员,同时,也应获得具有贸易投资专业知识人士的支持。[③] 其他国家长期都有类似的模式。加拿大开发了联邦—省级贸易顾问模式,欧盟有具体体系确保成员国和地区政府大量投入

---

① Edward Alden and Rebecca Strauss, "Curtailing the Subsidy War within the United States," Council on Foreign Relations, May 2015, http://www.cfr.org/united-states/curtailing-subsidy-war-within-united-states/p32762.

② Tom Fairless, "Tax Probe Targets U.S. Firms," *Wall Street Journal*, June 11, 2014, http://www.wsj.com/articles/eu-to-probe-tax-affairs-of-apple-starbucks-1402476699.

③ Kay Alison Wilkie et al., "The US-Peru Trade Promotion Agreement (TPA): Report of the Intergovernmental Policy Advisory Committee," Intergovernmental Policy Advisory Committee, February 1, 2006, http://www.citizen.org/documents/IGPAC_Peru_Report.pdf.

欧盟贸易优先事项。

新执行战略

若美国(还包括欧洲和其他国家)没有更大决心执行准则,这些贸易和投资倡议就没有一项会带来深远影响。贸易执行是很难的。世贸组织争端解决程序以及其他贸易协定要求政府和产业开展详细研究来提出诉讼,之后需要数年才得以解决。反倾销和反补贴税等单边工具是阻止进口的粗暴工具,会对经济其他领域带来意料不到的破坏性后果。然而,每届美国政府都承诺在贸易执行方面会比前几届更为严格。

贸易执行有两个关键问题:资源和优先事项。第一个比较容易解决。美国贸易政策谈判中执行一直处于弱势地位。负责谈判和执行国际贸易准则的机构——美国贸易代表办公室,用美国政府部门的规模来衡量的话,规模很小,总共仅有 200 名员工。大多数人关注于新协议的谈判,而不是执行现有的。罗布·阿特金森和斯蒂芬·爱泽尔正确地指出:"美国贸易代表办公室的政治领导人往往关注于促进贸易开放,而不是执行现有的贸易协议。因为该办公室的成功与否由新协议的签署来衡量,因而没有动力成为强硬的谈判者。"最简单的回应方式是让国会坚持认为执行是美国贸易代表办公室的重中之重,并提供更多的资源和人力。例如,国会可以在法律层面授权新的跨部门贸易执行中心(ITEC),该中心由奥巴马政府建立,旨在协调几家政府机构在贸易执行方面的行动。

优先事项是同等重要的问题。目前的美国执行政策漫无目的,主要由特定产业的全球利益驱动。美国贸易执行应该被重新安排,用来支持州和地方经济规划,发展具有国际竞争力的产业。例如,内华达州为特斯拉新电池工厂投入了 10 亿美元,但没有华盛顿帮助的话,该州没有能力做到。

帮助美国人竞争,并不仅仅是美国企业

尽管国际竞争围绕企业展开,但与美国民众最相关的是就业和收入。他们不仅与其他美国人,而且越来越多地与世界其他地区的人竞争就业和工资。但正如在第五章中所见,美国从未有过一个综合性的员工培训计划,最为慷慨的行动——贸易调整援助——先是扩张,后又急剧缩小,这依赖于华盛顿政治情绪的变化,以及该项目是否获得对贸易自由化投票的担保品。美国在员工培训方面落后于几乎其他任何一个国家,特别是所谓的中级技能,如电脑辅助设计或基础电脑编程,这些技能是许多制造业和科技公司所需的。在过去 20 年,美

国在“积极劳动力市场”项目上的支出占GDP的比重降低了一半，该项目旨在帮助工人提升技能，找到新的工作。尽管美国在具有大学文凭的人口比例方面仅次于荷兰，但其拥有中等技能的人口比例仅排第16位，这包括获得4年本科文凭和社区大学证书。意料之中的是，尽管求职者众多，但许多企业仍表示，很难找到符合资质的员工。

很大程度上来说，技能缺乏并非美国教育体系带来的问题。正如哈佛大学的里卡多·豪斯曼(Ricardo Hausmann)所写的：“大多数劳动力拥有的技能都是在工作中获得的。一个社会主要在企业中学会如何做事，而不是学校。”[①]新技术带来的就业——特别是在制造业或金融服务等竞争性产业——经常需要学校之外的技能。以平面设计为例，一般来说，设计学校教授学生在印刷品上工作。但今天的需求主要是使用网络和移动设备的设计师，而且这些专长的证书项目只有缓慢的进展。然而，这项工作的标准和需求在快速变化。雇主经常不知道潜在的雇员是否有他们所需的技能，那些员工也不知道应获得何种技能。[②]

历史上，美国企业都了解这一点，并通过学徒制和中期职业训练给自己的员工开展培训。但企业越来越不愿意承担这些支出，一部分原因是为了降低成本，另一部分原因是害怕在培训完之后，员工会投奔其竞争对手。例如在过去10年中，企业提供的学徒数量下降了40%，仅有0.2%的美国工人正在参与某种学徒项目。与之形成对比的是，超过60%的德国高中学生——每年约200万名——参加某种学徒培训，帮助启动自身的职业生涯。[③] 企业越来越倾向于要求政府帮助提供所需的技术工人。一些州和地方政府也积极跟进。2007年，南卡罗来纳州与当地企业和州技术大学系统一起合作，启动了州范围的学徒项目。该州给企业提供培训学徒的税收激励，并给学徒参与大学课程提升技能提供学费援助。[④] 一些最佳案例都离不开企业和当地政府的紧密合作。例如，大众汽车与查塔努加州立社区大学共同开发汽车维修项目——仿照了德国的类

---

① Ricardo Hausmann, “The Education Myth,” *Project Syndicate*, May 31, 2015, http://www.project-syndicate.org/commentary/education-economic-growth-by-ricardo-hausmann-2015-05.

② James Bessen, “Employers Aren't Just Whining—the ‘Skills Gap’ Is Real,” *Harvard Business Review*, August 25, 2014, https://hbr.org/2014/08/employers-arent-just-whining-the-skills-gap-is-real.

③ Robert Maxim, “No Helping Hand: Federal Worker-Retraining Policy,” Council on Foreign Relations, January 2016, http://www.cfr.org/labor/no-helping-hand-federal-worker-retraining-policy/p35885.

④ Maxim, “No Helping Hand.”

似项目——包括五个学期的学术和实践培训,以及四个学期在该市大众工厂的带薪在职培训。① 其他项目也同样关注于地区劳动力市场的某个特定产业。纽约市的非营利机构 Per Scholas 免费给失业人士和年轻员工提供在本地信息技术企业担任电脑技师所需的技能培训,在引领学成的员工获得好工作方面十分成功。②

联邦政府需要效仿这一行为。目前的联邦员工培训项目经常规模太小、过于零碎且太具有官僚主义。与其他发达国家相比,美国在员工培训上的支出十分微薄。在经合组织国家中,美国在员工培训上的支出仅超过了墨西哥和智利。③ 资金投向十分碎片化——9 个联邦机构开展了大约 50 个不同项目。在贸易调整援助项目之外,大多数失业工人仅符合求职资金支持,而非培训。资质要求往往都很严格,将许多需要援助的人排除在外。

华盛顿应支持州和地方培训项目,给这些地区培养员工,以吸引具有竞争力的企业。奥巴马政府在这一方向上采取了积极的策略。2014 年,白宫设立了 1 亿美元美国学徒基金,给与企业或工会合作的州、地方政府以及非营利组织提供竞争资金援助,来实施新的学徒培训项目。总统要求国会创建 20 亿美元基金,使得在未来 5 年的学徒数量翻番。政府也启动项目,帮助州和地区合作并共享最成功的地方项目成果。商务部与德国政府启动正式合作,促进职业和技术教育培训——这是罕见的美国借鉴其他国家最佳实践的例子。④ 一系列其他的创新可以归入同样的范畴,包括更多的税收激励制度,鼓励雇主投资再培训,并让员工减少提升技能所需成本,不管是为了现在还是未来的就业。⑤ 工资保险——对于那些由于技术或国际竞争而被迫转移至低薪工作的工人,政府应在工人积累新产业经验时填补工资缺口——首先在

---

① Jan Lee, "Volkswagen Launches New Auto Apprenticeship Program," TriplePundit, October 29, 2014, http://www.triplepundit.com/2014/10/volkswagen-launches-new-auto-apprenticeship-program.

② Thomas Hilliard, "Building the American Workforce," Council on Foreign Relations, July 2013, http://www.cfr.org/united-states/building-american-workforce/p31120.

③ Hilliard, "Building the American Workforce."

④ Penny Pritzker, "U.S. Commerce Secretary Penny Pritzker Highlights Importance of Workforce Development and Skills Training at Historic Signing Ceremony between U.S. and Germany," US Department of Commerce, June 5, 2015, https://www.commerce.gov/news/secretary-speeches/2015/06/us-commerce-secretary-penny-pritzker-highlights-importance-workforce.

⑤ Grant D. Aldonas, Robert Z. Lawrence, and Matthew J. Slaughter, "Succeeding in the Global Economy: A New Policy Agenda for the American Worker," Financial Services Forum, June 26, 2007, http://www.hks.harvard.edu/fs/rlawrence/Final%20Report.pdf.

80年代中期来自日本的竞争日益激烈时被提出。[①] 这一想法获得了两党支持，奥巴马总统在2016年国情咨文演说中，再次呼吁国会通过广泛的工资保险项目。[②]

逐优竞争

为了帮助州和城市自我发展，华盛顿应采取逐优策略，支持地方经济发展优先事项。奥巴马政府的教育政策进一步推广了逐优竞争的概念；逐优竞争代替了布什时期自上而下的《不让一个孩子掉队法案》，使用联邦财政激励政策，尝试鼓励各州采纳国家教育优先事项，如开展共同核心课程。类似地，在这一方式下，联邦政府并不是尝试制定国家竞争力战略，而是应该给采取"正和"竞争战略的州和城市提供资金和其他激励机制。

越来越多的州认同应鼓励这样的"正和"战略。例如，国家州长协会近期的一份报告呼吁"采取不同的政策，而不是遵循吸引公共企业在本国建立工厂的传统模式。这基于员工教育、企业创新以及公共和私营部门企业家精神的结合"。通过找到针对能源、水、食物、卫生、安全和公共基础设施各项挑战具有创新力的解决方式，不仅州本身会获得越来越多的益处，而且整个美国，甚至很有可能是整个世界会受益。[③] 奥巴马政府采取的一系列行动都紧密效仿这一模式。白宫创建的国家公共—私营制造业研究院，旨在给具有强势企业集群的地区创建新的研究中心，商业化推广新技术。这一模式是具有竞争力的提案，州和地方经济发展官员、私营企业及大学共同设计新项目，推进研究有良好前景的技术，并开发商业应用。成本共担的目的是控制企业和纳税人的直接风险。新的研究院与大学密切合作，旨在给新一代传授发达制造业所需技能。

政府基于对本地经济发展的联邦支持开发了类似模式。2013年启动了制造业社区合作投资项目，宣称目标是鼓励州和城市停止"烟囱角逐"，并开始建立自己的产业。2013年商务部在启动该项目时表示："智慧的企业基于社区基础设施、机构和人才质量，即产业生态系统，来决定在何处选址和雇用工人。然

---

① Robert Z. Lawrence and Robert E. Litan, *Saving Free Trade: A Pragmatic Approach* (Washington, DC: Brookings Institution, 1986).

② 详见 Robert B. Zoellick and Matthew J. Slaughter, "A Bipartisan Work Plan: Helping America to Work," Council on Foreign Relations, Policy Innovation Memorandum No. 52, January 2015, http://www.cfr.org/labor/bipartisan-work-plan-helping-america-work/p35888。

③ Sparks and Waits, "Making Our Future."

而，所有社区都经常依赖……补贴和税收减免来吸引企业。证据显示，这种方式导致纳税人投资的回报率很低。”[①]这些行动旨在鼓励和帮助社区“启动战略性计划来加强其产业生态系统”。政府起初帮助约 40 个社区设计此类计划，之后分别在 2014 年和 2015 年向 10 多个制定最具竞争力提案的社区提供 10 多亿美元的联邦经济发展援助。[②] 这些方式需得到进一步研究，考虑哪些最有用，哪些按照需要应加以改进或扩张。

基础设施方面也需要类似倡议。理想的情况是，国会最终认真对待美国基础设施赤字问题，并快速增加支出，或是通过长期以来没有涨过价的汽油税以及/或建立国家基础设施银行，让私营部门投资基础设施。当然，现在的低油价会使这种税收增长相比过去在政治上更能让人接受。但同时，华盛顿可以做一些简单的事情来鼓励州和城市启动自己的项目。正如我的外交关系委员会同事海迪·克雷勃-瑞迪科（Heidi Crebo-Rediker）所认为的，世界上其他政府已经设立小型项目融资部门，与当地政府合作推动私营部门投资，资金主要来源是寻求稳定长期回报的大型养老基金。[③] 加拿大在这方面的投资激增，一部分是因为联邦支持。奥巴马政府在 2014 年启动了类似项目——“建造美国投资倡议”，给州和地方政府提供联邦支持，尝试使用公共—私营合作项目建造道路、桥梁或当地铁路网。[④] 国会也可以做一系列细微的调整，帮助州和地方政府资助自己的项目，包括取消对于州际公路收费的限制，给市政债券以及其他州和地方融资工具提供新的税收优势，加快对新项目的联邦审查。[⑤]

最后，州和联邦政府都需要帮助培育美国依然拥有的最大的竞争优势：在创新领域的领导力。在全球 20 所开展最具影响力的科学研究的大学中，有 16 所来自美国。在制药、金融服务和高科技制造业等知识密集型产业中，美国占

---

① “Fact Sheet: The Investing in Manufacturing Communities Partnership,” US Department of Commerce, April 17, 2013, https://www.commerce.gov/news/fact-sheets/2013/04/fact-sheet-investing-manufacturing-communities-partnership.

② “U. S. Secretary of Commerce Penny Pritzker Announces Designation of 12 New Manufacturing Communities under the Investing in Manufacturing Communities Partnership Program,” US Economic Development Administration, July 8, 2015, http://www.eda.gov/news/press-releases/2015/07/08/imcp.htm.

③ Heidi Crebo-Rediker, “Infrastructure Finance in America-How We Get Smarter,” Council on Foreign Relations, March 2014, http://www.cfr.org/united-states/infrastructure-finance-america-we-get-smarter/p32597.

④ “Recommendations of the Build America Investment Initiative Interagency Working Group,” US Department of the Treasury, http://www.treasury.gov/resource-center/economic-policy/Documents/Build%20America%20Recommendation%20Report%201-1515%20 FOR%20PUBLICATION.pdf.

⑤ Scott Thomasson, “Encouraging U. S. Infrastructure Investment,” Council on Foreign Relations, April 2012, http://www.cfr.org/infrastructure/encouraging-us-infrastructure-investment/p27771.

产量的40%左右，其他大型经济体都未达到30%。美国私营和公共部门在研发方面的总支出超过了自60年代初期以来的任何时期。只有日本研发占经济的比重与美国相当，而美国在研发方面的支出总额巨大，遥遥领先。① 理智的公共政策带来很大的不同，包括研发税收减免以及更直接的政府支持等。例如，1982年里根总统推出的小企业创新研究(SBIR)项目是联邦政府发起的最有效的竞争力倡议。通过该项目，华盛顿使小型企业拥有获得贷款和赠款的机会，帮助其填补"死亡之谷"，即许多初创企业既有新的想法，又想开发能吸引投资者的商业产品。英特尔、苹果和康柏都在80年代受到了该项目资金的支持，获得资助的企业中有97%都认为，这对于它们后期的成功至关重要。② 其他国家也随之效仿，德国、英国、以色列都启动了类似计划。现有的创新优势是美国最唾手可及的成果，有利于建立更具竞争力的经济体。政府给予基础研究的资金支持，以及以商业为导向的开发研究都应被提升，这在21世纪初有过快速上涨，但之后便很快下跌。美国专利体系的设计并不适应现代创新经济，特别是在信息技术方面。例如，苹果手机有25万个专利部件。尽管美国拥有高质量的大学，仍然吸引着最大比例的优秀移民，但美国在高技能移民方面的数量限制以及过时且过于严格的政策，驱走了很多本可以留下来的人才。③

第二次机会

大约45年前，第一个收到任务去了解美国在更具竞争力的全球经济中面临的挑战的白宫官员警告尼克松总统："越来越快的增长步伐带来了不能忽视的调整政策问题。"彼得森写道，在长期，市场力量会达到某种均衡——汇率和贸易行为会进行调整，并应对日益加剧的经济竞争给美国带来的"就业和错位影响"。然而他担心的是，这个时间过长，让人等不及。"在实践中，这些调整来得很慢，而破坏性的影响却来得很快，使得转型期艰难且漫长，无法忍受。"很难恰当地描述在过去半个世纪中，许多美国人在转型期面临的情况。尽管美国融

---

① 详见 Vivek Wadhwa and Edward Alden, "America's Reinvention Is Helping It Leap Further ahead of the World," *Washington Post*, November 2, 2015, https://www.washington post.com/news/innovations/wp/2015/11/02/americas-reinvention-is-helping-it-leap-further-ahead-of-the-world。

② Edward Alden and Rebecca Strauss, *How America Stacks Up: Economic Competitiveness and U.S. Policy* (New York: Council on Foreign Relations, February 2016).

③ 详见 Edward Alden and Rebecca Strauss, "The US Should Fix Immigration and Patents or Kiss Its Innovation Edge Goodbye," *Quartz*, October 29, 2015, http://www.cfr.org/united-states/us-should-fix-immigration-patents-kiss-its-innovation-edge-goodbye/p37205。

入更具竞争力的全球经济对于世界和多数美国人来说都十分有利，但也带来了严峻的调整挑战，给很多人造成了伤害性后果。调整的失败由上千万美国人承担——包括老员工和刚踏入职场的新人——他们有高工资的好工作的前景愈加渺茫。彼得森的解决方案是让美国制定缓冲这一调整的政策，使转型期更加平稳，帮助更多美国人在新秩序下得到发展。同时，他认为，美国需要认真仔细地"推动这些变化，避免不适当地破坏其他国家或整个国际经济体系的利益"。

在 70 年代初彼得森撰写备忘录时，美国还拥有从强势地位进行调整的优势。但美国没有开展有效的行动是公共政策的巨大失败。在经历了过去 10 年的经济动荡后，美国再次处于有利的地位，能执行彼得森所鼓励的调整政策。随着亚洲经济体在过去 10 年不停崛起，美国成为企业投资方面具有吸引力的国家。在联邦、州和地方政府的正确支持下，美国拥有各项条件发展经济，不仅与世界最优秀的国家竞争，而且在这一过程中再次提升更多民众的生活水平。

在政策中，如同在生活中一样，有时存在第二次机会。